美儒老師語文大講堂

自序

宜古宜今，光芒永恆的四書

文／陳美儒

所以將《論語》、《孟子》、《大學》、《中庸》，這四本最代表儒家思想的中華文化寶典命名為「少年四書」，主要訴求的閱讀對象正是天下無數充滿青春容顏的莘莘學子，進而普及廣大有心探訪孔孟思想的成年人。

提到《論孟學庸》，一般人總不免想到它的古老和沉重，甚至以為：「都那麼久遠年代說的話，念它又有什麼意義？」卻疏忽了這樣古老的文字，卻蘊含著多少可貴的人生哲理，以及曖曖內斂的強勁生機活力；美麗簡潔的遣詞造句，更是最佳的散文經典學習。除了引發思古幽情之外，其中豐盛富麗的內涵尤其引人深思、令人玩味。

南宋大學者朱熹作《四書集注》，將禮記中的第四十二篇《大學》、第三十一篇的《中庸》與《論語》、《孟子》合稱四書。朱熹稱大學篇乃大人之學，是古代大學教育小學者成為大人的重要經典；《中庸》乃孔門最高之人生哲學指標，北宋大儒程頤認為此乃孔門傳授心法的書；簡單的說，《大學》乃《中庸》的門戶，《中庸》是《大學》的闡奧。

《少年四書》所選論孟學庸各篇章，以能表現中華文化特色，並切合時空變遷、符合現代思想觀念為依歸。

歷來訓解四書之著述頗多，各方說解難免有所歧異，為消滅學子學習之負擔與方便一般大眾閱讀，其中注釋多採朱熹《四書集注》之說為依據；如有更好、更切時宜的異解、義理，則另外加「按」解說明。

在建中紅樓任教國文兼導師的逾三十年歲月，我總一再叮嚀、不斷提醒這些紅樓才子、未來社會菁英，一定要深刻記誦：輕、薄、短小而有力的四書字句，因為這正是為人處事最佳的座右銘，更是寫作用語上最具影響力、感染力的引證佳言。

《論語》一書從其背景、思想導入，再分別由孔子的為學之道、對仁的看法、論孝、孔子談道德修養、論君子應有的內涵、論詩禮樂、拜訪孔門弟子，歸納《論語》的各個篇章，使學子大眾在學習儒家道理的同時，也可以找到儒家思想遵循的大方向：既能知其精髓，又能窺其堂奧，更不失趣味學習。

《孟子》則從其人、其抱負與思想，擴及其論性之本善、向善與義利之辨、教育觀、政治理念及尚論古人等，全方面地了解《孟子》這本書的主要思想。

尤其珍貴而與眾不同的是，特地附上《論語》、《孟子》思想精華佳言分類總整理、重要字音字義辨正，將兩書的經典大旨、成語典故、國學常識分門別類，做出完美條例，便於加深印象、利於熟記省思。

《大學》、《中庸》則選擇必讀重點，並整理出其中的俚俗諺語與珠璣佳言，以助學子便捷洞悉其中奧妙，同時掌握考試方向，四書於此作一完整呈現。

本書的特點之一，是在每一單元之後，更搜羅84~100年的大學聯考、學測、指考相關考題，同時給予完美詳解，幫助學子精準的確定學習重點與方向，此書誠為極難得而可貴的《論孟學庸》四書精彩總集。

在《少年四書》中，孔孟儒家圓融周至的人生哲理、充滿智慧的語錄，宛如東昇旭日，猶勝清華滿天；宜古宜今，光芒永恆。

自序　**宜古宜今，光芒永恆的四書**　文／陳美儒　003

Part 1

論語

Part 2

孟子

Part
5

中庸

《論語》概述

孔子死後，門人及再傳弟子把他的言論編為《論語》一書，是目前了解孔子思想及人格的最可靠資料。《漢書，藝文志》：「《論語》者，孔子應答弟子、時人，及弟子相與言而接聞於夫子之語也。當時弟子各有所記，夫子既卒，門人相與輯而論纂，故謂之《論語》。」據此說法，《論語》就是孔子門下弟子聽課或日常發問的筆記，或是孔子言語行事的紀錄。

《論語》今傳本共二十篇。

在思想上，儒家是先秦諸子中最重要的一個學派。《論語》所探討的許多人生、為學、修養、教育乃至政治等各方面的哲理，都給予後人無限的啟發。在文學上，《論語》文字簡潔明暢，本身就是上乘的文學作品，而後世文質並重、文以載道等文學思想，也都受了《論語》的啟發而產生，所以《論語》對整個華人世界乃至全球文化影響，是無遠弗屆廣泛而深遠。

深度認識《論語》

內容	1. 孔子門人弟子聽課或日常發問的筆記。 2. 記載孔子的言語行事。 3. 漢代論語原有三種：魯論、齊論、古論。至西漢末年，張禹以魯論二十篇為主，兼採齊論、古論，號「張侯論」，就是現在的流通本。
作者與年代	由孔子的門人弟子及再傳弟子所纂輯。
注釋	1. 以何晏集解、朱熹集注、劉寶楠正義最著名。 2. 十三經注疏本以魏何晏集解、宋邢昺疏。

按：《論語》凡二十篇，四百九十九段話，其中五十八段皆在討論「仁」，光是「仁」這個字，就出現了一百零四次。

《論語》：凡二十篇，篇目如下，起於學而，終於堯曰。

學而第一　為政第二　八佾第三
里仁第四　公冶長第五　雍也第六
述而第七　泰伯第八　子罕第九
鄉黨第十　先進第十一　顏淵第十二
子路第十三　憲問第十四　衛靈公第十五
季氏第十六　陽貨第十七　微子第十八
子張第十九　堯曰第二十

按：北宋大學者程頤曾說：「今人不會讀書，如讀《論語》，未讀之時是此等人，讀了之後又只是此等人，便是不曾讀也。」可見閱讀《論語》最大的功能，應是在思想行為的真正改變與實踐，而不是光止於背誦文字而已。

千古人物，至聖先師——孔子生平概說

孔子名丘，字仲尼，春秋魯國陬（ㄗㄡ）邑（今山東省曲阜市）人。生於魯襄公二十二年（西元前五五一年），卒於魯哀公十六年（西元前四七九年），享壽七十三歲。

孔子的一生，我們將其分為五個階段來看待：

一、年少刻苦勤學的時光

孔子的祖先是宋國的貴族，後來因宋國發生內亂而逃至魯國避禍，才成為魯國人。父親叔梁紇是魯國陬邑大夫。孔子三歲喪父，靠母親顏徵在（是叔梁紇第三任太太）勤勞工作，以維持生活。

魯國是周公旦的封地，保留著西周許多禮儀制度，因此列國都來此「觀禮」。孔子從小就耳

濡目染，深受周禮的薰陶。據說小時候和同伴遊戲，就常常擺設俎豆等祭器，模仿大人舉行祭禮的各種禮儀動作。

孔子十七歲時，母親去世，由於生活貧窮，常遭到別人的冷眼。有一次魯國掌權的季孫氏舉行宴會款待士人，孔子前往赴宴，遭到季孫氏家臣陽虎的攔阻，說：「季孫氏招待的都是名士，我不能讓你入席。」孔子受到羞辱，只得退回。十九歲左右與亓官氏（亓：ㄐㄧ）結婚，二十歲為了謀生，他先後做過「委吏」（為貴族管理倉庫），做過「乘田」（為貴族飼養牛羊）。成年後的孔子回憶這段生活時，曾感嘆地說：「吾少也賤，故多能鄙事。」（《論語，子罕》）

孔子十五歲時就有志於學，他不僅虛心地向有知識、有智慧的人學習，遇到不懂的事更努力向人請教。他說：「三人行必有我師焉，擇其善者而從之，其不善者而改之。」（《論語，述而》）孔子好學，沒有固定的老師，他的學生子貢曾告訴別人說：「夫子焉不學？而亦何常師之有？」（《論語，子張》）

孔子的學習內容以詩、書、禮、樂為主。他曾專程到宋國考察殷商禮儀，到洛邑考察宗廟制度，到杞國考察夏禮。他曾向郯子請教官制，向老子問禮，跟師襄學彈琴，向萇弘問樂，向齊太師學韶樂，甚至對隱士、狂人等也是誠心求教，擷取各種人的智慧、知識來充實自己。

二、三十而立，開平民教育第一人

孔子三十歲左右，已學業有成，開始了他的講學生涯，可說是我國歷史上第一位私人興學的教育家。孔子辦學，打破了只有貴族子弟才能求學的規定，提出了「有教無類」、「因材施教」的主張。不論什麼人，只要備「束脩（十條乾肉）」之禮，就可以跟隨孔子學習。他的弟子來自社會各國階層，其中有貴族子弟孟懿子和南宮敬叔；但也有不少貧家子弟，像顏回（子淵）、冉雍（仲弓）、仲由（子路）、原憲（子思）、曾參（子輿）、公冶長（子長）等人即是。而且，這些弟子分別來自魯、衛、吳、齊、陳、楚、秦、晉各國，不分貧富，不分地域，聚天下之才而教之。

教學時非常注重啟發反省，鼓勵學生並重思考與學習，更經常與學生閒坐談心，誘導他們的志向。除了傳授士人所應具備的一般技能以外，尤其重視人格的培養。

孔子三十五歲時，魯卿季平子專政，他不斷做出種種僭越的行為，引起孔子極大的憤慨，為此他離開了魯國，前往齊國。孔子在齊國當貴族高昭子的家臣，齊景公有意進用，由於晏嬰的反對，他在齊國並沒有得到施展抱負的機會。孔子在齊國大約待了兩年，三十七歲時返回魯國，繼續從事教育工作，一直到五十歲。

三、年逾五十才出仕

孔子五十一歲，魯國政局稍定，魯君也有心求治，孔子才出任中都宰（地方首長），一年之後，境內大治。遂升任司空（掌水土事宜），農業生產大增；又晉升為大司寇（掌司法行政），且代理卿相之職，輔佐魯君與齊君相會於夾谷，因準備充分，既免除了齊國的威脅，又為魯國爭回不少失地。魯國起用孔子，引起齊國的擔憂，害怕他從政後，魯國逐漸強大，會威脅到齊國稱霸的地位。於是挑選了八十名能歌善舞的美女及配飾華麗的馬車三十輛，送給魯國，目的是希望魯君、季桓子等人沉溺聲色，荒於政事。果然季桓子接受了這份厚禮，魯君終日留連，孔子眼見情勢已難有作為，乃毅然辭去官職，離開魯國，開始率弟子周遊列國。

四、周遊列國十四年

從魯定公十三年（西元前四九七年）開始，孔子五十五歲展開他周遊列國的歲月。他先是到衛國，之後曾到趙、匡、曹、宋、陳、蒲、鄭、蔡等國，輾轉於中原各地，並入晉、楚之境。孔子奔走於各國，遊說諸侯，尋求仕進的機會，以推行「仁政德治」的政治主張。

孔子先後經過了衛、陳、曹、宋、鄭、蔡、楚等國，拜會了許多國君和大夫。雖然是歷盡艱辛，但是所得到的僅是表面上的禮遇，並沒有任何一位國君肯真正重用他。不過孔子仍然堅持其一貫的信念，懷抱著知其不可而為之的精神，絲毫不改變其淑世救人的崇高理想。一直到他六十八歲時，魯君誠懇的邀請他回國，孔子想到祖國家鄉有許多學子有待栽培，文化遺產更亟需整理，才結束了十四年的周遊生涯，回到魯國。

五、刪《詩》、《書》，定《禮》、《樂》

六十八歲，孔子終於結束長達十四年形同流浪的奔波生涯，回到了魯國故里。這時雖已年近古稀，應該安度晚年了；但他依舊是「發憤忘食，樂以忘憂，不知老之將至」（〈述而〉），把全部精力投身到教育賢才和整理文獻的工作上。他刪《詩》、《書》，定《禮》、《樂》，贊《周易》，修《春秋》，孔子對「六經」的整理，正是他晚年對人類文化最大的貢獻。

晚年的他仍然持續著教學的工作，可能由於過度勞累，再加上兒子孔鯉，以及他最喜愛的學生顏淵、子路先後死亡，更對他造成極大的打擊，終於一病不起，而在他七十三歲時溘然長逝。

一個平凡之身的偉大靈魂——
超越時空，重新認識孔子

文／陳美儒

孔子，可說是我國歷史上，最具影響力與感染力的偉大人物；他的思想直入世界每個華人的生活哲學中，其人格精神更被視為中華文化的最佳代言人。

出生於西元前五百五十一年（周靈王二十一年，魯襄公二十二年）的孔子，比希臘哲學家蘇格拉底（西元前五五一至四七九年）約年長八十二歲，較古印度的釋迦牟尼（西元前五六〇至四八〇年）晚生九年，跟崇高的基督耶穌合稱為世界文化版圖中的四大聖哲。

本身並非諸侯王公出身的孔子，史學巨擘司馬遷卻特地為他立傳，且破例放在《史記》（世家第十七），寫成數千言的〈孔子世家〉。

考據孔子的生命歷程還真是一路顛簸，一生坎坷；然而這番一般人都難以忍受的辛酸苦難，卻反而堅強了他的意志、淬煉了他的智慧。孔子的一生，其震古鑠今的成就，驗證了一個卑微的出身、平凡的個體，卻可以運用自己的努力與百折不輟的精神，創造出不平凡的過程與兩千多年後依然閃耀的光芒。

有一回，大弟子子貢跟大宰炫耀式的讚美孔子：「固天縱之將聖又多能也。」不久，孔子聽到了，即如此回應：「吾少也賤，故多能鄙事。」（《論語，子罕》）從這句話，可以明白看出孔子幼年家境的貧寒，也隱隱透露出他艱辛的成長過程。

依史書記載，孔子的父親叔梁紇是位大力士，驍勇善戰有功於國，卻也不過是個小縣令。第一次結婚，元配為他生了九個女兒；後又娶妾，如願以償生了個兒子（孟皮），足部卻有些殘缺。

一直到六十三、四歲了，卻遇見未滿二十歲的顏徵在，兩人相差四十多歲，結果生下孔子。《史記》對這段不為鄉里、世人接納的婚姻，寫下這樣的文字：「紇與顏氏女野合而生孔子」。

孔子三歲時，父親過世，母親只好帶著他回山東曲阜娘家撫養；十七歲那年，年輕的母親也撒手西歸；少年孔子就在無父無母、無依無靠中，投入人生的波濤大洋裡獨自成長。

「吾十有五而志於學」（《論語，為政》），在窮苦中依然立志求學的少年孔子；一輩子

「默而識之，學而不厭，誨人不倦」（《論語，述而》）的孔子；「我非生而知之者，好古，敏以求之者也。」（《論語，述而》）的孔子；「十室之邑，必有忠信如丘者焉，不如丘之好學也。」（《論語，公冶長》）的孔子；由於他的努力與好學，因此也使他的生命有不斷成長、轉換的契機。在那樣遠古封建，只有貴族才有資格上學受教育的年代，這個「少也賤」的孔丘，靠著勤勉與堅持，曾長途跋涉跟師襄習樂，遠征風塵問禮於老子，他努力自學且四處請益學有專長的人。

「孔子長九尺有六寸，人皆謂之『長人』而異之。」（《史記，孔子世家》）這位大個頭又飽蘊學識、充滿熱情、滿腹理想抱負的孔丘，一生仕途卻是抑鬱不得意。

二十歲不到的孔子結婚了，生了個兒子名孔鯉，為了養家照顧妻兒，結果在季氏家，只謀得管理倉庫的小小會計；雖然不過是個小小基層公務員，一年下來，他還是認真勤奮的為季氏把牛羊繁殖得又多又壯。

在我國的教育史上，孔子可稱是開私人「教學」的先河，是平民教育的創始者，他把教育推廣到社會上每個角落、各種不同的階層；他開啟不論貧富、老少人人都有受教育的機會；《史記，孔子世家》：「孔子以詩、書、禮、樂教，弟子蓋三千焉，身通六藝者七十有二人。」、「孔子以四教：文行忠信，絕四：毋意、毋必、毋固、毋我。所慎：齋、戰、疾。」、「其於鄉

黨，恂恂似不能言者，其於宗廟朝廷，辯辯言，唯謹爾。」、「三人行，必得我師。」、「德之不修，學之不講，聞義不能徙，不善不能改，是吾憂也。」、「是日哭，則不歌，見齊衰、瞽者，雖童子必變。」

孔子大概在三十歲左右正式開班授課，從司馬遷的文字裡，我們更可以清晰的看到，孔子的教學不止於經書的傳授研讀，更是一種人性美好情操的實踐，他注重的正是品格教育、心性修養。透過他「學而不厭」、「有教無類」、「因材施教」、「誨人不倦」的理念與身教；他循循善誘的造就了各種不同類型的英才，他的教育方式簡直就是創造人才的夢工廠。

孔子一生在魯國擔任官職大約只有四年左右（五十一歲至五十五歲），雖然他使魯國得以大治，甚至「路不拾遺，男女分途」，卻終敵不過魯定公的沉迷犬馬聲色美女中而疏遠冷淡了孔子。失望之餘的孔子於是帶著眾弟子，開始周遊列國，流離顛沛達十四年之久，直到六十八歲才重返家國；這時，他的妻子跟兒子早已過世；回到魯國的孔子，還是繼續他終身執著熱愛的教育；以文學見長的子游、子夏便都是孔子晚年所收的弟子。

七十一歲那年，他最疼愛、寄望最深的顏回以四十一歲壯齡去世；隔年，跟他相處最久、年紀與他相近，「革命」情感最深的子路也死了；不到半年，七十三歲（魯哀公十六年，西元前四七九年）的孔子在哀傷中過世。

司馬遷在〈孔子世家〉最末寫著：「天下君王至賢人眾矣，當時則榮，沒則已焉。孔子布衣，傳十餘也，學者宗之。自天子王侯，中國言六藝者折中於夫子，可謂至賢矣。」是呀！古今多少聖君大王、名將賢相，活著的時候多榮耀、多威風，死後卻什麼也沒了，還有多少人記得呀！唯有孔子，雖僅僅不過是個布衣平民出身，其光風霽月的人格精神與教化感召，並不因肉體的消逝而成灰燼；縱使在兩千多年後的今天，在人類文明遞嬗遽變中，他留下來的智慧言語、他的行為典範依然是璀璨震爍、歷久彌新、宜古宜今。

春風化雨任教建中紅樓，轉眼歲月已逾三十載；在教學裡，我始終最在乎的是健全人格、美好品德的養成，對青春兒女、騷動不定的心靈而言，孔子平凡的出身而造就出不平凡的一生，正是他們學習智慧、修練德行最好的對象。

（本文節錄自正中書局出版「《布衣孔子》風骨百代，思想千年」一書的推薦序文）

◎孔子生平年表

年代	年歲	孔子事蹟
魯襄公二十二年	孔子出生	庚戌歲，周正十月二十七日，夏正（農曆）八月二十七日，孔子生。
魯襄公二十四年	孔子三歲	父叔梁紇卒，葬於魯國東部防山。母顏徵在帶孔子移居山東曲阜。
魯昭公七年	孔子十七歲	母親顏徵在卒，與其父合葬於防山。
魯昭公九年	孔子十九歲	娶宋幵官氏（幵，音ㄐㄧㄢ，一作丌〔音ㄐㄧ〕。丌官，複姓。漢禮器碑作并官氏）。
魯昭公十年	孔子二十歲	生子鯉，字伯魚。仕於魯，為委吏。
魯昭公十一年	孔子二十一歲	為乘田吏。
魯昭公十七年	孔子二十七歲	剡子來朝，孔子往見之，學古官名之由來。
魯昭公二十四年	孔子三十四歲	孟釐子卒，其子孟懿子及南宮敬叔師事孔子學禮。
魯昭公二十五年	孔子三十五歲	魯三家共攻昭公，昭公奔齊，孔子亦奔齊。在齊聞《韶》樂，三月不知肉味；齊景公問政於孔子，悅，欲封以尼谿之田，齊相晏嬰以為不可。
魯昭公二十六年	孔子三十六歲	孔子返於魯。
魯定公九年	孔子五十一歲	魯陽貨奔齊。孔子始出仕，為魯中都宰，制定養生送死之節，為四寸之棺，五寸之槨，因丘陵為墳，不封不樹，行之一年，四方諸侯都效法他。

年代	年歲	孔子事蹟
魯定公十年	孔子五十二歲	由魯中都宰遷為司空，負責掌管土木工程建築等工作，後再改調為大司寇，掌管國家司法、刑獄。並輔佐魯定公與齊景公會於夾谷，使魯定公不受屈辱。
魯定公十二年	孔子五十四歲	魯定公聽從孔子的建議，要拆除當時專權之三卿（叔孫氏、季孫氏、孟孫氏）的城堡，以鞏固中央的勢力，結果叔孫氏的郈都、季孫氏的費都都拆毀了，而孟孫氏的城堡成都，最後竟然沒有拆成。
魯定公十三年	孔子五十五歲	魯國大治，齊人贈女樂八十人於魯，季桓子勸魯定公收下，一連三日不朝，孔子只好去魯至衛。
魯定公十四年	孔子五十六歲	自衛至曹，自曹至宋，自宋適陳過匡。匡人因誤以為孔子是陽虎（陽虎曾攻擊過匡地）而圍之。其後知道出於誤會遂自解圍，後重返衛。
魯定公十五年	孔子五十七歲	至衛國，衛靈公親自到郊外迎接，出仕衛，見衛靈公夫人南子，子路大為不滿，見於辭色。孔子見弟子不諒解，曾發誓說：我所做的事，倘有不合乎禮的，「天厭之！天厭之！」
魯哀公二年	孔子五十九歲	衛靈公卒，因蒯聵和蒯輒父子二人爭位，衛國發生內亂，孔子離開衛國。
魯哀公三年	孔子六十歲	自衛至曹，由曹往宋，宋司馬桓魋想殺害孔子，弟子慌亂，孔子卻很坦然，終於脫險。又經過鄭而後到達陳國。

年代	年歲	孔子事蹟
魯哀公六年	孔子六十三歲	吳國攻打陳國，孔子離開陳國，絕糧於陳、蔡之間。衛國政局此時已漸趨安定，孔子又回到衛國。
魯哀公七年	孔子六十四歲	再仕於衛，當時由蒯輒即位，是為出公，從魯哀公七年至十一年，孔子都在衛國，雖然衛出公待孔子以禮，孔子也享有俸祿，但是未受重用。
魯哀公十一年	孔子六十八歲	魯季康子召孔子，以禮品布帛迎接孔子回魯國，尊為「國老」，並維持原來的俸祿。此時孔子年紀已大，但仍是「發憤忘食，樂以忘憂，不知老之將至」，把主要精神用在教學和整理保存古代文獻。
魯哀公十二年	孔子六十九歲	子孔鯉卒。
魯哀公十四年	孔子七十一歲	魯西狩獲麟，孔子所著《春秋經》，停筆於此年。
魯哀公十六年	孔子七十三歲，卒	孔子臨終前七日曾感嘆說：「天下無道久矣，莫能宗予！」（《史記，孔子世家》）卒後埋葬於曲阜以北，泗水之濱。魯哀公作誄辭追悼。

一、認識孔子的為人

子曰：「吾十有①五而志於學，三十而立②，四十而不惑，五十而知天命③，六十而耳順④，七十而從心⑤所欲，不踰矩。」

——〈為政〉第二．十五

我十五歲便立定志向要好好向學，三十歲決定要對人生有所掌握，對未來發展及事業有所確立，四十歲開始對人生沒有困惑，五十歲起能明白自己被上天賦予的職責、責任和義務，六十歲起，無論外界有任何批評聲音入耳，對我自己的感受都不會造成任何擾亂或拂逆，七十歲後便可以隨心行事，不會踰越法紀、規矩。

注釋

①【有】：等同於「又」字。

②【立】：對人生有所掌握、確立。

③【天命】：上天所賦予之責任。

④【耳順】：外界的一切批評聲音入耳，對自己的感受都沒有任何擾亂或拂逆不順。

⑤【從心】：順心、隨心。

顏淵、季路侍①。子曰：「盍（ㄏㄜˊ）②各言爾③志？」子路曰：「願車、馬、衣、輕裘（ㄑㄧㄡˊ）④，與朋友共，敝（ㄅㄧˋ）⑤之而無憾。」顏淵曰：「願無伐善⑥，無施勞⑦。」子路曰：「願聞子之志。」子曰：「老者安之，朋友信之，少者懷之⑧。」

——〈公冶長〉第五・二五

顏淵、子路兩人站立在孔子身旁侍候著。孔子說：「何不各自談談你們的志向？」子路說：「我願意把所有的車、馬、衣服、輕暖的皮裘，和朋友一起享用，即使用壞了，也不會埋怨。」顏淵說：「我願意不誇耀自己的才能，不張揚自己的功勞。」子路接著說：「我們希望聽聽老師的志願。」孔子說：「我願天下的老年人都能得到安適的奉養，朋友之間都能以誠信相交往，年少的人能夠得到愛護。」

注釋

①【侍】：站在旁邊侍候。

②【盍】：盍，音ㄏㄜˊ，何不。

③【爾】：汝也。此處用作「你們」講。

④【輕裘】：裘，皮衣。裘之輕者質美，故曰輕裘。或謂「輕」字為衍文，則「車、馬、衣、

裘」皆為名詞。

⑤**【敝】**：損壞。

⑥**【伐善】**：伐，誇耀。善，優點、才能。

⑦**【施勞】**：施，張揚。勞，功勞。

⑧**【老者安之……懷之】**：安，指安適的奉養；信，以誠信相交；懷，關懷愛護。

子路、曾皙(ㄒㄧ)、冉有、公西華侍坐。子曰：「以吾一日長(ㄓㄤˇ)乎爾①，毋吾以也②！居③則曰：「不吾知④也！」如或知爾⑤，則何以⑥哉？」

子路率爾⑦而對曰：「千乘(ㄕㄥˋ)之國⑧，攝⑨乎大國之間，加之以師旅⑩，因之以饑饉⑪，由也為之，比(ㄅㄧˋ)及⑫三年，可使有勇，且知方⑬也。」夫子哂(ㄕㄣˇ)⑭之。

子路、曾皙、冉有、公西華四人陪著孔子坐在一旁。孔子說：「因為我的年紀比你們稍長幾歲，你們不要為了這樣，心裡的話就不敢跟我說。平時你們總說：『沒有人知道我啊！』如果有人知道你們，你們有什麼本領可施展呢？」

子路毫不思索地回答：「假如有個千乘的國家，夾在大國之間，外受強敵欺凌，國內又接連災荒，這樣岌岌可危的國家，由我來治理，只要三年，就可使人民勇武善戰，並且知道向義，為國效命。」孔子聽了微微一笑。

「求，你怎麼樣呢？」冉求回答說：「假如

「求，爾何如？」對曰：「方⑮六七十，如⑯五六十，求也為之，比及三年，可使足民⑰；如其禮樂⑱，以俟君子。」

「赤，爾何如？」對曰：「非曰能之，願學焉！宗廟之事⑲，如會同⑳，端章甫㉑，願為小相㉒焉。」

「點，爾何如？」鼓瑟希㉓，鏗爾㉔，舍瑟而作㉕。對曰：「異乎三子者之撰㉖。」子曰：「何傷㉗乎？亦各言其志也。」曰：「莫春㉘者，春服既成；冠者㉙五六人，童子六七人，浴乎沂㉚，風乎舞雩㉛，詠而歸。」夫子喟然㉜嘆曰：「吾與㉝點也！」

有個面積六、七十方里，或者五、六十方里的國家，讓我來治理，只要三年，可使老百姓生活富足；至於禮樂教化，只好等待有才德的君子了。」

「赤，你怎麼樣呢？」公西華回答說：「不敢說能做好，只願意學學罷了。像宗廟祭祀和諸侯會盟，我願意穿著禮服，戴著禮帽，做個司禮的小相。」

「點，你怎麼樣呢？」曾皙正在鼓瑟，聽到孔子問他，瑟音漸緩，鏗地一聲，放下瑟，站起來回答說：「我的志願跟他們三位不一樣！」孔子說：「那有什麼關係呢？不過是各人說說自己的志向罷了。」曾皙說：「當暮春的時候，換上已做好的春裝，邀約五、六個青年，六、七個兒童，先到沂水邊洗浴，再到舞雩乘涼，然後很盡興地唱著歌回來。」孔子聽了後，嘆了口氣說：「我贊同點啊！」

子路、冉有、公西華三人都出去了，曾皙留在後面，問孔子說：「他們三個人說的怎麼

三子者出，曾皙後。曾皙曰：「夫三子者之言何如？」子曰：「亦各言其志也已矣！」曰：「夫子何哂由也？」曰：「為國以禮，其言不讓，是故哂之。」「唯求則非邦也與？」「安見方六七十，如五六十，而非邦也者。」「唯赤則非邦也與？」「宗廟會同，非諸侯而何？赤也為之小，孰能為之大㉞！」

——〈先進〉第十一．二五

樣？」孔子説：「不過各人説説自己的志向罷了。」「老師為什麼笑子由呢？」「治國須講禮讓，他説話不夠謙虛，所以笑他。」「那求説的，難道不是治理國家呀？」「怎麼見得面積六、七十方里，或是五、六十方里，算不得國家呢？」「那赤説的，難道不是治理國家嗎？」「宗廟祭祀和諸侯會盟，不是諸侯的事又是什麼呢？赤説自己願意做個小相，那誰又能做大相呢？」

◎按：

曾皙　姓曾，名點，字皙，音ㄒㄧ，魯人，與兒子參，音ㄕㄣ，同為孔子弟子。

冉有　姓冉，名求，字子有，魯人，孔子弟子。

公西華　姓公西，名赤，字子華，亦稱公西華，魯人，孔子弟子。

注釋

①【以吾一日長乎爾】：以，因為。一日長乎爾，「長乎爾一日」的倒裝。此句言因我年紀稍長於你們。長，年長。乎，於。爾，你們。一日，一些。

②【毋吾以也】：吾以，「以吾」的倒裝。此句言不必因為我而不好意思說出來。

③【居】：平日。

④【不吾知】：即「不知吾」的倒裝句；沒有人知道我。

⑤【如或知爾】：如果有人知道你們。或，有人。

⑥【何以】：以，用也。何以，言將如何用世。

⑦【率爾】：莽撞輕率，不加思索的樣子。

⑧【千乘之國】：乘，音ㄕㄥˋ，擁有四匹馬的兵車。千乘之國，指擁有千輛兵車之國家。按：四馬一車稱「一乘」。

⑨【攝】：迫也。夾處，迫近之意。

⑩【加之以師旅】：加，施加。師旅，本指軍隊，此指侵伐之事。此句言受到外敵的侵凌。加之以師旅，即「以師旅加之」的倒裝句。

⑪【因之以饑饉】：因，仍也，接連之意。穀不熟曰饑，菜不熟曰饉。因之以饑饉，即「以饑饉

因之」的倒裝句。

⑫【比及】：比，音ㄅㄧˋ，將近。

⑬【知方】：指民知向義。

⑭【哂】：哂，音ㄕㄣˇ，微笑。

⑮【方】：平方，指面積而言。

⑯【如】：或也。

⑰【足民】：使人民生活富足。

⑱【如其禮樂】：至於那些禮樂教化的事情。如，至於。

⑲【宗廟之事】：指祭祀。

⑳【會同】：諸侯相會見。

㉑【端章甫】：端，玄端，指禮服。章甫，玄冠，指禮冠。

㉒【小相】：相，音ㄒㄧㄤˋ，贊禮之人。言小，謙辭。

㉓【希】：間歇。

㉔【鏗爾】：鏗，音ㄎㄥ。鏗然，把瑟放下時，所發出如金石般的鏗鏘聲。

㉕【舍瑟而作】：舍，捨也。此句言推開瑟而起立。

㉖**【撰】**：具也，指所具之志。

㉗**【何傷】**：何妨，有什麼關係呢？

㉘**【莫春】**：莫，音ㄇㄨˋ，「暮」的本字。莫春，即暮春，農曆三月；晚春。

㉙**【冠者】**：古代男子二十歲行冠禮。冠者，借代為二十歲以上之青年。

㉚**【浴乎沂】**：沂，音ㄧˊ，水名，在山東鄒縣西北，西流經曲阜，合洙水，入於泗水。此句言到沂水邊洗浴一番。

㉛**【風乎舞雩】**：風，乘涼。雩，音ㄩˊ。舞雩，祭天禱雨之處。古時求雨，必使童男女舞蹈，故稱舞雩。舞雩之處，有壇坫、樹林，可以納涼。此句言在舞雩之下乘涼。

㉜**【喟然】**：嘆息貌。喟，音ㄎㄨㄟˋ。

㉝**【與】**：讚許。

㉞**【赤也為之小，孰能為之大】**：言赤說自己只能做小相，那誰又能做大相呢？

子曰：「若聖與仁，則吾豈敢！抑①為之②不厭(ㄧㄢˋ)③，誨(ㄏㄨㄟˋ)人不倦④，則可謂云爾⑤已矣⑥！」公西華曰：「正唯⑦弟子不能學也。」

——〈述而〉第七・三三

孔子說：「如果說我是聖人、仁人，那我怎麼敢當。但是我努力去學做聖人、仁人，卻從不滿足；同時教人去學做聖人、仁人，也絲毫不敢倦怠。就只有這些還說得上罷。」公西華說：「這正是我們做學生的所學不到的啊！」

注釋

①【抑】：轉折連詞，與白話的「但是」、「可是」相當。

②【為之】：轉折連詞，與白話的「但是」、「可是」相當。故「抑」與「為之」互為連綿使用。

③【厭】：通「饜」，飽也，引申作「滿足」或「厭煩」。

④【誨人不倦】：誨，教導。倦，作「疲勞」、「懈怠」。

⑤【云爾】：不過如此。

⑥【已矣】：助詞，相當於白話的「罷了」。「云爾」下又加「已矣」，連用兩個語助詞，目的在拖長音節，使語氣舒緩有致。

⑦【唯】：助詞，無義。

子曰：「默而識(ㄓˋ)①之，學而不厭(ㄧㄢˋ)②，誨人不倦③，何有於我④哉？」

——〈述而〉第七．二

孔子說：「將道理默記在心裡，好學而永不滿足，教誨人從不倦怠。這些對我來說，又有何難處？」

注釋

① 【**默而識之**】：識，音ㄓˋ，與「誌」通，記也。朱注：「默識，謂不言而存諸心也。」

② 【**厭**】：通「饜」，飽也。引申作「滿足」或當「厭煩」講。按：學不厭，即求知若渴。

③ 【**誨人不倦**】：誨，教導。倦，作「疲勞」、「懈怠」講。

④ 【**何有於我**】：這於我有什麼？言不難也。何有於我，即「於我何有」的倒裝句。何有，何難之有，即「不難」。

子曰：「飯（ㄈㄢˇ）疏食（ㄙˋ）①，飲水，曲肱而枕（ㄓㄣˋ）之②，樂亦在其中矣。不義而富且貴，於我如浮雲③。」

——〈述而〉第七・一五

孔子說：「吃粗糙的食物，喝白開水，彎著手臂當枕頭睡，這種生活也自有樂趣。不合道義得來的富貴，在我看來，就好像天上的浮雲一般。」

注釋

① 【**飯疏食**】：飯，音ㄈㄢˇ，作動詞用，吃。食，音ㄙˋ，疏食，粗糙的食物。

② 【**曲肱而枕之**】：肱，音ㄍㄨㄥ，臂的第二節，自肘至腕，枕，音ㄓㄣˋ，作動詞用。此句言曲臂當枕而臥。

③【不義……浮雲】：把不合道義圖得的富貴，視如浮雲一般；表明無所動於心。

葉公①問孔子於子路，子路不對②。子曰：「女奚③不曰，『其為人也，發憤④忘食，樂以忘憂，不知老之將至云爾⑤！』」

——〈述而〉第七・一八

葉公向子路問孔子的為人，子路一時之間不曉得怎樣回答。孔子說：「你為什麼不說：『他這個人啊，發憤讀書，連飯都忘了吃；陶醉在學問裡，就忘了憂愁；連快要老了都不知道，就是這樣的人罷了！』」

注釋

①【葉公】：葉，音ㄕㄜˋ。葉公，楚國葉縣尹，姓沈，名諸梁，字子高，僭號稱公。葉，楚地，今河南葉縣。

②【不對】：在此指不知如何回答。

③【女奚】：女，通「汝」，你。奚，何也，作「為什麼」講。

④【發憤】：憤，心求通而未得。發憤，自覺不滿足而奮力為之。

⑤【云爾】：云，作「說」字用；爾，如此。連結成詞，相當於白話的「這樣說」或「這樣罷了」。

子曰：「莫我知①也夫②！」子貢曰：「何為③其莫知子也？」子曰：「不怨天，不尤人④，下學而上達⑤。知我者，其天乎⑥！」

——〈憲問〉第十四．三七

孔子說：「沒有人能真切了解我！」子貢問道：「為什麼沒有人了解老師呢？」孔子說：「我不埋怨上天，也不責怪他人；只是從人事上去學習，日求上進以通達天理。如果要說能了解我的，只有上天了吧！」

注釋

①【**莫我知**】：「莫知我」的倒裝句，言無人能真切了解我。

②【**也夫**】：夫，音ㄈㄨˊ，表感嘆語氣。也夫，句末語氣詞。

③【**何為**】：猶言「何謂」。相當於白話的「為什麼說」。

④【**不怨天，不尤人**】：怨，埋怨。尤，責怪。此句言雖不見用於世，但並不埋怨上天；雖不被他人所了解，但並不責怪他人。

⑤【**下學而上達**】：下學人事，上達天理。

⑥【**知我者其天乎**】：其，大概，恐怕。孔子下學而上達，安於人事與天命，且不埋怨天不責怪人，狀與常人無異，故未能深入探知者，不能了解孔子。

子曰：「甚矣，吾衰也！久矣，吾不復夢見周公①！」——〈述而〉第七・五

孔子說：「我已衰老極了！我已經很久沒有再夢見周公了。」

注釋

①**【不復夢見周公】**：周公，姓姬，名旦，周文王子，相武王伐紂，武王崩，佐成王攝政，定制度禮樂，天下大治。孔子年輕時，志欲行周公之道，故常夢見周公。如今，認為及其老而不能行，則不再有此夢。

子貢曰：「有美玉於斯①，韞（ㄩㄣˋ）匵（ㄉㄨˊ）②而藏諸？求善賈（ㄐㄧㄚˇ）③而沽（ㄍㄨ）諸④？」子曰：「沽之哉！沽之哉！我待賈者也！」——〈子罕〉第九・一二

子貢說：「有一塊美玉在這兒，你認為是把它收藏在櫃子裡呢？還是找個好價錢賣了？」孔子說：「賣掉它吧！賣掉它吧！像我就是在等人出好價錢啊！」

注釋

①**【斯】**：此也。

②【韞匵】：韞，音ㄩㄣˋ，收藏。匵，音ㄉㄨˊ，同「櫝」，櫃子。韞匵，收藏於櫃中，比喻懷才不用。

③【善賈】：賈，音ㄐㄧㄚˋ，通「價」。善賈，好價錢，比喻君王之禮遇。

④【沽】：賣。

子路宿於石門①。晨門②曰：「奚（ㄒㄧ）自③？」子路曰：「自孔氏。」曰：「是知其不可而為之者④與（ㄩˊ）？」

——〈憲問〉第十四．四一

子路在石門城外住了一夜。第二天，清早進城，守城門的人問：「你是從哪兒來的？」子路回答說：「從孔子那裡來的。」守城門的人說：「就是那位明知世局無法挽救，卻偏要去做的孔夫子嗎？」

注釋

①【石門】：魯城外門。

②【晨門】：職司早晚啟閉城門的人，蓋隱者也。

③【奚自】：從何而來？來自哪裡？

④【知其不可而為之者】：明知做不到，卻偏要去做的人。

長沮、桀溺耦①而耕。孔子過之，使子路問津②焉。長沮曰：「夫③執輿④者為誰？」子路曰：「為孔丘。」曰：「是魯孔丘與？」曰：「是也。」曰：「是知津⑤矣！」問於桀溺，桀溺曰：「子為誰？」曰：「為仲由。」曰：「是魯孔丘之徒與？」對曰：「然。」曰：「滔滔⑥者，天下皆是也，而誰以易之⑦？且而⑧與其從辟人之士⑨也，豈若從辟世之士⑩哉？」耰而不輟⑪。子路行以告，夫子憮然⑫曰：「鳥獸不可與同群⑬，吾非斯人之徒與而誰與⑭？天下有道，丘不與易⑮也。」

——〈微子〉第十八・六

長沮和桀溺兩人一起在田裡耕種。孔子一行人經過那兒，找不到渡口，派子路去問渡口在何處。長沮問：「那車上拉著馬轡繩的是誰？」子路答道：「是孔丘。」長沮說：「是魯國的孔丘嗎？」子路說：「是的。」長沮便說：「那他應該知道渡口在哪裡了。」子路又去問桀溺，桀溺說：「你是誰？」答道：「我是仲由。」桀溺再問：「是魯國孔丘的徒弟嗎？」子路答道：「是的。」桀溺便說：「當今天下動亂不堪，到處都一樣，誰又能改變這局面呢？與其追隨孔丘那種逃避無道國君的人，倒不如跟從像我這種逃避亂世的隱者呢？」桀溺說完話，繼續將地下的種子覆上土，不停止耕種。子路回來向孔子報告。孔子聽了後悵然地說：「人是不可以和山林的鳥獸同群的！我不跟這些世人相處在一起，還能跟誰在一起？天下如果有道的話，我孔丘也不用出來試圖扭轉這局勢了。」

注釋

①**【耦】**：通「偶」，並也，一起。

②**【問津】**：津，渡口。問津，問渡口之所在。

③**【夫】**：彼、那。

④**【執輿】**：與執在車。

⑤**【知津】**：知道渡口所在。

⑥**【滔滔】**：比喻紛亂的樣子。

⑦**【誰以易之】**：以，執也。此句言能和誰來改變此種局勢。

⑧**【而】**：汝也你。

⑨**【辟人之士】**：辟，通「避」。避人之士。謂孔子。

⑩**【辟世之士】**：桀溺自謂。

⑪**【耰而不輟】**：耰，音ㄧㄡ，以土覆蓋種子。輟，停止。此句言繼續覆蓋種子而不停止，也不告以渡口所在。

⑫**【憮然】**：猶悵然，失意的樣子。

⑬**【鳥獸不可與同群】**：即「不可與鳥獸同群」的倒裝句。

⑭【吾非斯人之徒與而誰與】：此句本為「吾非與斯人之徒同群而與誰同群」，因承上句省略「同群」；又把二受詞「斯人之徒」、「誰」分別提前。意謂如不與世人相處而生活，那麼要跟誰相處而生活呢？

⑮【天下有道，丘不與易】：天下如果太平，我就不必出來改變這種局勢；意指天下不太平，故欲以正道扭轉之。

子之燕居①，申申如②也，夭夭如③也。

——〈述而〉第七．六

孔子閒居在家的時候，總是容貌舒適自得，神色溫和愉快。

注釋

①【**燕居**】：閒居，指閒暇無事之止。

②【**申申如**】：舒適自得的樣子。如，詞尾。

③【**夭夭如**】：夭，音ㄧㄠ。夭夭如，溫和愉快的樣子。

子溫而厲①，威而不猛②，恭而安②。

——〈述而〉第七．三七

孔子的容態看來溫和而又帶著嚴肅；外表威儀，卻不凶猛；恭謹待人，但自然安詳。

注釋

①【厲】：嚴肅。

②【安】：安詳、舒泰。

子禽問於子貢曰：「夫子至於是邦也，必聞其政①，求之與？抑與之與②？」子貢曰：「夫子溫良恭儉讓以得之，夫子之求之也，其諸③異乎人之求之與？」

——〈學而〉第一．十

子禽問子貢：「夫子每到一國，必參與聞問這國的政事。是自己去求得的呢？還是國君自動告訴他的呢？」子貢說：「夫子是以溫和、善良、恭敬、節儉、謙讓等美德得來的。若要說是夫子求得的，大概和別人的求法不同吧！」

注釋

①【聞其政】：與，音ㄩˋ，聞其國的政事。

②【求之與？抑與之與？】：二個「之與」的「與」，同「歟」字，語末助詞。抑，抉擇連詞，作「還是」講。「與之」的「與」，漢《石經》作「予」。與，猶言「告」也。此句言，是自己求來的呢？還是國君主動告訴他的？

③【其諸】：語助詞，相當白話的「大概」、「或許」。

子絕①四，毋意②，毋必③，毋固④，毋我⑤。

——〈子罕〉第九．四

孔子平日所戒除的心態有四種：不作胡亂的猜度，不武斷偏頗，不固執成見，不自私唯我。

注釋

①【絕】：絕去、戒除。

②【毋意】：毋，禁止之詞，作「不」講。意，通「臆」，臆度、猜測。

③【必】：專必，武斷。

④【固】：固執。

⑤【我】：私己。

子之所慎：齊①、戰、疾。

——〈述而〉第七．一二

孔子所特別謹慎的事情有三樣：齋戒、戰爭、疾病。

注釋

①【齊】：齊，音ㄓㄞ，通「齋」，齋戒。

子不語①：怪、力、亂、神②。

——〈述而〉第七．二〇

孔子不談論的有：妖魔怪異的事，逞勇鬥力的事，悖法亂紀的事，幽冥鬼神的事。

注釋

①【語】：談論。

②【怪力亂神】：不合教化、不易清楚闡述的事。

案：清才子袁枚著有《子不語》一書，內容則全是怪力亂神之事。

季路問事鬼神。子曰：「未能事人，焉能事鬼①？」「敢問②死？」曰：「未知生，焉知死③？」

——〈先進〉第十一．一一

子路問祀奉鬼神的事。孔子說：「不能盡到侍奉人的道理，又怎麼懂得祀奉鬼神呢？」子路又問：「請問人死後的情形怎樣？」孔子答道：「活著時候的道理還沒弄清楚，怎麼曉得死後的情形呢？」

注釋

①**【事鬼】**：指祭祀鬼神。

②**【敢問】**：猶言「請問」。

③**【未知生，焉知死】**：不知生時的道理，如何曉得死後的情形。

子食於有喪者①之側，未嘗飽也。子於是日哭②，則不歌。

——〈述而〉第七．九

孔子在有喪事的人家吃飯，不曾吃飽過。孔子在這天弔喪哭了，就整天不再唱歌。

注釋

①**【有喪者】**：家中有喪事的人。

②**【哭】**：指弔喪哭泣。

子釣而不綱①，弋（ㄧˋ）②不射宿③。

——〈述而〉第七·二六

孔子用釣竿釣魚，不用大網小網捕魚；射鳥，從不射夜宿睡覺中的鳥。

注釋

①【綱】：用大繩連接漁網，橫絕水流以捕魚。按：類似現代的「流刺網」捕魚，已被世界保育組織所禁止的捕魚方式。

②【弋】：弋，音一ˋ，以生絲繫箭而射。

③【宿】：指夜晚棲息於樹上的鳥。

顏淵喟（ㄎㄨㄟˋ）然①嘆曰：「仰之彌（ㄇㄧˊ）高②，鑽（ㄗㄨㄢ）之彌堅③，瞻之在前，忽焉在後④！夫子循循然⑤善誘⑥人，博我以文⑦，約我以禮⑧。欲罷不能，既竭吾才，如有所立，卓爾⑨，雖欲從之，末由也已⑩！」

——〈子罕〉第九·一〇

顏淵讚嘆說：「夫子的聖道，愈仰望就愈覺得崇高，愈鑽研就愈覺得博厚堅固，看它好似在前面，忽然間又像在後面，是那樣的廣大微妙。他用循序漸進的教法，一步步的引人進入。先以文章典籍廣博我的知識，再以禮儀法度規範我的言行，我想停止都不可能。已經竭盡了我的才力，而夫子仍舊卓然站立在我的面前，我雖然想要趕上，卻總是無法跟上。

注釋

①【喟然】：喟，音ㄎㄨㄟˋ，嘆聲。

②【仰之彌高】：仰，抬頭向上看。之，指孔子之道。彌，愈也。此句言愈仰望愈覺得高不可及，用以讚嘆孔子之道崇高偉大。

③【鑽之彌堅】：鑽，鑽研。此句言愈鑽研愈覺得堅固，用以讚嘆孔子之道廣博深厚。

④【瞻之在前，忽焉在後】：瞻，視。忽焉，忽然。此句讚嘆孔子之道廣大微妙，高深而難以捉摸。

⑤【循循然】：循序漸進的樣子。

⑥【誘】：引導。

⑦【博我以文】：以文章典籍教我，增廣我的知識。

⑧【約我以禮】：以禮儀法度規範我的行為。

⑨【如有所立，卓爾】：卓爾，猶「卓然」，特立的樣子。此句言夫子之道卓然而不可及。

⑩【末由也已】：末，無也。末由也已，言無法跟上。

孔子於鄉黨①，恂恂如②也，似不能言者。其在宗廟、朝廷，便便③言，唯謹爾。

——〈鄉黨〉第十・一

孔子在自家鄉里時，態度恭敬溫和，好像不大會講話似的。在宗廟或朝廷，卻是說話清晰明確，但很謹慎小心。

注釋

①**【鄉黨】**：指鄉里。

②**【恂恂如】**：恂，音ㄒㄩㄣˊ，信實的樣子。

③**【便便】**：便便，音ㄆㄧㄢˊㄆㄧㄢˊ，明辯的樣子。

二、孔子與弟子論為學之道

子曰：「十室之邑①，必有忠信如丘者焉，不如丘之好學也。」

——〈公冶長〉第五．二七

孔子說：「只有十戶人家的小地方，也一定有天性忠信像我一樣的人，只是沒能像我的好學啊！」

注釋

①**【十室之邑】**：邑，古代三家為井，四井為邑，一邑凡十二家。言十室，舉其成數而言。

子曰：「由也，女聞『六言六蔽』①矣乎？」對曰：「未也。」「居②！吾語③女。好仁不好學，其蔽也愚④；好知不好學，其蔽也蕩⑤；好信不好學，其蔽也賊⑥；

孔子說：「由啊，你聽過『六言六蔽』嗎？」子路答說：「沒有。」孔子接著說：「坐下。我告訴你：一個人只喜歡仁德而不肯好好學，產生的蔽障是愚昧無知；只喜歡智慧而不肯好好學，產生的蔽障是放蕩不羈；只喜歡信實而不肯好好學，產生的蔽障，是輕易相信別人，反

好直不好學，其蔽也絞ㄐㄧㄠˇ⑦；好勇不好學，其蔽也亂⑧；好剛不好學，其蔽也狂⑨。」

——〈陽貨〉第十七．八

成傷害；只喜歡正直而不肯好好學，產生的蔽障，是尖刻褊急；只喜歡勇敢而不肯好好學，產生的蔽障，是作亂闖禍；只喜歡剛強而不肯好好學，產生的蔽障是狂妄自大。

注釋

①【六言六蔽】：言，美名。六言，指「仁、知、信、直、勇、剛」六事。蔽，蔽障。六蔽，指「愚、蕩、賊、絞、亂、狂」六者。六言六蔽，指六種美名及其所容易產生的流弊。

②【居】：坐。子路起立回答，孔子命其坐下。

③【語】：告訴。

④【愚】：愚昧無知。

⑤【蕩】：放蕩而不知節制。

⑥【賊】：害也。

⑦【絞】：急切。

⑧【亂】：作亂闖禍。

⑨【狂】：狂妄。

子曰：「學而時習之①，不亦說（ㄩㄝˋ）乎②？有朋③自遠方來，不亦樂（ㄌㄜˋ）乎？人不知而不慍（ㄩㄣˋ）④，不亦君子乎？」

——〈學而〉第一．一

孔子說：「學得的學問，要時時加以溫習，不是令人很喜悅嗎？有志同道合的朋友從遠處來，不是很快樂嗎？別人不了解我的才學而不怨怒，不也就是成德的君子嗎？」

注釋

①**【而時習之】**：而，猶「且」也；且，又也。而時習之，又時時加以溫習。

②**【不亦說乎】**：亦，語助詞，無義。說，通「悅」，心中欣喜。不亦說乎，猶言「不說乎」言不是很令人欣喜嗎？

③**【朋】**：指志同道合的朋友。

④**【慍】**：心中含有怒意。

子曰：「知之者①不如好之者②，好（ㄏㄠˋ）之者不如樂之者③。」

——〈雍也〉第六．一八

孔子說：「對於學問，了解它的人，比不上愛好它的人；愛好它的人，又比不上有心得而樂此不倦的人。」

注釋

①【知之者】：知道此學、此道、此事為如何的人。

②【好之者】：有所篤好的人。

③【樂之者】：有所得而樂此不倦的人；如孔子之「發憤忘食，樂以忘憂，不知老之將至」。

子曰：「弟子①入則孝，出則弟②，謹而信③，汎愛眾④，而親仁。行有餘力，則以學文⑤。」

——〈學而〉第一．六

孔子說：「弟子在家要孝順父母，出外要恭敬長上，行為謹慎，說話信實，博愛大眾，而且親近有仁德的人。如此修行下來，還有多餘的精力，就要去學習詩書禮樂等經典上的道理。」

注釋

①【弟子】：猶言「子弟」，指為人子與為人弟者。

②【入則孝，出則弟】：入，指在家。出，指在外，亦即出外就傅求學。弟，音ㄊㄧˋ，通「悌」，在此指善事長上。

③【謹而信】：行為謹慎，說話信實。

④【汎愛眾】：汎，廣博。眾，眾人。汎愛眾，博愛大眾。

⑤【**行有餘力，則以學文**】：行，總括上之孝、弟、謹、信、愛、親六行。文，謂《詩》、《書》六藝之文。言實行前六事之後，猶有餘力，便須學文。

子曰：「君子食無求①飽，居無求安，敏於事而慎於言②，就有道而正焉③：可謂好學也已④。」

——〈學而〉第一．一四

孔子說：「君子對於飲食不求甘美飽足，居住不求華麗舒適，做事勤快而說話謹慎，親近有道德的人來匡正自己的缺失：這樣可算是好學了。」

注釋

①【**無求**】：不必強求

②【**敏於事而慎於言**】：做事勤敏而言語謹慎。

③【**就有道而正焉**】：就，親近。有道，有道德者。正，指正。焉，猶「之」也，指君子自己。

此句言當親近有道德者，以求指正自己的缺失。

④【**也已**】：也、已都是語氣詞，連用乃在加強讚嘆的意味。

子夏①曰：「賢賢易色②，事父母能竭其力，事君能致其身③，與朋友交，言而有信，雖曰未學，吾必謂之學矣。」

——〈學而〉第一．七

子夏說：「用尊敬賢人的心來替代愛好美色的心，侍奉父母盡心力，侍奉國君能獻身職守，和朋友交往，能說話信實。這樣的人，雖然自謙說未嘗學習，我認為他已經學習過了。」

注釋

①【**子夏**】：姓卜，名商，字子夏，衛人，孔子弟子。晚年曾設教於西河之上，為魏文侯師。

②【**賢賢易色**】：賢賢，上「賢」字是動詞，尊敬之意；下「賢」字是名詞，指賢德之人。易，替換之意；色，指女色而言。此句言以敬重賢人之心替代愛好女色之心。

③【**致其身**】：致，委也。致身，委致其身，謂獻身於職守。

子在川上，曰：「逝者如斯①夫！不舍②晝夜。」

——〈子罕〉第九．一六

孔子在河川上，指著河水說：「天地萬物時時刻刻都在運行變化，就好比這流水，不分晝夜，不停地流動著。」

注釋

①【逝者如斯】：逝，往也。斯，此，指「川」。此句言光陰之消逝，如河水之奔流，無一刻停止。

②【舍】：止息。

子曰：「學如不及①，猶恐失之②！」

——〈泰伯〉第八・一七

孔子說：「求學問好像在追逐什麼，唯恐趕不上似的，既得到了仍怕失掉它。」

注釋

①【學如不及】：求學好像在追趕什麼，深怕趕不上似的；言求學宜抱持此種態度。

②【猶恐失之】：猶，仍、還。此句言還害怕失掉它；意謂恐怕失去、忘掉已學得之學問。

子曰：「溫故而知新①，可以為師矣。」

——〈為政〉第二・一一

孔子說：「時時溫習舊有的學問，而且隨時追求新的知識道理，就可以為人師了。」

注釋

①【溫故而知新】：溫故，溫習舊有的學問。知新，追求新的知識道理。

子夏曰：「日知其所亡(ㄨˊ)①，月無忘其所能；可謂好學也已矣！」

——〈子張〉第十九·五

子夏說：「每天學習一些自己所不知道的知識道理，每月時時溫習，不要忘掉原來所學會的；能這樣就可以說是好學了。」

注釋

①**【亡】**：亡，音ㄨˊ，通「無」。所亡，指自己尚未學得的道理及知識。

子曰：「後生可畏(ㄨㄟˋ)①，焉知來者之不如今也②？四十五十而無聞(ㄨㄣˊ)③焉，斯亦不足畏也已！」

——〈子罕〉第九·二二

孔子說：「年輕人值得敬畏，怎能知道這些後生晚輩將來的成就，不如現在的我呢？但如果到了四、五十歲，還默默無聞，沒有什麼成就，那也就不值得敬畏了。」

注釋

①**【後生可畏】**：後生，年少後進之人。畏，敬畏。此句言後生年富力強，前途不可限量，值得敬畏。

②【焉知來者之不如今也】：焉，疑問副詞，猶「安」、「何」、「豈」也。來者，指晚輩未來的成就。不如今，比不上今日的我。

③【聞】：聲譽、名望。

子曰：「譬如為山，未成一簣ㄎㄨㄟˋ①，止，吾止②也！譬如平地③，雖覆一簣，進，吾往也！」

——〈子罕〉第九．一八

孔子說：「為學好比堆一座山，只差一籠土而停下來，便前功盡棄，這是我自己停止的！為學又如同填平窪地，雖然只倒下一籠土，但繼續往下倒，終究可以把它填平，這是我自己努力不懈，才能完成的啊！」

注釋

①【未成一簣】：簣，音ㄎㄨㄟˋ，籠子，以竹子編成，用以盛土。此句言因尚缺一籠土，而未能堆成一座山。

②【止吾止】：如果停下來，是我自己停下來的。

③【平地】：填平窪地。

子曰：「學而不思則罔ㄨㄤˇ①；思而不學則殆ㄉㄞˋ②。」

——〈為政〉第二．一五

孔子說：「只知學習而不加思考，終將迷惘無所得；只知胡思亂想而不去真實學習，那就將危殆不安了。」

注釋

①**【罔】**：通「惘」，迷惘、困惑而無所得。

②**【殆】**：危殆、危疑不定。

子曰：「吾嘗終日不食，終夜不寢，以①思。無益，不如學也。」

——〈衛靈公〉第十五．三〇

孔子說：「我曾經整天不吃，整夜不睡，只用來思考，卻沒有什麼益處。與其這樣，倒不如去學習好。」

注釋

①**【以】**：而也。

子曰：「志於道①，據於德②，依於仁③，游於藝④。」

——〈述而〉第七．六

孔子說：「立志追求正道，執守所得的德，依據仁德行事，游習於六藝之中。」

注釋

①**【志於道】**：立志追求正道。
②**【據於德】**：執守學道所得的德。
③**【依於仁】**：依據修德所悟之心行事。
④**【游於藝】**：游習於六藝之中，以陶冶性情。

子曰：「君子博學於文①，約之以禮②，亦可以弗畔(ㄆㄢˋ)③矣夫。」

——〈雍也〉第六．二五

孔子說：「君子廣博地學習聖賢的典籍，並且用禮來規範自己的行為，也就不會背離正道了。」

注釋

①**【博學於文】**：文，典籍。博學於文，即博覽典籍。
②**【約之以禮】**：「以禮約之」的倒裝句。以，用。此句言用禮來規範自己的行為。
③**【弗畔】**：畔，通「叛」。弗畔，不背離正道。

子曰：「賜也，女以予為多學而識①之者與？」對曰：「然，非與？」曰：「非也！予一以貫之②。」

——〈衛靈公〉第十五・二

孔子說：「賜啊，你以為我是個博學強記的人嗎？」子貢回答說：「是呀，難道不是嗎？」孔子說：「不是的，我只是用一個基本的大道，來貫通所有的事理。」

注釋

①【**識**】：通「誌」，強記之意。

②【**一以貫之**】：「以一貫之」的倒裝句。貫，通也。之，指所學的知識學問。此句言用一個基本的大道，貫通所有的事理。

子曰：「由！誨女知之乎①！知之為知之，不知為不知，是知也。」

——〈為政〉第二・一七

孔子說：「由，我教你知曉道理的方法吧！知道的就說知道，不知道的就說不知道，這樣才是真知啊！」

注釋

①【誨女知之乎】：知之，指知曉道理的方法。言以「知之」之道，教導你。女，汝，你也。

子曰：「三人行，必有我師焉①：擇其善者而從之，其不善者而改之。」

——〈述而〉第七・二一

孔子說：「三人同行，其中必定有值得我取法的人。選擇好的跟他學習，那個不好的則可以作為自我改正的借鏡。」

注釋

①【必有我師焉】：必定有值得我學習師法的人。

子曰：「三軍可奪帥①也，匹夫不可奪志②也。」

——〈子罕〉第九・二九

孔子說：「三軍人數雖多，如果軍心渙散，就可以把他們的元帥俘擄過來；一個普通百姓如果立志堅定，誰也改變不了他的心志！」

注釋

①【三軍可奪帥】：三軍，古代兵制，五師為一軍。師，二千五百人；軍，一萬二千五百人。天

子六軍；諸侯大國三軍，次國二軍，小國一軍。此句言三軍人數雖多，但如人心不一，則可將其元帥劫奪過來。

②【匹夫不可奪志】：匹夫，平民。此句言雖是普通老百姓，如能堅定志向，任誰也改變不了他的心志。

孔子曰：「生而知之者①，上也；學而知之者，次也；困②而學之，又其次也。困而不學，民③斯為下矣！」

——〈季氏〉第十六．九

孔子說：「天生聰明，不學就會的，是最上等的聖人；一經學習就知道的，是次一等的人；歷經困頓而發憤苦學的，則是又次一等的人；困頓不通卻又懶散不學，這種人就是最下等的了。」

注釋

①【**生而知之**】：不學而能的上智聖人。

②【**困**】：有所不通。

③【**民**】：猶「人」也。

三、孔子對仁的看法

子曰：「里仁為美①。擇不處(ㄔㄨˇ)仁②，焉得知(ㄓˋ)③？」

——〈里仁〉第四．一

孔子說：「居住在風俗仁厚的鄉里，是一件美好的事。選擇風俗不仁厚的地方作為住所，怎麼算是明智呢？」

注釋

①**【里仁為美】**：里，指鄉里。此句言鄉里間具有仁厚的風俗，為一件美事。

②**【擇不處仁】**：處，居也。此句言選擇住所，卻不居處於風俗仁厚的鄉里。

③**【焉得知】**：知，音ㄓˋ，通「智」。焉得知，言不明智。

子曰：「不仁者，不可以久處(ㄔㄨˇ)約，不可以長(ㄔㄤˊ)處樂(ㄌㄜˋ)①。仁者安仁②，知者利仁③。」

——〈里仁〉第四．二

孔子說：「不仁的人無法長久處於貧賤窮困的環境中，也無法長久處於富貴安樂的環境中。有仁德的人，很自然地依仁道而行事；明智的人，認為仁道可以利人利己，且努力去奉行仁道。」

注釋

①【不可以久處約，不可以長處樂】：約，指貧賤窮困。樂，指富貴安樂。此句言不可以長久處於貧賤窮困的環境中，也不可以長久處於富貴安樂的環境中。

②【安仁】：安，安之若素，無所勉強。安仁，很自然地依仁道而行。

③【知者利仁】：知，通「智」。利仁，知道仁道可以利人利己而努力行仁。

子曰：「唯①仁者，能好（ㄏㄠˋ）人，能惡（ㄨˋ）人②。」

——〈里仁〉第四・三

孔子說：「只有仁者才能公正無私地喜好應當喜好的人，厭惡應當厭惡的人。」

注釋

①【唯】：獨、僅、只。

②【能好人，能惡人】：能公正無私地喜好所應當喜好的人，厭惡所應當厭惡的人。

子曰：「志士仁人，無求生以害仁，有殺身以成仁①。」

——〈衛靈公〉第十五・八

孔子說：「有志於仁的人和具有仁德的人，不會為了苟且求活命而拋棄操守，損害仁道；只有堅持氣節，犧牲生命以成就仁道。」

注釋

①**【殺身以成仁】**：犧牲生命以成就仁道。

顏淵問仁。子曰：「克己復禮①為仁。一日克己復禮，天下歸②仁焉。為仁由己，而由人乎哉？」顏淵曰：「請問其目③？」子曰：「非禮勿視，非禮勿聽，非禮勿言，非禮勿動。」顏淵曰：「回雖不敏，請事斯語④矣！」

——〈顏淵〉第十二．一

顏淵問怎樣才能做到仁的地步。孔子說：「克除自己的私欲，使得言行都能合乎禮，便是仁了。果真有一天能夠做到這樣，那麼天下的人都會稱讚你是位仁者。實踐仁德完全要靠自己下工夫，難道還要靠別人嗎？」顏淵說：「請問實踐的具體條目是什麼？」孔子說：「不合禮的事不要看，不合禮的話不要聽，不合禮的話不要講，不合禮的事不要做。」顏淵說：「我雖然不夠聰敏，但一定會依照老師指示的話去做。」

注釋

①**【克己復禮】**：克己，克除自己的私欲。復，反也。復禮，歸反於禮，即使言行都合乎禮。

②**【歸】**：與也，有稱許之意。

③**【目】**：指實踐之具體條目。

④【請事斯語】：敬謹依此語所指示者從事之。

仲弓①問仁。子曰：「出門如見大賓②，使民如承大祭③。己所不欲，勿施於人④。在邦⑤無怨，在家⑥無怨。」仲弓曰：「雍雖不敏，請事斯語矣。」——〈顏淵〉第十二．二

仲弓問怎樣才能做到仁的地步。孔子說：「出門待人接物，態度要像會見貴賓般的恭敬；使役治理人民，態度要像承辦隆重祭祀般的恭敬。自己所不願意的事情，不要加到他人身上。這麼一來，在諸侯之邦做官就不會招人怨恨，在卿大夫之家做事也不會招人怨恨。」仲弓說：「我雖然不夠聰敏，但一定會依照老師指示的話去做。」

注釋

①【仲弓】：姓冉，名雍，字仲弓，魯人，孔子弟子。

②【出門如見大賓】：大賓，尊貴的賓客。見大賓則態度恭敬。此句言出門待人接物，態度應該恭敬。

③【使民如承大祭】：使民，使役治理人民。承，奉也，承辦。大祭，隆重的祭祀。承大祭則態度恭敬。此句言治理人民，態度應該恭敬。

④【己所不欲，勿施於人】：自己所不願意的事情，不要加到他人身上；即恕道。

⑤【邦】：指諸侯國邦。

⑥【家】：指卿大夫之家。

樊遲①問仁。子曰：「居處②恭，執事③敬，與人④忠，雖之⑤夷狄，不可棄也。」

——〈子路〉第十三．一九

樊遲問怎樣才能做到仁的地步。孔子說：「日常生活起居要恭謹，做事情要敬慎，對待人要忠誠。即使是到了蠻夷地區，也不可以廢棄以上的原則。」

注釋

①【樊遲】：姓樊，名須，字子遲，魯人，孔子弟子。

②【居處】：日常的生活起居。

③【執事】：行事。

④【與人】：待人。

⑤【之】：當動詞，往。

子貢問為仁①。子曰：「工欲善其事，必先利其器②。居是邦也，事③其大夫之賢者，友④其士之仁者。」——〈衛靈公〉第十五・九

子貢問要怎樣去培養仁德。孔子說：「如同工匠想製作成精巧的器物，一定要先磨利所使用的工具一般。因此居住在一個國邦中，要師事尊奉這國的賢大夫，結交這國的仁人志士，以期得到他們的教導。」

注釋

按：子貢，姓端木，名賜，字子貢，衛國人，所以《左傳》又稱衛賜，少孔子三十一歲。

①**【為仁】**：行仁，即培養仁德。

②**【工欲善其事，必先利其器】**：工匠想製作成精巧的器物，一定要先磨利所使用的工具；用以比喻欲培養仁德，必須要有明師益友的輔導切磋。

③**【事】**：師事，即尊奉之以得其教導。

④**【友】**：結交，即與其交往以互相切磋。

子曰：「知(ㄓˋ)者①樂(ㄧㄠˋ)②水，仁者樂(ㄧㄠˋ)山。知(ㄓˋ)者動，仁者靜。知(ㄓˋ)者樂(ㄌㄜˋ)，仁者壽(ㄕㄡˋ)。」——〈雍也〉第六・二一

孔子說：「有智慧的人喜好水，有仁德的人喜好山；智者喜好動，仁者喜好靜；智者常享歡樂，仁者常享高壽。」

注釋

①【知者】：智慧的人。知，音ㄓˋ，通「智」。

②【樂】：音一ㄠˋ，喜愛、愛好。

子貢曰：「如有博施①於民，而能濟眾②，如何？可謂仁乎？」子曰：「何事於仁③，必也聖乎！堯、舜其猶病諸④！夫仁者，己欲立而立人，己欲達而達人⑤。能近取譬⑥，可謂仁之方⑦也已。」

——〈雍也〉第六．二八

注釋

①【博施】：廣施恩德。

②【濟眾】：濟助眾人。

子貢問：「如果有人能夠做到廣施恩德於民，又能夠幫助大眾解決困難，這個人怎麼樣？可以說是具有仁德的人嗎？」孔子說：「那裡只是具有仁德的人，那必定是聖人了。連堯、舜都還為做不到這種地步而感到遺憾呢！具有仁德的人，自己想要能夠依正道立身處世，也協助他人能夠依正道立身處世；自己想通達正道，也協助他人通達正道。能夠就近拿自身做例子，為他人設想，可以說就是求仁的方法了。」

③【何事於仁】：何止於人；言能如此，則不止於仁也。

④【病諸】：病，憾也，心有所不足。諸，之乎的合音。病諸，言為此感到遺憾呢！

⑤【己欲立而立人，己欲達而達人】：自己想要能夠依正道立身處世，也協助他人能夠依正道立身處世；自己想通達正道，也協助他人通達正道。此推己及人之意。

⑥【能近取譬】：能就近以自身做比喻，而推及他人；即能設身處地，為別人著想。此亦推己及人之意。

⑦【仁之方】：求仁的方法。

子夏曰：「博學而篤志①，切問②而近思③，仁在其中矣。」——〈子張〉第十九．六

子夏說：「廣博地學習各種道理，堅定自己的志向，對疑難切實問明白，由近及遠，循序去思考；仁道就在這裡了。」

注釋

①【篤志】：堅定志向。

②【切問】：切實問明白。

③【近思】：由近及遠，循序思考。

司馬牛①問仁。子曰：「仁者，其言也訒（ㄖㄣˋ）②。」曰：「斯言也訒（ㄖㄣˋ），斯謂之仁矣乎？」子曰：「為之難③，言之得無④訒（ㄖㄣˋ）乎？」

——〈顏淵〉第十二．三

司馬牛請教孔子如何實踐仁德。孔子說：「有仁德的人，他說話時，有所隱忍節制而不輕易說出。」司馬牛說：「說話有所隱忍節制而不輕易說出，這就叫做仁了嗎？」孔子說：「所言之事做起來很困難的，說話時又怎能不隱忍節制而不輕易出口呢？」

注釋

①**【司馬牛】**：孔子弟子。姓司馬，名耕（又名犁），字子牛，宋國人。

②**【訒】**：音ㄖㄣˋ，忍。此指說話有所隱忍節制，不輕易說出。

③**【為之難】**：做起來很困難。之，指所言之事。

④**【得無】**：能不。

子曰：「仁遠乎哉①？我欲仁，斯②仁至矣。」

——〈述而〉第七．二九

孔子說：「仁道距離我們很遠嗎？其實仁道是本來就存在於我們內心的，因此只要我們想求得仁道，仁道自然就會來到。」

注釋

①【**仁遠乎哉**】：言仁道為我心所固有之理，不待外求，離我不遠。

②【**斯**】：則也，相當於白話的「就」。

子曰：「富與貴，是人之所欲也，不以其道①，得之不處②也。貧與賤，是人之惡也，不以其道，得之不去③也。君子去仁，惡乎成名④。君子無終食之間⑤違仁，造次⑥必於是，顛（ㄉㄧㄢ）沛（ㄆㄟˋ）⑦必於是。」

——〈里仁〉第四．五

孔子說：「富裕與地位高貴，是人人所希望得到的，但是如果不用正當的方法去追求，就算追求到了，君子也不願享有。貧窮與卑賤，是人人所厭惡的，但是如果不用正當的方法去避免，就算遭遇到了，君子也不逃避。一個君子如果離開了仁，又怎麼能成就君子的美名呢？所以君子即使是在很短暫的時間也不會違背仁德，在急遽倉促的時刻還是堅守仁道，在困頓流離的時候也必然堅守仁道。」

注釋

①【**道**】：方法、途徑；此處指仁道。

②【**得之不處**】：處，居處，有接受、享用之意。此句言雖獲得富貴，也不願享用。

③【不以其道得之不去】：去，逃避、丟棄。此句言不用正當方法以避免貧賤，則雖遭遇貧賤，只好安於貧賤而不逃避。

④【惡乎成名】：惡乎，如何、怎能。此句言如何成就君子之美名呢？

⑤【終食之間】：吃完一頓飯的時間，比喻短暫之時間。

⑥【造次】：急遽倉促之時。

⑦【顛沛】：困頓流離之時。

子曰：「巧言①令色②，鮮（ㄒㄧㄢˇ）矣仁！」

——〈學而〉第一・三——

孔子說：「說好聽的話來諂媚人，裝出和善的臉色來奉承人，這種人是很少具有仁心的。」

注釋

①【巧言】：巧，好也。巧言，說好聽的話來諂媚討好人。

②【令色】：令，善也。令色，裝出和善的臉色來奉承討好人。

子曰：「剛①、毅②、木③、訥④，近仁。」

——〈子路〉第十三．二七

孔子說：「用心公正無私，行事果敢堅忍，性情質樸無華，言語謹慎似遲鈍，具有這四種品德的人，就很接近於仁道了。」

注釋

①【**剛**】：公正無私欲。

②【**毅**】：果敢堅忍。

③【**木**】：性情質樸。

④【**訥**】：音ㄋㄜˋ，又音ㄋㄚˋ，言語謹慎似遲鈍。

子曰：「當（ㄉㄤ）仁①，不讓於師②。」

——〈衛靈公〉第十五．三五

孔子說：「面對行仁之事時，即使是師長也不必謙讓。」

注釋

①【**當仁**】：面對行仁之事。

②【**師**】：老師、師長。

宰我①問曰：「仁②者，雖告之曰：『井有仁焉。』其從之也？」子曰：「何為其然③也？君子可逝④也，不可陷⑤也；可欺⑤也，不可罔⑤也。」

——〈雍也〉第六・二四

宰我問道：「有仁德的人，如果有人告訴他說：『井裡頭有個人掉進去了。』是不是就跟著跳下井去救人呢？」孔子說：「為什麼要這樣做呢？君子是可以相信這話而去營救，但不會自己跳下去；君子可能受到合乎情理之事的欺騙，但不會被不合乎情理的事所蒙蔽。」

注釋

①**【宰我】**：姓宰，名予，字子我，魯人，孔子弟子。

②**【仁】**：當作「人」字。

③**【然】**：如此。

④**【可逝】**：逝，往也。可逝，言可使之往救。

⑤**【不可陷】**：不可使之貿然下井救人。

⑥**【可欺】**：可用合理之事加以欺騙。

⑦**【不可罔】**：不可用不合理之事加以蒙蔽。

四、孔子闡論孝道

孟懿子①問孝。子曰：「無違②。」樊（ㄈㄢˊ）遲御（ㄩˋ）③，子告之曰：「孟孫問孝於我，我對曰：『無違。』」樊遲曰：「何謂也？」子曰：「生，事之以禮④；死，葬之以禮，祭之以禮。」

——〈為政〉第二．五

孟懿子問孝道。孔子說：「不要違背禮。」樊遲為孔子駕車，孔子告訴他說：「仲孫何忌向我提問孝道，我回答說：『不要違背禮』。」樊遲問道：「這是什麼意思呢？」孔子說：「父母在世時，侍奉生活起居要依於禮；去世後，從殯殮到埋葬要依照禮制；以後每逢祭祀也要依照禮制。」

注釋

①**【孟懿子】**：姓仲孫，名何忌，魯大夫，謚號懿。按：孟孫即仲孫。左傳昭公七年記載：其父孟僖子將死，遺命何忌向孔子學禮，孔子稱其為君子。

②**【無違】**：在此指不違背禮。

③【御】：駕車。此處指為孔子駕車。

④【以禮】：以，依也。以禮，依照禮制。

孟武伯問孝。子曰：「父母唯其疾之憂①。」

——〈為政〉第二．六

孟武伯問孝道。孔子說：「做父母最擔憂的是子女生病，為人子女應體念親心，好好保養身體不生病，以免父母憂心。」

注釋

①【父母唯其疾之憂】：其，指子女。此句謂父母只擔憂子女生病。

按：孟武伯乃孟懿子之子。

子游①問孝。子曰：「今之孝者，是謂能養(一尢)②。至於犬馬，皆能有養③；不敬，何以別乎？」

——〈為政〉第二．七

子游問孝道。孔子說：「現在一般所謂的孝順，只知在飲食方面供養父母。至於狗和馬，也都被人飼養照顧；如果奉養父母時，缺乏恭敬之心，那跟飼養狗和馬又有什麼分別呢？」

注釋

① **【子游】**：姓言，名偃，字子游，吳國人，孔子弟子。

② **【是謂能養】**：是，作「只」字解。養，音一尢ˋ，奉養。此句謂只知以飯食奉養父母。

③ **【至於犬馬，皆能有養】**：言人對於犬馬，亦能供給食物以畜養之。

子夏問孝。子曰：「色難①。有事，弟子服其勞；有酒食，先生饌（ㄓㄨㄢˋ）②，曾（ㄗㄥ）③是以為孝乎？」

——〈為政〉第二・八

子夏問孝道。孔子說：「侍奉父母最難的是和顏悅色。如果只是有事情時，由弟子為父母效勞；有酒飯時，讓父兄享用。難道這樣就算是孝順嗎？」

注釋

① **【色難】**：色，指和顏悅色。色難，謂侍奉父母，以能和顏悅色為最難得。

② **【有事……先生饌】**：弟子，即子弟。先生，指父兄。饌，音ㄓㄨㄢˋ，食用。此句言有事時，由弟子效勞；有酒飯時，讓父兄享用。

③ **【曾】**：音ㄗㄥ，乃、則、就也。

子曰：「事父母，幾（ㄐㄧ）諫①；見志不從，又敬不違②；勞③而不怨。」

——〈里仁〉第四・一八

孔子說：「侍奉父母，如果他們有過錯，應該用委婉的言語勸說；如果父母不聽勸說，態度仍須恭敬，不可違逆；只是放在心裡憂愁，不能有所埋怨。」

注釋

①**【幾諫】**：幾，委婉。此句謂以委婉的言語和態度勸諫。

②**【見志不從，又敬不違】**：見父母的心意並不接納勸諫，仍須態度恭敬，不敢違逆。

③**【勞】**：勞思憂愁。

子曰：「父母之年，不可不知①也：一則以喜，一則以懼②。」

——〈里仁〉第四・二一

孔子說：「父母的年紀，不可以不知道；一方面為父母的高壽感到歡喜；一方面則為父母的日漸衰老而感到憂懼。」

注釋

①**【知】**：知曉、記得也。

②【一則以喜，一則以懼】：言一方面既喜其能享高壽，另一方面又憂心其日漸衰老。

曾子①有疾，召門弟子曰：「啟②予足！啟予手！詩云：『戰戰兢兢，如臨深淵，如履薄冰③。』而今而後④，吾知免夫⑤！小子⑥！」

——〈泰伯〉第八．三

曾子病危時，召集門下弟子到床前來，說道：「掀開被子，看看我的腳，看看我的手。詩經上說：『戒慎恐懼，好比站在深淵旁邊，恐怕墜落；又好比踩在薄冰上，恐怕陷溺。』我平日便是這樣的小心戒慎。如今歲數將終，可保全身體而逝世，從今以後，我知道可以免於毀傷了。弟子們啊！記著我的話！」

注釋

①【曾子】：姓曾，名參，字子輿，魯人，與父曾晳皆為孔子弟子。

②【啟】：開也。此處指開衾而視。

③【詩云四句】：語出《詩經．小雅．小旻》。戰戰，恐懼貌。兢兢，戒謹貌。喻自己常抱持恐懼戒慎的心情，如面臨深淵而恐墜落，如足履薄冰而恐陷溺，不敢一時稍有懈怠。

④【而今而後】：從今以後。

⑤【免夫】：指身體免於毀傷。

⑥【小子】：指弟子、學生。

曾子曰：「慎終①追遠②，民德歸厚③矣。」

——〈學而〉第一．九

曾子說：「父母年老壽終，辦理喪葬要能謹慎依禮；祖先歿後，雖然為時久遠，舉行祭祀仍須誠敬追思。在上位的人如果能這樣不忘本，百姓自然受感化，風俗道德自然歸於淳厚。」

注釋

①【**慎終**】：終，人死曰終。慎終，敬謹依禮辦理喪葬事宜。

②【**追遠**】：遠，指祖先。追遠，誠敬祭祀祖先，表達追思之意。

③【**民德歸厚**】：言在位者能盡孝不忘本，則人民接受其教化，風俗道德自然歸於淳厚。

五、孔子談道德修養

子曰：「德①不孤，必有鄰②。」

——〈里仁〉第四·二五

孔子說：「有德行的人是不會孤單的，必定會有志同道合的人來親近他，與他為伴。」

注釋

①**【德】**：在此指有德行的人。

②**【鄰】**：本意為鄰居，引申指「親近之者」。

子曰：「非其鬼①而祭之，諂（ㄔㄢˇ）②也。見義不為，無勇也。」

——〈為政〉第二·二四

孔子說：「不是應當祭祀的鬼神，卻去祭拜，就是諂媚。看到合宜應該做的事，卻不去做，就是沒有勇氣。」

注釋

①**【非其鬼】**：鬼，人死稱鬼。非其鬼，謂非其所當祭之鬼。

②【諂】：諂媚。

子曰：「法語①之言，能無從乎？改之為貴！巽與②之言，能無說③乎？繹④之為貴！說而不繹，從而不改，吾末如之何⑤也已矣！」

——〈子罕〉第九．二三

孔子說：「聽到嚴正告誡的話，能不聽從嗎？但要切實改過才可貴。聽到委婉勸導的話，能不喜悅嗎？但要能思考話裡的真正含意才可貴。只是心中喜悅而不知細心尋思，只是當面聽從而不切實改過，我對這樣的人也無可奈何呀！」

注釋

①【法語】：語，音ㄩˋ，告誡。法語，嚴正的告誡。

②【巽與】：巽，音ㄒㄩㄣˋ，柔順、委婉之意。巽與，委婉勸導。

③【說】：通「悅」。

④【繹】：音ㄧˋ，尋思；思考其中的意義。

⑤【末如之何】：末，無也。此句言對這樣的人，只能無可奈何。

子曰：「見賢思齊①焉；見不賢而內自省②也。」

——〈里仁〉第四．一七

孔子說：「見了賢人，就想學得和他看齊相等；見了不賢的人，便從內心省察自己，想想自己有沒有犯下與他同樣的毛病。」

注釋

①【**見賢思齊**】：希望自己擁有與賢者相等之善。

②【**內自省**】：內心自我省察，恐己亦有是惡。

子曰：「以約①失之者，鮮矣。」

——〈里仁〉第四．二三

孔子說：「一言一行能隨時約束、節制自己，做事還會有失誤的，那實在太少了。」

注釋

①【**約**】：規約、節制：凡謹言、慎行皆屬「約」之事。

子曰：「古者言之不出，恥躬①之不逮①也。」

——〈里仁〉第四．二二

孔子說：「古代的人，話不輕易出口，因為怕自己做不到，反而成為一件可恥的事。」

注釋

①【躬】：身也，指自身而言。

②【逮】：及也，指「做到」。

子曰：「其言之不怍①，則為之也難②！」

——〈憲問〉第十四．二一

孔子說：「一個大言不慚、愛說大話而從不感到羞愧的人，那麼要他真的去實踐就難了。」

注釋

①【怍】：音ㄗㄨㄛˋ，慚愧。

②【為之也難】：指實踐起來困難。

曾子曰：「君子以文①會友，以友輔仁②。」

——〈顏淵〉第十二・二四

曾子說：「君子用詩、書、禮、樂與朋友交流，跟朋友互相勉勵、規過、彼此協助，以達到仁德的境界。」

注釋

①**【文】**：指詩、書、禮、樂而言。

②**【輔仁】**：輔，助也。輔仁，以德相勉，以過相規，互相切磋，彼此協助，以共進於仁。

孔子曰：「益者三友，損者三友。友直①，友諒②，友多聞，益矣。友便（ㄆㄧㄢˊ）辟（ㄆㄧˋ）③，友善柔④，友便（ㄆㄧㄢˊ）佞（ㄋㄧㄥˋ）⑤，損矣。」

——〈季氏〉第十六・四

孔子說：「使人受益的朋友有三種，使人受損的朋友也有三種：結交正直的朋友，結交信實的朋友，結交博學多聞的朋友，便受益良多。結交表面威儀十足而內心卻不正直的朋友，結交於諂媚而不信實的朋友，結交花言巧語而無實學的朋友，己身便受損害。」

注釋

①**【直】**：正直。

②【諒】：誠信。

③【便辟】：便，音ㄆㄧㄢˊ，習熟也。便辟，外表習於威儀而內心不正直。

④【善柔】：工於媚悅而少誠信。

⑤【便佞】：習於花言巧語而無聞見之實。

子曰：「視其所以①，觀其所由②，察其所安③。人焉廋④哉？人焉廋哉？」

——〈為政〉第二．一〇

孔子說：「初看一個人所做事情的表現，再進一步仔細觀察他所以做這事的動機，然後再審察他做這事之後是否安適快樂，用這三個步驟去觀察，人的善惡真偽哪能藏匿得住呢？」

注釋

①【視其所以】：視，指初看。以，為也；指「行為的表現」、「做事的情形」等。

②【觀其所由】：觀，指細看。所，從也；指動機。

③【察其所安】：察，審察。安，樂也；指內心的安適快樂情形。

④【廋】：音ㄙㄡ，藏匿。

子曰：「放ㄈㄤˇ①於利而行，多怨②。」

——〈里仁〉第四．一二

孔子說：「凡事依據個人私心利益去做，必會招來許多怨恨。」

注釋

①【**放**】：音ㄈㄤˇ，依據。

②【**怨**】：多招怨責。

子曰：「躬自厚①，而薄責於人②，則遠ㄩㄢˋ③怨矣！」

——〈衛靈公〉第十五．一四

孔子說：「對自己的責求多，對別人的責求卻輕寬，那麼別人對你的怨恨自然就遠離了。」

注釋

①【**躬自厚**】：言責己厚也；即嚴以律己。

②【**薄責於人**】：言責人薄也；即寬以待人。

③【**遠**】：音ㄩㄢˋ，遠離。

子曰：「不患①人之不己知①，患不知人也。」

——〈學而〉第一．一六

孔子說：「不必憂愁別人不知道自己有才德，而應憂慮自己夠不夠了解別人。」

注釋

①**【患】**：憂慮、擔心。

②**【不己知】**：「不知己」的倒裝，謂他人不知自己有才德。

曾子曰：「吾日三省吾身①，為人謀而不忠乎②？與朋友交而不信③乎？傳不習乎④？」

——〈學而〉第一．四

曾子說：「我每天以三件事省察自己的言行。替人謀事是否有不夠盡心力的地方？與朋友交往，有沒有不信實的地方？對老師所傳授的課業，是否不夠努力學習？」

注釋

①**【三省吾身】**：省，音ㄒㄧㄥˇ，省察、反省。身，指自己而言。三省吾身，言以此三事省察自己的言行。

②**【為人謀而不忠乎】**：為，音ㄨㄟˋ，替、代。謀，謀畫事情。忠，盡己之心。此句言替人謀畫

事情，是否有不盡心盡力之處？

③【信】：信實。

④【傳不習乎】：傳，指老師所傳授的課業。習，學習。此句言對老師所傳授的課業，是否不努力學習？

子曰：「巧言亂德①，小不忍②則亂大謀③。」——〈衛靈公〉第十五．二六

孔子說：「花言巧語，搬弄是非，聽了會敗壞德行，喪失操守。小事不能忍耐，便會敗壞大事。」

注釋

①【巧言亂德】：花言巧語，混淆是非；如輕易聽信，將被其所惑，而喪失所守，壞亂德行。

②【小不忍】：小事不能忍耐。

③【大謀】：大計畫、大事。

子貢問友①。子曰：「忠告①而善道ㄉㄠˇ①之，不可則止，毋自辱焉！」

——〈顏淵〉第十二．二三

子貢請教交友之道。孔子說：「朋友有了過錯，要盡自己的誠心告訴他，並且委婉的勸導他。他如果不接受，就應該適可而止，不要自討沒趣，自取侮辱。」

注釋

①**【問友】**：請教交友之道。

②**【忠告】**：盡自己的心來勸誡他。告，勸誡。

③**【善道】**：用最好的說辭來開導他。道，音ㄉㄠˇ，通「導」。

子曰：「鄉原ㄩㄢˋ①，德之賊也②。」

——〈陽貨〉第十七．一三

孔子說：「外表看似忠厚，而內心巧詐的偽君子，才真是道德的破壞者啊！」

注釋

①**【鄉原】**：一鄉都以為是善人，其實乃同流合汙、取媚於世的偽君子。原，音ㄩㄢˋ，通「愿」，善。本為謹厚之意，並非惡詞，但上加「鄉」字，意乃別有所指。

②【德之賊也】：（是）道德的破壞者啊。賊，指破壞者。

子曰：「道聽而塗說①，德之棄也②。」

——〈陽貨〉第十七・一四

孔子說：「在路上聽了一句話，不問真假，不加思辨，便在路上傳說出去，這是自己拋棄應守的道德啊！」

注釋

①【道聽而塗說】：在路上聽聞某事，不加思辨，不問確實與否，就妄加傳述。而，就。塗，通「途」。

②【德之棄也】：即「棄德」，謂自己拋棄應守的道德。

或曰：「以德①報怨，何如？」子曰：「何以報德？以直②報怨，以德報德。」

——〈憲問〉第十四・三六

有人問道：「拿恩惠去回報仇恨，怎麼樣？」孔子說：「這麼一來，將拿什麼報答恩惠呢？應該用正直無私的態度去回報仇恨，拿恩惠報答恩惠。」

注釋

①【德】：恩惠。

②【直】：指公正無私。

子曰：「參乎！吾道一以貫之。」曾子曰：「唯①。」子出。門人②問曰：「何謂也？」曾子曰：「夫子之道，忠恕③而已矣。」

——〈里仁〉第四·一五

孔子說：「參啊！我的道可以用一個根本道理將它貫通起來。」曾子連忙應道：「是的。」孔子出去後，別的同學問曾子：「老師說的是什麼意思呢？」曾子說：「老師的道，就是忠恕二字罷了。」

注釋

①【唯】：應諾之辭，猶「是的」。

②【門人】：指孔子弟子，即曾子當時的同學。

③【忠恕】：忠，盡己之心。恕，推己及人。

子貢問曰：「有一言①而可以終身行之者乎？」子曰：「其②恕乎！己所不欲，勿施於人。」

——〈衛靈公〉第十五·二三

子貢問道：「有一個字可以作為終身奉行的準則嗎？」孔子說：「大概就是恕字吧！自己不願意的事，不要加在別人身上。」

注釋

①【一言】：指一個字。

②【其】：語助詞，表示揣度的語氣，和白話的「可能」、「大概」相當。

子貢問曰：「鄉人皆好①之，何如？」子曰：「未可也。」「鄉人皆惡②之，何如？」子曰：「未可也。不如鄉人之善者好之，其不善者惡之。」

——〈子路〉第十三．二四

子貢問道：「全鄉的人都喜歡他，這個人怎麼樣呢？」孔子說：「還不可確定是好人。」又問：「全鄉的人都厭惡他，這個人怎麼樣呢？」孔子說：「還不可確定是壞人。不如全鄉的好人喜歡他，全鄉的壞人厭惡他，這才是真正的好人。」

注釋

①【好】：音ㄏㄠˋ，喜歡。

②【惡】：音ㄨˋ，憎厭。

六、孔子對士（讀書人）的看法

子貢問曰：「何如斯可謂之士矣？」子曰：「行己有恥①，使於四方，不辱君命②，可謂士矣。」曰：「敢問其次？」曰：「宗族③稱孝焉，鄉黨稱弟焉。」曰：「敢問其次？」曰：「言必信，行必果④；硜硜然⑤，小人⑥哉！抑亦可以為次矣。」曰：「今之從政者何如？」子曰：「噫！斗筲之人⑦，何足算⑧也！」

——〈子路〉第十三・二〇

子貢問道：「要怎麼樣才可以算是一位士呢？」孔子說：「行事時，自己要能知恥而有所不為；奉命出使到外國，能夠順利達成任務，不辱君命；這種人可稱得上是士了。」子貢再問：「請問次一等的怎樣？」孔子說：「宗族中的人都稱讚他孝順父母，鄉里中的人都稱讚他敬事長上。」子貢又問：「請問再次一等的怎樣？」孔子說：「說話必定信實，做事必定果敢，能堅正自求。氣量雖狹小，但也可以算是再次一等的士。」子貢接著又問：「現在這些從政的人怎麼樣呢？」孔子說：「唉！這些鄙陋淺薄的人，怎麼算得上是士呢？」

注釋

①【行己有恥】：言己之行事，能知恥而有所不為。

②【不辱君命】：奉命出使，不使君命受屈辱；表示能順利達成國君所託付的任務。

③【宗族】：同宗的家屬。

④【行必果】：言行誠信果決。

⑤【硜硜然】：硜，音ㄎㄥ。硜硜然，小石堅確貌；形容其能堅正自守，但尚不能衡量輕重，通權達變。

⑥【小人】：指識量淺狹的人。

⑦【斗筲之人】：斗，量器，容十升；筲，音ㄕㄠ，竹器，容一斗二升；皆器之小者。斗筲之人，形容其德薄量淺。

⑧【何足算】：算，數也。何足算，言算不上是讀書人。

子曰：「士志於道，而恥惡衣惡食①者，未足與議②也！」——〈里仁〉第四．九

孔子說：「一個士人立志追求正道，卻以穿得不夠好，吃得不夠好為羞恥，那就不值得和他議論正道了。」

注釋

①**【恥惡衣惡食】**：惡，粗劣。此句謂以粗劣之衣食為恥辱。

②**【未足與議】**：未足，猶言不值得；與議，與之談論正道。

子曰：「士而懷居①，不足以為士矣！」

——〈憲問〉第十四・三

孔子說：「讀書人如果一心貪戀生活的安逸舒適，就不配作為讀書人。」

注釋

①**【懷居】**：指貪戀生活的安適。

曾子曰：「士不可以不弘毅①，任②重而道③遠。仁以為己任，不亦重乎，死而後已，不亦遠乎。」

——〈泰伯〉第八・七

曾子說：「讀書人心胸不可不寬大，意志不可不剛強堅忍；因為他擔當的責任重大，行走的路程長遠。把實行仁道視為自己的責任，這責任不是很重大嗎？一直到死了才能將責任放下，這路程不是很長遠嗎？」

注釋

①【弘毅】：弘，指心胸寬廣。毅，指志氣剛強堅忍。

②【任】：擔當之責任。

③【道】：行走之路程。

子張曰：「士見危致命①，見得思義②，祭思敬，喪思哀，其可已矣。」

——〈子張〉第十九・一

子張說：「作為一個真正的士，看到危難時，可以獻出性命而不苟且求免；見到利祿財貨時，就要想想是否合於道義然後定取捨；祭祀時一定要盡自己恭敬的心，居喪時一定要想到盡己哀痛的心，如果能做到這些操守，也就可以算是一個士了。」

注釋

①【致命】：委致其命，猶言授命。

②【見得思義】：見利則思量是否合乎道義，然後定其取捨。

七、孔子談君子的內涵

子曰：「君子道者三，我無能焉：仁者不憂①，知者不惑②，勇者不懼③。」

——〈憲問〉第十四

孔子說：「身為君子要做到正道的依循有三項，我還做不到這樣的境界：仁者行事處世皆能依理而為，心胸坦蕩無愧，所以沒有憂愁；智者對於事理是非洞察明晰，所以不至於身陷困惑；勇者面臨危難，能夠不因恐懼而自我混亂。」

注釋

①【憂】：憂愁。

②【惑】：疑惑。

③【懼】：恐懼。

子曰：「君子懷德①，小人懷土②；君子懷刑③，小人懷惠④。」

——〈里仁〉第四．一一

孔子說：「君子一心只想要保有美好的德性，小人一心想念在乎的是居處的安樂；君子心存禮法，惟恐觸犯；小人心存貪念，想得到別人的恩惠好處。」

注釋

①**【懷德】**：懷，思念也。懷德，謂一心想念保有美德。

②**【懷土】**：土，指田宅產業。懷土，謂一心想念居處的安樂。

③**【懷刑】**：刑，通「型」，法也。懷刑，謂心存禮法，惟恐違背觸犯。

④**【懷惠】**：惠，恩惠。懷惠，謂思獲得恩惠，有貪利之意。

子曰：「君子喻①於義②，小人喻於利③。」

——〈里仁〉第四．一六

孔子說：「君子通曉公正合宜的言行，小人卻只曉得個人自私的貪得慾望。」

注釋

①**【喻】**：猶曉也，曉通、明白。

②【義】：天理之所宜，指公正合宜之言行。
③【利】：人情之所欲，指自私之貪得嗜慾。

子路問君子。子曰：「修己以敬①。」曰：「如斯而已乎？」曰：「修己以安人②。」曰：「如斯而已乎？」曰：「修己以安百姓③。修己以安百姓，堯、舜其猶病④諸。」

——〈憲問〉第十四．四五

子路問怎樣可以成為一位在上位的君子。孔子說：「以禮來修養身心。」子路又問道：「這樣就可以了嗎？」孔子說：「修養自己使他人生活富足安樂。」子路又問道：「這樣就可以了嗎？」孔子說：「修養自己使人民生活富足快樂。修養自己使人民生活富足快樂，連堯、舜那樣的聖人，恐怕還憂慮做不到呢！」

注釋

①【修己以敬】：敬，莊敬，為禮之根本。修己以敬，即「以敬修己」，也就是修身以禮。
②【安人】：人，指親族朋友。安人，謂使親族朋友皆能各得其所，安居樂業。
③【安百姓】：謂使百姓皆能各得其所，安居樂業；亦即治國平天下。
④【病】諸：病，憂慮。諸，指修己以安百姓。

子曰：「君子疾①沒世②而名不稱③焉。」

——〈衛靈公〉第十五・一九

注釋

①【疾】：憂慮。

②【沒世】：沒，通「歿」。沒世，指死後。

③【稱】：稱道、稱揚。

孔子說：「一個有才德的君子，覺得最憾恨的，就是當他死了以後，他的聲名還不能被大家所稱道、贊揚。」

子曰：「君子不重①則不威②，學則不固③。主忠信；無友不如己者④；過，則勿憚⑤改。」

——〈學而〉第一・八

注釋

①【重】：莊重。

②【威】：威嚴。

③【固】：堅實。

孔子說：「君子不莊重便沒有威嚴，所學也就輕浮而不堅實。為人以忠誠信實為主；不結交不比自己好德的朋友；有了過失，則不要害怕改過。」

④【**無友不如己者**】：無，通「毋」，禁止之辭。此句謂不結交不如己之好德者。友所以輔仁，不如己之好德，則無益且有損。

⑤【**憚**】：音ㄉㄢˋ，畏難、害怕也。

子曰：「君子義以為質①，禮以行之，孫②（ㄒㄩㄣˋ）以出之，信以成之，君子哉！」

——〈衛靈公〉第十五．一七

孔子說：「君子以義作為一切行事的主體，再依照禮的節文來實行它，用謙遜的言語說出它，用誠信的心完成它。如果能夠這樣，就可以算是君子了！」

注釋

①【**質**】：體幹、主體。

②【**孫**】：今作「遜」，謙遜。

子貢曰：「君子之過也，如日月之食①焉。過也，人皆見之；更②（ㄍㄥ）也，人皆仰之。」

——〈子張〉第十九．二一

子貢說：「君子有了過失，就好像日月虧蝕一樣，人人都看得到。改過之後，就像日月復圓一般，人人皆可仰望。」

注釋

①【食】：通「蝕」，指日月虧蝕。

②【更】：改也。

子夏曰：「小人之過也必文①。」

——〈子張〉第十九·八

子夏說：「小人有了過失，必定加以掩飾。」

注釋

①【文】：音ㄨㄣˋ，掩飾。

子曰：「質勝①文②則野③，文勝質則史④。文質彬彬⑤，然後君子。」

——〈雍也〉第六·一六

孔子說：「一個人的本質本性超過文采，便鄙陋地像個粗野的人；文采超過本質，則虛飾地像官府中掌文書的人。本質和文采配合適當，均衡發展，這樣子才是君子。」

注釋

①【質】：本質。

②【文】：文采、文明禮節。
③【野】：粗野之人，言其鄙陋。
④【史】：官府中掌文書者。其人外表文雅，詞多文飾，而誠或不足。
⑤【彬彬】：物相雜而適均之貌；在此指文質配合均勻適當的樣子。

子曰：「君子和①而不同②，小人同而不和。」
——〈子路〉第十三・二三

孔子說：「君子與人和諧相處而不黨同朋比偏私；小人黨同偏私而無法與人和諧相處。」

注釋

①【和】：與人和諧相處，而無乖戾之心。
②【同】：黨同偏私，而有阿附、朋比之意。

子曰：「君子無所爭，必也射①乎！揖讓而升②，下而飲③。其爭也君子。」
——〈八佾〉第三・七

孔子說：「君子不會和人好強爭勝的，如果有，那就是比試射箭的技藝！當行射禮時，兩人同時並進，彼此三揖示敬，然後升堂比射；射畢比試者都走下堂來，勝者向敗者作揖，並請其升堂飲酒；像這樣的競爭方式，才是君子的風度。」

注釋

①【射】：比試射箭的技藝。

②【揖讓而升】：揖讓，彼此作揖，互相謙讓。行射禮時，二人並進，彼此三揖示敬，然後升堂比射。

③【下而飲】：飲，音ㄧㄣˋ，給對方喝。射畢揖降，等比試者皆降，勝者向負者作揖，請其升堂飲酒。

一〇

子曰：「君子之於天下也，無適（ㄉㄧˊ）①也，無莫②也，義之於比（ㄅㄧˋ）③。」——〈里仁〉第四．

孔子說：「君子對於天下的事理，既不先存絕對如此，非什麼不可的主觀成見，也不先存絕不如此的主觀意識，一切事情唯有依從義理而行。」

注釋

①【適】：音ㄉㄧˊ，專主，即「絕對如此」，完全是個人主觀意識。

②【莫】：不肯，即「絕不如此」；一定不可以。

③【義之與比】：比，音ㄅㄧˋ，從也。義之與比，即「與義比」，指依從義理。

子曰：「君子坦蕩蕩①，小人長戚戚②。」

——〈述而〉第七・三六

孔子說：「君子心胸寬廣舒泰；小人心中常憂戚不安。」

注釋

①【**坦蕩蕩**】：坦，平也。蕩蕩，寬廣舒泰的樣子。此句言心胸平和廣闊，顯現出樂易舒泰的態度。

②【**長戚戚**】：多憂戚。

子曰：「君子泰②而不驕②，小人驕而不泰。」

——〈子路〉第十三・二六

孔子說：「君子安詳舒泰卻不驕矜放肆；小人驕矜而不安詳舒泰。」

注釋

①【**泰**】：安舒。

②【**驕**】：驕矜放肆。

子夏曰：「君子有三變：望之①儼然②，即之③也溫④，聽其言也厲⑤。」

——〈子張〉第十九．九

子夏說：「君子有三種不同的態度：表面看來很嚴肅，親近時卻很溫和，聽他說話又很嚴正。」

注釋

①【望之】：從遠而望，觀其容也。

②【儼然】：容貌端莊的樣子。

③【即之】：就近見之，觀其色也。

④【溫】：指顏色溫和。

⑤【厲】：明確嚴正。

孔子曰：「君子有三戒：少之時，血氣①未定，戒之在色；及其壯也，血氣方剛，戒之在鬥；及其老也，血氣既衰，戒之在得②。」

孔子說：「君子有三件事應當自我警惕戒備：少年時期，體質和精神還沒有固定，應該戒備的在於色欲；到了壯年的時期，體質和精神正當剛強，往往容易衝動，應該戒備的在於意

——〈季氏〉第十六・七

氣鬥爭；到了老年時期，體質和精神已經衰退，往往貪名好利，應該戒備的在於貪得無厭。」

注釋

①**【血氣】**：血液及氣息，比喻精神力氣。

②**【得】**：貪得。

子曰：「君子恥其言而過其行①。」

——〈憲問〉第十四・二九

孔子說：「君子以他所說的話超過了他所做的事而感到可恥。」（按：孔子以言過其行，為君子所恥。）

注釋

①**【恥其言而過其行】**：以其言語之超過其行為感到可恥。而，語助詞。

子曰：「君子不以言舉人①，不以人廢言②。」

——〈衛靈公〉第十五・二二

孔子說：「君子不因為某人講的言論有道理就舉用他；也不因為某人行為不好，就廢棄他有道理的言論。」

注釋

①**【不以言舉人】**：不因其言得當就貿然舉用。蓋有言者未必有德，故不可以言舉人。

②**【不以人廢言】**：不因其人無德就廢其善言。

子曰：「君子易事①而難說②也：說之不以道，不說也；及其使人也，器之③。小人難事而易說也：說之雖不以道，說也；及其使人也，求備④焉。」——〈子路〉第十三．二五

孔子說：「君子容易侍奉，卻難以取悅：因為不拿正道取悅他，他不會喜歡；但等到他用人的時候，能隨其才能而任用。小人難以侍奉，卻容易取悅：雖然不是用正道來取悅，他也會喜歡；不過等到他用人的時候，就苛刻求全了。」

注釋

①**【易事】**：容易侍奉。

②**【難說】**：說，通「悅」。難說，難以取悅。

③**【器之】**：隨其材器而任用。

④**【求備】**：苛刻求全。

子曰：「君子求①諸己，小人求諸人。」

——〈衛靈公〉第十五．二〇

孔子說：「君子凡事責求自己；小人凡事只會責求別人。」

注釋

①【求】：責求。

子曰：「君子成人之美①，不成人之惡②；小人反是③。」

——〈顏淵〉第十二．十六

孔子說：「君子成全人家的好事，不助長別人做壞事；而小人卻剛好相反。」

注釋

①【成人之美】：言人有善，則誘掖獎勵以成其事。成，成全。美，善。

②【成人之惡】：見人為非作歹，不加勸阻，而使遂行其惡。

③【反是】：與此相反。是，此，指「成人之美，不成人之惡」。

司馬牛憂曰：「人皆有兄弟，我獨亡ㄨˊ①！」子夏曰：「商聞之矣：『死生有命，富貴在天。君子敬而無失，與人恭而有禮；四海之內②，皆兄弟也。』君子何患乎無兄弟也？」

——〈顏淵〉第十二・五

（司馬牛由於他的哥哥向魋謀叛宋景公失敗而出奔，他自己也淪落在魯國）心裡憂愁不過。於是有一天問子夏：「人家都有好的兄弟，偏偏只有我沒有。」子夏說：「商（子夏字卜商）曾經聽見夫子說過：『大凡人的生死都有天命注定，富貴也由老天安排，不是人力能夠轉移的。君子只要自己言行謹慎，沒有過失，與人往來又能謙恭有禮，自然四海以內的人都與我相親相愛，雖不是兄弟，也都可以當做兄弟看待的啊！』君子何必憂愁沒有兄弟呢？」

注釋

①**【我獨亡】**：亡，通「無」。牛兄向魋（ㄊㄨㄟˊ）在宋作亂，牛憂其為亂將死，故云。

②**【四海之內】**：指天下之人。

子貢曰：「君子亦有惡ㄨˋ①乎？」子曰：「有惡。惡ㄨˋ稱人之惡ㄜˋ②者，惡居下流③而訕ㄕㄢˋ④上

子貢問道：「君子也有厭惡的人嗎？」孔子說：「有的。厭惡愛說別人過錯的人，厭惡在下位卻毀謗在上位的人，厭惡光有勇敢卻不顧禮法

者，惡勇而無禮者，惡果敢而窒⑤者。」曰：「賜也亦有惡乎？」「惡徼（ㄐㄧㄠ）⑥以為知者，惡不孫⑦以為勇者，惡訐（ㄐㄧㄝˊ）⑧以為直者。」

——〈陽貨〉第十七・二四

的人。」孔子接著問道：「賜啊！你也有厭惡的人嗎？」子貢答道：「厭惡窺探別人缺失卻自以為聰明的人，厭惡不謙遜卻自以為勇敢的人，厭惡攻擊、揭別人隱私卻自以為正直的人。」

注釋

①【惡】：音ㄨˋ，憎惡。

②【稱人之惡】：惡，善惡之惡。此句言好稱說他人的過錯。

③【居下流】：指居下位。

④【訕】：毀謗。

⑤【窒】：指不通事理。

⑥【徼】：音ㄐㄧㄠ，伺察；指窺探他人的缺失。

⑦【孫】：今作「遜」。

⑧【訐】：音ㄐㄧㄝˊ，攻發他人的隱私。

子貢問君子。子曰：「先行其言①，而後從之②。」

——〈為政〉第二・一三

子貢問怎樣做才是君子。孔子說：「君子在沒說以前要先做，做到了，然後才說。」

注釋

①【**先行其言**】：行之於未言之前。

②【**而後從之**】：言之於既行之後。

子曰：「君子欲訥於言，而敏①於行。」

——〈里仁〉第四・二四

孔子說：「君子說話十分慎重而顯得遲鈍的樣子，不肯輕易開口；做事勤快而從不懈怠。」

注釋

①【**敏**】：勤快、敏捷之意。

子貢曰：「紂①之不善，不如是之甚也。是以君子惡居下流②，天下之惡皆歸焉。」

——〈子張〉第十九・二〇

子貢說：「紂王的罪惡，未必真像後人傳說那樣壞。只因他作惡無道，後人就把一切的罪惡，都歸在他的身上。所以君子厭惡自居於污濁聚集的所在，以免天下的罪惡都歸到他的身上。」

注釋

①**【紂】**：商朝最末君主，帝乙之子，名辛，殘虐無道。

②**【下流】**：地形卑下，眾流所歸之處；用以比喻行為卑污。

子夏曰：「雖小道①，必有可觀者焉；致遠恐泥①，是以君子不為也。」

——〈子張〉第十九・四

子夏說：「只重功利、不重道義的學說，只要做到精熟，其中的道理也一定有可觀的地方。但是道理畢竟太少，要想推行到久遠，就恐怕滯泥不通，因此君子不去學它。」

注釋

①**【小道】**：指只重功利、不重道義之說。

②【致遠恐泥】：泥，音ㄋㄧˋ，滯泥不通。此句言推行久遠，則恐滯泥不通。

子曰：「君子不可小知①，而可大受②也。小人不可大受，而可小知也。」

——〈衛靈公〉第十五・三三

孔子說：「君子在小事上未必被人賞識，但他的才德卻可以承擔重任；小人不能承擔重任，在小事上卻能受人賞識。」

注釋

①【小知】：以小才藝為人所識知欣賞。

②【大受】：有大才德足以承擔重任。

子曰：「君子不器①。」

——〈為政〉第二・一二

孔子說：「君子不像器物一般，只限於固定的用途。」

注釋

①【不器】：器，器皿、器具，各適其用。不器，言君子乃成德之士，體無不具，用無不周，不止於一材一藝，如器物之各限於固定的用途。

衛靈公①問陳②於孔子，孔子對曰：「俎豆之事③，則嘗聞之矣；軍旅之事④，未之學也。」明日遂行。在陳⑤絕糧⑥。從者病⑦，莫能興⑧。子路慍⑨見曰：「君子亦有窮乎？」子曰：「君子固窮⑩，小人窮斯濫⑪矣。」

——〈衛靈公〉第十五．一

衛靈公問孔子行軍布陣作戰的方法。孔子回答道：「關於宗廟祭祀的事，我曾聽說過；至於用兵作戰的事，我卻從沒有學過！」第二天孔子離開衛國，來到陳國。不久吳國伐陳，孔子被圍，斷糧七天，隨從的人，都飢餓病倒，站不起來。子路帶著不悅的神情去見孔子說：「君子也會這樣窮困嗎？」孔子說：「君子也有窮困的時候，但他能固守節操，不像一般小人，一遇著窮困，就放肆胡作非為。」

注釋

①**【衛靈公】**：春秋時衛君，名元。

②**【陳】**：今作「陣」，謂軍師行伍之列；此指布陣作戰之法。

③**【俎豆之事】**：俎，音ㄗㄨˇ。俎、豆，皆盛祭品的禮器。俎豆之事，指祭祀禮儀之事。

④**【軍旅之事】**：指用兵作戰之事。

⑤**【陳】**：國名，周武王立，求舜的後裔嬀滿，封於陳。

⑥【**絕糧**】：斷絕了糧食。

⑦【**從者病**】：跟隨孔子的弟子都餓病了。從，音ㄗㄨㄥˋ。病，指餓病，因飢餓而病倒。

⑧【**興**】：起身、起來。

⑨【**慍**】：心中不快。

⑩【**固窮**】：雖處困窮之境，猶能固守其操。

⑪【**濫**】：放肆、胡作非為。

實力大考驗1

1.～4.為題組：下列短文有四個空格，請自下列十個參考選項中選出最適當的答案。

現代社會講求高EQ，然而和諧的人際關係，必須以「無怨」為基礎。針對如何減低人我之間的怨，《論語》中有許多精闢的見解。例如埋怨、生氣往往來自他人輕忽我們的才能、誤解我們的理想，所以孔子便以1.＿＿＿＿勸勉我們在此情況下要處之泰然。而當別人對我們產生怨尤，我們便該反省自己是不是做錯了什麼？2.＿＿＿＿就是提醒我們：凡事貪好處、占便宜，必定惹人討厭。相反的，如果凡事設身處地為人著想，自然到哪裡都不會得罪人，正是孔子說的3.＿＿＿＿。至於若遭別人欺負，該以什麼態度回應呢？孔子認為應該4.＿＿＿＿，才能維持人與人之間公平、合理的相處之道。

(A)「以直報怨」 (B)「以德報怨」 (C)「貧而無怨」 (D)「放於利而行，多怨」

(E)「人不知而不慍，不亦君子乎。」 (F)「願車馬衣裘，與朋友共，敝之而無憾。」

(G)「詩可以興，可以觀，可以群，可以怨。」 (H)「士志於道，而恥惡衣惡食者，未足與議也。」

(I)「己所不欲，勿施於人，在邦無怨，在家無怨。」

(J)「事父母幾諫，見志不從，又敬不違，勞而不怨。」

【91年大學學測】

5.下列引文，依文意推敲，『　　』內最適宜填入的句子是：

「與善人居，如入芝蘭之室，久而自芳也；與惡人居，如入鮑魚之肆，久而自臭也。墨子悲於染絲，是之謂矣。君子必慎交遊焉。孔子曰：『　　』顏、閔之徒，何可世得！但優於我，便足貴之。」（《顏氏家訓．慕賢篇》）

(A)友善柔。　(B)無友不如己者。

(C)與朋友交言而有信。　(D)後生可畏，焉知來者之不如今也？

【93年大學學測】

6.孟子曰：「仁者如射，射者正己而後發，發而不中，不怨勝己者，反求諸己而已矣。」（〈公孫丑上〉）

這段話的意義，與下列孔子言論契合的選項是：

(A)求仁而得仁，又何怨。　(B)為仁由己，而由人乎哉。

(C)唯仁者，能好人，能惡人。　(D)君子無所爭，必也射乎。揖讓而升，下而飲，其爭也君子。

【93年大學學測】

7.儒家著重德行、理想的追求，反對物質生活的耽溺，下列《論語》引文中，並非陳述此種意旨的選項是：

(A)君子憂道不憂貧。(B)士而懷居，不足以為士矣。

(C)奢則不孫，儉則固；與其不孫也，寧固。(D)士志於道，而恥惡衣惡食者，未足與議也。

【94年大學學測】

8.子曰：「吾與回言終日，不違如愚。退而省其私，亦足以發。回也，不愚。」下列有關《論語》這一章的詮釋，敘述正確的選項是：

(A)文中「發」字，意指顏回發憤向學，樂以忘憂。

(B)「省其私」，乃指顏回時時反省自己有無過失偏私之處。

(C)從孔子曾說「剛毅木訥，近仁」，可知孔子欣賞顏回「不違如愚」的表現。

(D)由「回也，不愚」看出，孔子認為顏回不像表面上的唯唯諾諾，而是既能知，且能行。

【95年大學學測】

9.下列《論語》文句，解釋正確的選項是：

(A)「子食於有喪者之側，未嘗飽也」，反映孔子哀人之哀、傷人之傷的懷抱。

(B)「古之學者為己，今之學者為人」，意謂古之學者心存一己，今之學者心存社稷。

(C)子貢問「君子亦有惡乎？」孔子答以「有惡。惡稱人之惡者」，可知孔子討厭那些稱惡為善、是非不分的人。

(D)「君子篤於親，則民興於仁。故舊不遺，則民不偷」，後兩句意謂人民珍惜故舊之物，則可免於因匱乏而淪為盜賊。【95年大學學測】

10. 古人常藉「水」的意象比喻人生道理。下列文句，藉由「水」的意象比喻「天下之事，常發於至微，而終為大患」的選項是：

(A)壞崖破巖之水，源自涓涓。

(B)抽刀斷水水更流，舉杯銷愁愁更愁。

(C)觀於海者難為水，遊於聖人之門者難為言。

(D)日與水居，則十五而得其道；生不識水，則雖壯，見舟而畏之。【99年大學學測】

參考答案：

1. E　2. D　3. I　4. A　5. B　6. B　7. C　8. D　9. A　10. A

◎詳解：

1.～4.(A)《論語》〈憲問〉。用公正無私的態度去回報仇恨。

(B)〈憲問〉。拿恩惠報答仇恨。德，指恩惠。

(C)處貧困的境地，卻能不生怨恨。

(D)〈里仁〉。凡事依據個人利益去做，必定招致許多怨恨。

(E)〈學而〉。別人不知道我的才華，我不生悶氣，不是一位君子嗎？

(F)〈公冶長〉。我願意把所有的車、馬、衣服、皮裘等，和朋友共同享用，就是損壞了，也不怨恨。

(G)〈陽貨〉。《詩經》可以啟發人的志氣，可以考見政教的得失，可以讓人曉得和睦樂群的方法，可以抒寄個人的哀怨。

(H)〈里仁〉。讀書人，應該專心去追求真理，如果以自己的衣食粗惡，而引以為恥辱，就不值得和他議論真理了。

(I)〈顏淵〉。自己所不願意的事情，不要加到他人身上，時時為他人設想。這樣子，在諸侯的邦國做官就不會招人怨恨，在卿大夫之家做官也不會招人怨恨。

(J)〈為政〉。事奉父母，如果他們有過錯，應該用委婉的言語和態度勸說；若是父母不聽，仍須恭恭敬敬，不可違逆；只是放在心裡憂愁，卻不能有怨恨顏色或怨言。

5.

①由「君子必慎交遊焉」句，斷定選項必與交友有關，故(D)可先刪除。

②由「但優於我，便足貴之。」可判斷答案以(B)最宜。

③和善人相居處，就像進入芝蘭的溫室，久了自然會熏染到芳香；和惡人居處交往，就像進入鮑魚的店舖，久了自然沾染鮑魚的臭味。墨子看到人家在染絲，心裡就悲傷，道理就在這裡了，所以君子一定要謹慎交朋友。孔子說：「不要結交德行不如自己的朋友。」但像顏回、閔子騫這輩的賢人，普世之間何可多得，只要能結交在某方面有優於我的朋友，就值得珍惜了。

④(A)〈季氏〉。結交專用虛情假意、討人喜歡，卻缺少真誠的朋友。(B)〈學而〉。不要跟德行修養不及自己的人交朋友。(C)〈學而〉。不是孔夫子的言論。子夏曰：「賢賢易色，事父母竭其力，事君能致其身，與朋友交，言而有信，雖曰未學，吾必謂之學矣。」子夏認為做學問重在實踐人倫的道理。(D)〈子罕〉。子曰：「後生可畏，焉知來者之不如今也。四十、五十而無聞，斯亦不足畏矣。」孔子勸勉年輕人應及時進取，前途當不可限量；若虛擲光陰，則將老大無成。

6.

①首先看孟子這句話含義，孟子認為求仁者好比射箭，先求自己姿勢正確再發射，若未能中

靶，首先該自我反省、檢討，切實改進，不可怨恨他人。印證(A)、(B)、(C)、(D)選項，當然以(B)項最適宜。

②(A)〈述而〉。是孔子回答子貢的話。子貢問孔子，伯夷、叔齊兄弟遜國讓位是否會悔恨，孔子說：「他們兄弟遜國讓位是求仁，終於心安理得地得到仁，心中又怎麼會悔恨呢？」

(B)〈顏淵〉。顏淵問仁，孔子回說：「克制自己的妄念，使行事待人合乎禮，便是實踐了仁。……所以行仁要從自己修身下工夫，怎麼能從別人身上來做呢。」

(C)〈里仁〉。孔子說：「只有仁人，能公正無私地喜愛那應當喜愛的人，也能公正無私地厭惡那當厭惡的人。」

(D)〈八佾〉。孔子說：「君子禮讓為先，所以沒有與人相爭的事，若有的話，必定在比賽射箭的時候，才會有爭勝之心吧！但也要互相拱手敬禮，然後登堂比射，射完再拱手敬禮後，勝的人讓敗的人升堂飲酒，這樣的競爭，可說是君子的風度。」（乃君子的處世態度，與題幹仁者踐仁的方法無關。）

7. (C)所陳述的意旨乃節儉與奢侈之間的取捨態度。

8. ①〈為政〉。

②(A)此處「發」字為「深刻理解並加以發揮」之意。

(B)「省其私」意指「檢驗他平素私下的言行」。

(C)孔子原本不甚欣賞顏回不敢辯駁他的論點之行為，並認為這是一種愚昧之人的表現。

(D)孔子說：「我曾和顏回談了一整天，而顏回對我的論點卻一點都不敢表示質疑，好像不了解我話中涵意的傻子。但我在課後檢驗他平素私下的言行，他卻都能切實發揮我的學說精妙之處。所以顏回這個學生，可是一點都不愚笨啊。」

9. (A)〈述而〉。**白話語譯**：孔子若在家中治喪的人身旁吃飯時，總會因感同身受而無法飽食。

(B)〈憲問〉。意謂古之學者所學為求取個人心安之品德，而今之學者所學卻為求取他人讚譽之偽行。**白話語譯**：古代的學者所學只為求取個人心安之品德，而今之學者所學卻為求取他人讚譽之偽行。

(C)〈陽貨〉。孔子所言厭惡者，應為「只知批評他人缺點，卻不知反省自己的人」。**白話語譯**：子貢問：「老師也會有厭惡的人事物嗎？」孔子回答他：「當然有啊，我最厭惡那種只知批評別人缺點，卻不知反省自己的人啊！」。

(D)〈泰伯〉。後兩句意謂執政者若不遺棄過去的老友，則民風也將趨向敦厚而不澆薄。**白話語譯**：執政者若能與自己的親族和睦相處，則人民也會仿效而懷著仁愛之心。執政者若不遺棄交往多年的舊識好友，則民風也將趨向敦厚而不澆薄。

10.方孝孺〈指喻〉。說明防微杜漸、防範未然的道理。天下的事倩，通常發生在非常細微的地方，最後卻成為大禍患。

(A)此處的水原為細流，但匯聚成洪流之後，便具備相當大的破壞力，故合於題幹「常發於至微，而終為大患」的敘述。破壞山崖岩壁的大水，是由涓涓細流匯聚而成的。（《後漢書．丁鴻傳》）

(B)此處的水指一般河流，意在引出後半句欲藉飲酒消除憂愁，拔刀斷水，水卻更加奔流，舉杯飲酒想藉此消除憂愁，卻更添愁緒。（李白〈宣州謝朓樓餞別校書叔云〉）

(C)此處的水指足以令人讚賞、欽佩的水勢。一看過海的人，覺得任何河流都難與海相比，稱不上是水；在聖人門下接受過教誨的人，就覺得其他的言論都難以相比，稱不上是言論。（《孟子．盡心上》）

(D)此處以水作比喻，意謂常接觸一項事物，日積月累，便會逐漸熟悉，得知當中的道理。一個人每天和水在一起，十五歲就能熟悉水性；如果一個人一生都沒有接觸過水，即使到了壯年，看到船仍心存畏懼。（蘇軾〈日喻〉）

八、孔子論詩，談禮與樂

子曰：「興於詩①，立於禮②，成於樂③。」——〈泰伯〉第八．八

孔子說：「詩可以鼓舞人的心志，使人興起向善的節操；禮可以使人立身，使人行為合宜；樂可以陶冶人的性情，養成完美的人格。」

注釋

①【**興於詩**】：興，奮起、鼓舞之意。詩本性情之作，吟詠之間，易於感動人、影響人，故能鼓舞人好善惡惡的情操。

②【**立於禮**】：立，指自立。禮以恭敬遜讓為本，故學禮可使行為合宜，以卓然立身於世。

③【**成於樂**】：成，養成、完成。樂之聲律歌舞，可以陶冶人的性情，養成完美的人格。

子貢曰：「貧而無諂①，富而無驕②，何如？」子曰：「可也，未若貧而樂③，富而好

子貢說：「貧窮時卻能不諂媚，富有時卻能不驕傲：這種人怎麼樣呢？」孔子說：「好是好，但是還不如貧窮卻能樂道，富有卻能愛好

禮④者也。」子貢曰：「詩云：『如切如磋ㄘㄨㄛ，如琢如磨⑤』，其斯之謂與⑥？」子曰：「賜也，始可與言詩已矣，告諸往而知來者⑦。」

——〈學而〉第一．一五

禮義的人啊！」子貢說：「《詩經》上說：『譬如整治象骨牛角，雖已分切開了，還得要磋得光滑好看；又譬如整治美玉寶石，雖然雕琢好了，還得要磨得細潤美觀。』或許就是這個意思吧？」孔子說：「賜啊，這樣可以和你討論《詩經》了，告訴你一件事，你就能悟出其他的道理來。」

注釋

①【**貧而無諂**】：貧窮卻能不諂媚。

②【**富而無驕**】：富有卻能不驕傲。

③【**貧而樂**】：能安貧樂道。

④【**富而好禮**】：富有卻能愛好禮義。

⑤【**如切如磋，如琢如磨**】：此《詩》指《詩經．衛風．淇奧篇》。切，以刀切斷。磋，音ㄘㄨㄛ，以銼剉平。治骨角者，既切之而復磋之，使其光滑好看。琢，以刀雕琢。磨，以物磨光。治玉石者，既琢之而復磨之，使其細潤美觀。此句謂進德當精益求精。子貢本以為「無諂、無

驕」已可，聞孔子之言後，知義理無窮，修德並無止境，須不斷求進步，故引《詩》以明之。

⑥【**其斯之謂與**】：其，表猜測的語助詞。斯之謂，謂此。此句言或許就是這個意思吧？

⑦【**告諸往而知來者**】：往，指所已言者。來，指所未言者。此句言告訴他一件事，就能悟出其他的道理來。

子曰：「小子①！何莫②學夫詩？詩可以興③，可以觀④，可以群⑤，可以怨⑥。邇⑦之事父，遠之事君，多識於鳥獸草木之名。」

——〈陽貨〉第十七．九

孔子說：「弟子們，你們為什麼不去學習《詩》呢？詩可以使人感發志氣，可以讓人考見得失，可以令人和睦樂群，可以教人抒寄哀怨；從近處來說，可以體察事奉父母的道理，從遠處來說，可以體察事奉君上的道理；並且可以多記些鳥獸草木的名稱。」

注釋

①【**小子**】：指弟子。

②【**何莫**】：猶言「何不」。

③【**興**】：感發志氣。

④【**觀**】：考見得失。

⑤【群】：和睦樂群。
⑥【怨】：抒寄哀怨。
⑦【邇】：近也。

子曰：「誦詩三百①，授之以政，不達②；使於四方③，不能專對④。雖多，亦奚以為？」
——〈子路〉第十三．五

孔子說：「讀了《詩經》三百篇後，授予他政務，卻不能通曉治道以達成政令；派他出使到各國，又不能臨機應變以單獨應對。雖然讀了很多詩篇，又有什麼用呢？」

注釋

①【詩三百】：《詩經》凡三百十一篇，舉其成數，言三百。
②【不達】：不能通曉治道以達成政令。
③【使於四方】：使，音ㄕˋ。此句言出使到各國。
④【專對】：臨機應變，單獨應對。

子曰：「恭而無禮①則勞②，慎而無禮則葸③，勇而無禮則亂，直而無禮則絞④。君子篤於親，則民興於仁。故舊不遺⑤，則民不偷⑥。」

——〈泰伯〉第八．二

孔子說：「只知謙恭而不知依於禮，就會感到辛苦勞累；只知謹慎而沒有用禮來節制，就必至瞻前顧後，反而畏縮怯懦；勇敢而沒有禮來節制，不該做的也要做，意氣用事，就必然闖禍造亂；爽直而沒有用禮來節制，口舌逞快就會急切刺人。在上位的君子，能夠厚待親屬，那人民就會興起仁愛的風氣；不遺棄故交舊友，那民德就會歸於淳厚。」

注釋

①**【無禮】**：不合禮，即不以禮為規範。

②**【勞】**：勞累。

③**【葸】**：音ㄒㄧˇ，畏懼。

④**【絞】**：急切。

⑤**【故舊不遺】**：不遺棄故交舊友。

⑥**【民不偷】**：偷，澆薄。民不偷，言民德歸厚。

林放①問禮之本②。子曰：「大哉問③！禮，與其奢④也，寧儉；喪，與其易⑤也，寧戚。」

——〈八佾〉第三．四

林放請問禮的根本。孔子說：「你問得很好！一般的禮，與其奢華鋪張，寧可儉約樸實些好；喪禮，與其辦得形式很周備，寧可內心哀痛些好。」

注釋

①**【林放】**：魯人。

②**【問禮之本】**：問禮的根本。林放見世人為禮，專事繁文，懷疑其本不在於此，故問之。

③**【大哉問】**：大，美也。大哉問，猶言「問得很好」。

④**【奢】**：奢侈；在此指講究排場、鋪張浪費而言。

⑤**【易】**：治也；在此指辦理喪事，只重喪禮儀式，而無哀痛之情。

子曰：「奢則不孫①，儉則固①。與其不孫也，寧固。」

——〈述而〉第七．三五

孔子說：「過分奢華就會顯得不夠謙順，過分儉約就會顯得簡陋、寒傖；與其不夠謙順，寧可簡陋寒傖些。」

注釋

①【**孫**】：通「遜」，謙遜之意。

②【**固**】：簡陋、寒傖。

子曰：「人而不仁①，如禮何②？人而不仁，如樂何？」

——〈八佾〉第三．三

孔子說：「一個人如果沒有仁心，徒有禮的儀節，又有什麼用呢？一個人如果沒有仁心，徒有樂的虛文，又有什麼用呢？」

注釋

①【**不仁**】：沒有仁心。

②【**如禮何**】：猶言「奈禮何？」言雖有禮的儀節，但如沒有仁心，失其根本，又有何用？

子曰：「禮云禮云！玉帛云乎哉①？樂云樂云！鐘鼓云乎哉②？」

——〈陽貨〉第十七．一一

孔子說：「這也說禮，那也說禮，卻沒有恭敬的心做根本！難道只在玉帛禮品上鋪排文飾，就可以叫做禮嗎？這也講樂，那也講樂，卻沒有中和的心做根本！難道只講究鐘鼓樂器，就可以叫做樂嗎？」

注釋

①**【禮云禮云！玉帛云乎哉？】**：玉，圭璋之屬。帛，束帛之屬。此句言禮主敬，而玉帛等禮品為其文飾，遺其本而專事其末，豈可稱之為禮？

②**【樂云樂云！鐘鼓云乎哉？】**：鐘鼓，樂之器。此句言樂貴和，和而發之以鐘鼓則為樂，若專事鐘鼓而遺其本，豈可稱之為樂？

九、孔子的教育理念

子曰：「自行束脩（ㄒㄧㄡ）①以上，吾未嘗無誨（ㄏㄨㄟˋ）焉。」

——〈述而〉第七．七

孔子說：「凡是自己奉上一束微薄的乾肉作為見師禮，我沒有不教導他的！」

注釋

◎**按**：台大哲學系教授傅佩榮認為：束脩不是學費。主張孔子的意思是「自／行束脩／以上」，引東漢鄭玄為「束脩」所下之註語是：「謂年十五已上」。

①**【束脩】**：脩，乾肉。十脡（音ㄊㄧㄥˇ，切成條狀的乾肉）為束，故曰束脩。古者相見，必執贄（見面禮物）以為禮。弟子來學，奉束脩以為贄，僅為一份薄禮。按：傅佩榮教授將孔子的意思轉為：「從十五歲以上的人，我是沒有不教的。」簡單明瞭而合理。

互鄉難與言①，童子見，門人惑②。子曰：「與其進③也，不與其退也，唯何甚④！人潔己⑤以進，與其潔也，不保其往⑥也。」

——〈述而〉第七．二八

互鄉那地方的人不善與人溝通，很難跟他們談論善道。一天那裡有個童子來求見，孔子接見了他，弟子們都很困惑。孔子說：「我贊許他上進，不願見他墮落。唉！何必拒人太甚呢！一個人既肯潔身自好來進見我，我贊許他這種潔身自好的精神，也就不必追究他過去行為的好壞。」

注釋

①**【互鄉難與言】**：互鄉，鄉名，位處偏僻。其鄉之人習於不善溝通，難以與之言善。

②**【惑】**：疑惑。疑夫子不當見之。

③**【與其進】**：與，贊許。進，上進。此句言贊許其有上進之心。

④**【唯何甚】**：唯，嘆詞。何甚，言何必拒絕人太甚。

⑤**【潔己】**：修潔自己，即「潔身自好」之意。

⑥**【不保其往】**：往，前日也。此句言不能保其前日所為之善惡，即不必追究其過去行為的好壞。

子曰：「有教無類①。」

——〈衛靈公〉第十五・三八

孔子說：「不分貧富、貴賤，賢與不肖，凡是前來求學的，沒有不加以教誨的。」

注釋

①**【無類】**：類，指類別。不分貧富、貴賤、智愚、賢不肖，皆一視同仁，加以教誨。

子曰：「中人①以上，可以語上②也；中人以下，不可以語上也。」

——〈雍也〉第六・一九

孔子說：「資質中等以上的人，可以告訴他較高深的道理；資質中等以下的人，不可以告訴他較高深的道理。」

注釋

①**【中人】**：資質中等的人。人之資質，大約可分三等：上智、中人、下愚。

②**【語上】**：語，音ㄩˋ，告訴。語上，告訴他較高深的道理。

子路問：「聞斯行諸①？」子曰：「有父兄在②，如之何其聞斯行之！」冉有問：「聞斯行諸？」子曰：「聞斯行之！」公西華曰：「由也問：『聞斯行諸？』子曰：『有父兄在』求也問：『聞斯行諸？』子曰：『聞斯行之！』。赤也惑，敢問？」子曰：「求也退③，故進之；由也兼人④，故退之。」

——〈先進〉第十一．二一

子路問道：「聽到一件合於義理的事，就去做它嗎？」孔子回答說：「還有父兄在上，怎麼可以一聽到就去做呢？」冉有問道：「聽到一件合於義理的事，就去做它嗎？」孔子回答說：「聽到了，就去做。」公西華因而問道：「仲由問：『聽到一件合於義理的事，就去做它嗎？』老師說：『還有父兄在上。』冉有問：『聽到一件合於義理的事，就去做它嗎？』老師說：『聽到了，就去做。』前後回答不同，赤（公西赤，字子華）感到迷惑，請問這是什麼緣故？」孔子說：「冉求生性退縮不前，所以鼓勵他進取；仲由生性好勝，所以抑制他，使他懂得退讓些。」

注釋

①【聞斯行諸】：聞，指聞義也。斯，猶「則」。諸，之乎。此句言聽到一件合於義理的事就去做它嗎？

②【有父兄在】：有父兄在上，不能自專。

③【退】：退縮不前

④【兼人】：勝人，謂勇氣過人。

子曰：「不憤不啟①；不悱不發②；舉一隅③，不以三隅反④；則不復⑤也。」

——〈述而〉第七．八

孔子說：「不是發憤鑽研學問，心裡想求通而未得，我是不會去開導他的；不是到了想說而說不出，我是不會去啓發他的。譬如有個四方形的東西，我已經提示了一個角，他卻不能類推出其餘的三個角來，就不必再重複的告訴他。」

注釋

①【不憤不啟】：憤，心求通而未得。啟，開。此句是說，不是到了心想求通而未得時，是不會去開導他的。

②【不悱不發】：悱，口欲言而未能。發，達其辭。不是到了想說出來而未能表達時，是不會去啟發他的。

③【隅】：音ㄩˊ，方角。物之方者，有四隅。

④【反】：還以相證，有類推之意。

⑤【復】：再告也。

子以四教：文①、行②、忠、信。

——〈述而〉第七．二四

孔子用四項工夫教導學生：一是「文」，要人多讀詩、書六藝之文；一是「行」，要人踐履履實，修養德性；一是「忠」，要人心存忠厚，保存天理；一是「信」，要人說話真誠，不欺良心。

注釋

①【文】：謂《詩》、《書》六藝之文。

②【行】：音ㄒㄧㄥˋ，德行。

子謂：「子產①有君子之道四焉：其行己也恭②，其事上也敬③，其養民也惠④，其使民也義⑤。」

——〈公冶長〉第五．一五

孔子說：「鄭國大夫子產有四種行為合於君子之道：立身處世能謙恭，侍奉君上很誠敬，教養人民有恩惠，使役民力能合宜。」

注釋

①【子產】：姓公孫，名僑，字子產，鄭國大夫，曾任鄭簡公、定公之相。
②【行己也恭】：立身處世能謙恭。
③【事上也敬】：侍奉君上很誠敬。
④【養民也惠】：教養人民有恩惠。
⑤【使民也義】：使役民力能合宜。

二四

子曰：「巧言、令色、足恭①，左丘明②恥之，丘③亦恥之。匿怨而友其人④，左丘明恥之，丘亦恥之。」——〈公冶長〉第五．

孔子說：「說討人喜歡的話來諂媚人，裝出討人喜歡的臉色來奉承人，用過分恭敬的態度來討好人；這種人左丘明認為可恥，我也認為可恥。心裡隱藏著怨恨，表面上卻虛情假意地和人交往；這種人左丘明認為可恥，我也認為可恥。」

注釋

①【足恭】：足，音ㄐㄩˋ，過也。足恭，過於謙恭。

②**【左丘明】**：古代賢人，生平不詳。

③**【丘】**：孔子自稱其名。

④**【匿怨而友其人】**：對某人的怨恨隱藏於內心，而虛情假意地與其交往。

子曰：「伯夷、叔齊①，不念舊惡②，怨是用希③。」——〈公冶長〉第五．二二

孔子說：「伯夷、叔齊兩兄弟，不記掛過去的仇怨，因此怨恨他們的人很少。」

注釋

①**【伯夷叔齊】**：殷末孤竹國君之二子。父卒，二人互相讓位，並往歸西伯昌（即周文王）。及周武王起兵討伐殷紂王，他們曾攔車勸阻。後武王統一天下，二子恥食周粟，隱居於首陽山，採薇而食，遂餓死。

②**【不念舊惡】**：舊惡，即夙怨，過去的仇怨。此句言不記掛過去的仇怨。

③**【怨是用希】**：是用，即用是，作因此講。希，少也。此句言因此怨恨他們的人很少。

實力大考驗2

單選題：

1.寫作常使用「借事說理」的技巧，以提高道理的可信度。下列文中所述「市集人潮聚散」的事例，最適合用來證明哪一選項的道理？
君獨不見夫趣市朝者乎？明旦，側肩爭門而入；日暮之後，過市朝者掉臂而不顧。非好朝而惡暮，所期物忘其中。（《史記．孟嘗君列傳》）
(A)富貴多士，貧賤寡友，事之固然也。
(B)彼眾昏之日，固未嘗無獨醒之人也。
(C)君子寡欲，則不役於物，可以直道而行。
(D)諺曰：「千金之子，不死於市。」此非空言也。
【97年大學學測】

2.～3.為題組
閱讀下列南宋朱熹《朱子語類》兩則短文，回答2.～3.題。

甲、近日學者病在好高，讀《論語》，未問「學而時習」，便說「一貫」；《孟子》，未言「梁王問利」，便說「盡心」。

乙、或問：「孟子說『仁』字，義甚分明，孔子都不曾分曉說，是如何？」曰：「孔子未嘗不說，只是公自不會看耳。譬如今砂糖，孟子但說糖味甜耳。孔子雖不如此說，卻只將那糖與人吃。人若肯吃，則其味之甜，自不待說而知也。」

2.下列閱讀《論語》、《孟子》的方法，與上引朱熹言論最相符的選項是：

(A)欲去好高之病，宜先求「一貫」，再求「盡心」。

(B)無論讀《論語》或《孟子》，皆應循序漸進，踏實研讀。

(C)《論語》說理平易，適合略讀；《孟子》說理詳盡，適合精讀。

(D)《孟子》較《論語》義理分明，宜先讀《孟子》，再讀《論語》。

3.上文朱熹以「吃糖」為喻，目的是希望讀書人明白：

(A)在教學方法上，孔子的身教優於孟子的言教。

(B)孔子說理直截了當，語重心長；孟子辯才無礙，得理不饒人。

(C)孔子雖少講理論，實教人透過生活實踐以體悟道理。

(D)「仁」因孟子的解釋分曉，才得以確立為儒家學說的核心。

【97年大學學測】

4.～6.為題組：

請閱讀下列短文，回答8.～10.題。

長沮、桀溺耦而耕，孔子過之，使子路問津焉。長沮曰：「夫執輿者為誰？」子路曰：「為孔丘。」曰：「是魯孔丘與？」曰：「是也。」曰：「是知津矣。」問於桀溺，桀溺曰：「子為誰？」曰：「為仲由。」曰：「是魯孔丘之徒與？」對曰：「然。」曰：「滔滔者天下皆是也，而誰以易之？且而與其從辟人之士也，豈若從辟世之士哉？」耰而不輟。子路行以告。夫子憮然曰：「鳥獸不可與同群，吾非斯人之徒與而誰與？天下有道，丘不與易也。」（《論語．微子》）

【92年大學學測】

4.子路向隱者問津，長沮卻回答「是知津矣」。長沮如此回答的語氣是：

(A)讚美的　(B)責備的　(C)輕佻的　(D)嘲諷的

5.長沮、桀溺對於孔子的看法是：

(A)孔子雖汲汲於仕途，但心中同樣渴望歸隱山林。

(B)孔子自以為能改善混亂的世局，實則無力改變。

(C)孔子打著救世的招牌招攬弟子，實為欺世盜名。

(D)孔子與弟子四體不動、五穀不分，故不足效法。

6.下列敘述，何者不符合孔子的觀點？

(A)道家之流甘與鳥獸為伍，與禽獸無別。

(B)不能苟同道家之流逃避對人群的責任。

(C)世衰道微，儒者更須肩負起博施濟眾的使命。

(D)即使於事無補，儒者仍不可放棄經世濟民的天職。

7.文學作品使用典故，除了直接引用之外，還有轉用、化用的情形。如李白「相看兩不厭，只有敬亭山」，寫人與自然的冥合，在辛棄疾筆下則轉化為「我見青山多嫵媚，料青山見我應如是」。歐陽修〈醉翁亭記〉「人知從太守遊而樂，而不知太守之樂其樂」，其所鎔鑄改造的典故應是：

(A)王安石〈遊褒禪山記〉「極夫遊之樂也」的探幽訪勝之樂。

(B)陶潛〈飲酒詩〉「山氣日夕佳，飛鳥相與還」的自然和諧之樂。

(C)范仲淹〈岳陽樓記〉「先天下之憂而憂，後天下之樂而樂」的先憂後樂之樂。

(D)《孟子．梁惠王》「獨樂樂，……不若與人。……與少樂樂，不若與眾」的與民同樂之樂。

【90年大學學測】

參考答案：

1. A　2. B　3. C　4. D　5. B　6. A　7. D

◎詳解：

1. 題目設計的本意，即是借用市集人潮聚散的事例，來說明某一選項中的事理。而市集人潮「聚散」的關鍵，事實上在於市集中有沒有人們想要的貨品。有貨物，人就來；沒東西，人便去。在四個選項中，以(A)最符合題目所述。

白話語譯：您難道沒看到人們奔向市集的情形嗎？天剛亮，人們側著肩膀爭奪門口湧入市集；日落之後，經過市集的人甩動手臂前行頭也不回。不是人們喜歡早晨而厭惡傍晚，而是所期望得到的東西市集中已經沒有了。

(A)富貴的人多賓客，貧賤的人少朋友，事情本來就是如此。

(B)在眾人都昏昧迷亂的時候，當然不是沒有獨自清醒的人。

(C)一個德行良好的君子少有慾望，那麼就不會被外物役使，可以使正道行事。

(D)諺語說：「千金之家的子弟，就不會因犯法而死於市井。」這並不是空話。

2. 〈學而〉篇在《論語》首章，〈梁王問利〉則在《孟子》首章，「吾道一以貫之」語出《論語》〈里仁〉篇，〈盡心〉則在《孟子》末章。朱子所謂「近日學者之病」，強調求學必須盈科而後進，循序漸進，才能使學問的基礎穩固。不能第一章都還沒讀透，就空談「融會貫通」，或妄言書末內涵。

白話語譯：甲：近來追求學問的人，弊病在好高騖遠，研讀《論語》，還沒向人請教首章的「學而時習」，便妄自論說「一以貫之」的道理；研讀《孟子》，還沒能講清楚首章的「梁王問利」，便大言闡說〈盡心〉篇的意義。

乙：有人問：「孟子闡述『仁』字，義理解釋得非常明白；孔子卻不曾把它說清楚，這是什麼情形？」朱子說：「孔子並沒有不說清楚，只是你自己不會看而已。就像今天一般人熟悉的砂糖，孟子只是說明糖的味道是甜的。孔子雖然不這麼說，卻是直接把糖拿給人吃。人們若願意去嘗試，那麼糖的甜味，自然不需要別人說明就了解了。」

3.依上列短文乙的文意來看，人們吃了「糖」以後，或許無法描述「甜」的滋味是什麼，但心中對「甜」的滋味已有所領會。就像或許不懂「仁」的內涵，但只要在生活中實踐，也就能體悟仁道，即使是知其然而不知其所以然也無妨了。

4.孔子因不知渡口所在，派遣子路去探路，當長沮知道子路是孔子的弟子後，卻故意回答子路說：「那麼他（孔丘）應該知道渡口的所在，（何必問我呢？）」嘲諷的口氣，甚至帶有不屑的意味。

5.長沮、桀溺認為孔子「知其不可而為之」的做法大不以為然。世局那麼混亂，隻手何能回天？簡直是不識時務的大傻瓜，何不傲嘯山林，做個逍遙自在的隱士來得痛快，因此對孔子加以冷嘲熱諷。

6.孔子其實並沒有批評道家者流甘與禽獸為伍。孔子是在聽了子路回報，探問渡口卻踫了釘子後，神情悵然地說：「人不可以和山林的鳥獸同群，我要是不跟世人相處而生活，那麼要跟誰相處而生活呢？天下如果太平的話，我孔丘也不用辛苦出來想改變世局了。」由孔子這席話，可知天下愈混亂，孔子救世之心就愈急切。對長沮、桀溺等道家者流持消極悲觀、遁世隱居的態度，孔子則期期以為不可。

7.本題考的是用典，修辭學有「引用格」，分「引用」及「暗用」兩種。

(A)「極夫遊之樂」，謂極盡此遊之快樂，直敘，沒有用典。

(B)山間雲氣黃昏更美，天空飛鳥結伴歸巢，直敘，沒有用典。

(C)本句化用《孟子》「憂以天下，樂以天下」之典故，但並非「醉翁亭記」所化用之典故。

(D)太守之樂是「與民同樂」，眼見治下百姓安和樂利，而引以為樂。與《孟子》「獨樂樂」或「與少樂樂，不若與眾樂樂」文意最相近。

十、孔子評議政治

子曰：「道ㄉㄠˇ之以政①，齊之以刑②，民免而無恥③；道之以德，齊之以禮，有恥且格④。」

——〈為政〉第二・三

孔子說：「用政令法制來訓導人民，用刑罰來約束他們，這麼一來人民只求苟且避免犯法受刑，但無羞恥之心；用道德來引導人民，用禮教來整飭他們，這樣人民不僅有羞恥之心，而且能遵從教導以達到善的境地。」

注釋

①**【道之以政】**：道，音ㄉㄠˇ，通「導」，引導、教導之意。政，政令法制。此句謂用政令法制來引導人民。

②**【齊之以刑】**：齊，整飭。此句謂用刑罰來整飭人民，使之歸於一律。

③**【民免而無恥】**：人民只求苟且避免觸犯政令、受刑罰，但無羞恥之心。

④**【有恥且格】**：格，至也。此句言人民不僅有羞恥心，而且能遵從教導以達到善的境地。

子之①武城②，聞弦歌之聲③，夫子莞爾④而笑曰：「割雞焉用牛刀⑤？」子游對曰：「昔者，偃也聞諸夫子曰：『君子學道⑥則愛人；小人⑦學道則易使⑧也。』」子曰：「二三子⑨！偃之言是也，前言戲之耳！」

——〈陽貨〉第十七·四

孔子到武城，聽到了彈琴瑟唱詩歌的聲音。孔子微笑地說：「殺雞哪裡要用到殺牛的刀子呢？（治小邑，何必用禮樂大道呢？）」子游回答道：「從前，偃聽老師說過：『在上位的君子學了禮樂大道就會體恤人民，在下的庶民學了禮樂大道就容易遵從教化政令。』」孔子說：「弟子們！偃的話很對，我剛才說的話是跟他開玩笑的啦！」

注釋

①**【之】**：往、到。

②**【武城】**：魯邑。時子游（言偃）為武城宰。

③**【弦歌之聲】**：言以禮樂為教，故邑人彈琴瑟，唱詩歌。

④**【莞爾】**：微笑的樣子。

⑤**【割雞焉用牛刀】**：比喻治理小邑，何必採用禮樂之大道？

⑥**【君子學道】**：君子，指在上位者；道，謂禮樂。

⑦**【小人】**：指庶民。

⑧**【易使】**：容易驅使，也就是容易遵從在上位者的教令。

⑨**【二三子】**：諸弟子。

葉(ㄕㄜˋ)公問政。子曰：「近者說(ㄩㄝˋ)，遠者來(ㄌㄞˊ)①。」

——〈子路〉第十三·一六

葉公向孔子請教為政的道理。孔子說：「能使近處的百姓受我恩惠、人人悅服，那遠處的百姓聽得這地方安樂，自然願意來歸附了。」

注釋

①**【近者說，遠者來】**：說，通「悅」。此句言近處的百姓被其恩澤而悅服，遠方之人聞其風教而來歸附。

子路曰：「衛君①待子而為政，子將奚先②？」子曰：「必也正名③乎！」子路曰：「有是哉！子之迂④也！奚其正？」子曰：

子路問道：「衛君等待夫子從政，老師將以何者為先？」孔子說：「一定要先從端正名分做起！」子路說：「有這樣的事嗎！夫子未免太迂闊而遠離事實了！為什麼要端正名分呢？」孔子

「野⑤哉，由也！君子於其所不知，蓋闕如⑥也。名不正，則言不順⑦；言不順，則事不成；事不成，則禮樂不興；禮樂不興，則刑罰不中⑧；刑罰不中，則民無所措手足⑨。故君子名之必可言也，言之必可行也。君子於其言，無所苟⑩而已矣！」——〈子路〉第十三．三

說：「真是粗率！子路啊！君子對於自己不懂的事，應該暫時擱置一旁而不談。名分不能端正，說話就不順於理；說話不順乎理，那麼做事就不能成功；做事不能成功，那麼禮樂教化就無法振興；禮樂教化不能振興，那麼刑罰就無法用得恰當；刑罰不能用得恰當，那麼人民就手足無措，不知怎麼做才好。所以君子端正名分必須在理由上說得過去，理由上說得過去必須在做事方面行得通。君子對於自己說的話，不可以苟且隨便啊！」

注釋

①**【衛君】**：指出公輒；衛靈公之孫，蒯聵（音ㄎㄨㄞˇㄎㄨㄟˋ）之子。靈公卒，蒯聵出亡在外，衛人立輒，拒蒯聵返國。後晉國助蒯聵返衛，蒯聵得國，輒出奔，史稱輒為出公。衛出公四年，孔子自楚至衛。

②**【奚先】**：何者為先？

③**【正名】**：正名分，即正君臣、父子等的名分。

④【迂】：迂闊而遠離事實，謂不切實際。

⑤【野】：鄙俗、粗率。

⑥【闕如】：闕，音ㄑㄩㄝ，通「缺」。闕如，擱置一旁而不談。

⑦【不順】：指不順於理。

⑧【刑罰不中】：中，音ㄓㄨㄥˋ，符合。此句言刑罰因不合理而失當。

⑨【無所措手足】：措，安置。無所措手足，猶言手足無措，不知道怎樣做才好。

⑩【無所苟】：不可苟且隨便。

齊景公①問政於孔子。孔子對曰：「君君，臣臣，父父，子子②。」公曰：「善哉！信如③君不君，臣不臣，父不父，子不子，雖有粟④，吾得而食諸？」——〈顏淵〉第十二．一一

齊景公向孔子問治國的道理，孔子回答說：「君盡君道；臣盡臣道；父盡父道；子盡子道。」景公說：「好極了！如果君不盡君道；臣不盡臣道；父不盡父道；子不盡子道；縱使有米糧，我能享用嗎？」

注釋

①【齊景公】：齊國國君，姓姜，名杵臼，景為諡號。魯昭公末年，孔子因魯亂而適齊。景公問

政，當在此時。

②【君君，臣臣，父父，子子】：「君」、「臣」、「父」、「子」，首字為名詞，次字為動詞。言為君者盡君道；為臣者盡臣道；為父者盡父道；為子者盡子道。

③【信如】：誠如，是說假如真是這樣子的話。

④【粟】：指米糧。

子曰：「不在其位①，不謀其政②。」

——〈泰伯〉第八・一四

孔子說：「人當善守本分，不在那個職位上就不要謀慮那職位上的政事。」

注釋

①【位】：指職位。

②【政】：指政事。

子夏為莒父①宰②問政。子曰：「無欲速③，無見小利。欲速，則不達；見小利，則大事不成。」

——〈子路〉第十三・一七

子夏當了莒父的邑宰，來請問為政的道理。孔子說：「不要只求速成有效，不要貪圖小利。求取速成有效，反而不能達成預期的目標；貪圖小利，那麼遠大的事業就做成不了。」

注釋

①**【莒父】**：莒父，魯國邑名。

②**【宰】**：邑宰。

③**【欲速】**：欲事之速成有效。

季康子①問政於孔子，孔子對曰：「政者正也②，子帥③以正，孰敢不正？」

——〈顏淵〉第十二．一七

季康子問孔子為政的道理。孔子回答說：「為政啊！就是正。如果你一言一行，都能守正道，然後再用正道來督率臣民，又有誰敢不正呢？」

注釋

①**【季康子】**：魯國上卿，姓季孫，名肥，康為謚號。

②**【政者正也】**：言「政」之意為「正」。

③**【帥】**：同「率」，領導。

子曰：「其身正，不令①而行；其身不正，雖令不從。」

——〈子路〉第十三．六

孔子說：「在上位的人做事正當，不用命令，人民也會照著去做；如果本身行事不能正當，雖然下令，人民也不會遵從。」

注釋

①【令】：命令、教令。

季康子問政於孔子曰：「如殺無道，以就①有道，何如？」孔子對曰：「子為政，焉用殺？子欲善，而民善矣！君子之德，風；小人之德，草；草上之風，必偃(ㄧㄢˇ)②。」

——〈顏淵〉第十二．一九

季康子向孔子請問為政治國的道理說：「如果把無道的壞人殺掉，以成全有道的好人，你以為怎麼樣？」孔子回答說：「你為政，何必要用殺呢？只要你自己想為善，那麼百姓自然就也去為善了。在上君子的行為好比風；在下百姓的行為好比草；風吹在草上，草一定會跟著風的方向而傾倒。」

注釋

①【就】：就，成也，指成全有道者的向善之心。

②【草上之風必偃】：偃，仆倒。風行草偃，比喻在上位者以德化民，則人民遵從其德化，必定有如草被風所吹，而隨風仆倒一般。

定公①問：「君使臣，臣事君，如之何？」孔子對曰：「君使臣以禮，臣事君以忠。」

——〈八佾〉第三．一九

魯定公問：「國君指使臣下，臣下侍奉國君，各該怎麼樣呢？」孔子回答說：「國君指使臣下要合禮，臣下事奉國君要盡忠。」

注釋

①**【定公】**：魯國國君，姓姬，名宋，定為諡號。

子夏曰：「君子信①而後勞其民，未信，則以為厲②己也。信而後諫③；未信，則以為謗④己也。」

——〈子張〉第十九．一〇

子夏說：「君子治民之道，全靠至誠，得到人民愛戴，然後才動員服役。還未得人民信任就去使役他們，百姓會認為是在虐待自己。君子事奉君上也全靠至誠，先得到君上的信任，然後才能規諫他改過行善；若未曾得到信任就要規諫他，君上則會以為你有心來毀謗他。」

注釋

①【信】：指得到人民信任。

②【厲】：病也，加害、虐待之意。

③【諫】：進諫。

④【謗】：毀謗。

哀公①問曰：「何為則民服②？」孔子對曰：「舉直錯諸枉③，則民服；舉枉錯諸直，則民不服。」

——〈為政〉第二．一九

魯哀公問道：「怎麼樣做才能使人民心悅誠服？」孔子回答說：「舉用正直的賢士，罷黜那些邪曲的人，人民就悅服；舉用邪曲的人，罷黜那些正直的賢士，人民就不悅服。」

注釋

①【哀公】：魯國國君，姓姬，名蔣，定公子，哀為謚號。

②【服】：心悅誠服。

③【舉直錯諸枉】：舉，舉用。直，正直之人。錯，通「措」，捨置，有罷黜之意。諸，眾也。枉，邪曲之人。此句謂舉用正直的賢士，罷黜眾邪曲的人。

仲弓為季氏①宰，問「政」。子曰：「先有司②，赦小過，舉賢才。」曰：「焉知賢才而舉之？」曰：「舉爾所知，爾所不知，人其舍諸③！」

——〈子路〉第十三．二

仲弓當了季氏的家宰，向孔子請教為政的道理。孔子說：「首先分任官吏辦理，然後責求考核他們的功過，赦免官吏的小過失，舉用有賢德的人。」仲弓說：「怎麼知道有賢德、有才能的人而舉用他呢？」孔子說：「舉用你所知道的賢才，你所不知道的，別人那會捨棄賢才而不推薦呢？」

注釋

①**【季氏】**：魯大夫季孫氏。

②**【先有司】**：司，主管辦理。有司，即官吏；古代設官分職，事事有專人主辦，故稱職官為有司。先有司，謂先任官吏而後責其事。

③**【人其舍諸】**：其，猶「豈」，反詰語氣詞。舍，通「捨」。此句謂人們那裡會捨棄賢才而不推薦呢？

子貢問政。子曰：「足食，足兵，民信之矣①。」子貢曰：「必不得已而去②，於斯三者何先？」曰：「去兵。」子貢曰：「必不得已而去，於斯二者何先？」曰：「去食。自古皆有死，民無信不立③。」

——〈顏淵〉第十二·七

子貢請問為政的道理。孔子說：「使糧食充足，使國防軍備充實，並使人民信服政府。」子貢問道：「如果不得已必須要減除的話，在這三項中該先除掉那一項呢？」孔子說：「去掉軍備。」子貢再問說：「如果不得已還必須減除的話，在剩下的這兩項中該先除掉那一項呢？」孔子說：「那只好減除糧食了。自古以來，人都免不了會死。可是如果人民不信服政府，政教就無從建立。」

注釋

①【**足食，足兵，民信之矣**】：兵，指國防軍備。民信之，使人民信服。此句言糧食充足，軍備整修，使人民信服政府。

②【**去**】：減除、捨棄。

③【**民無信不立**】：言為政者不可失信於民，若人民不信服政府，則政教無從建立。

季氏富於周公①，而求也為之聚斂而附益之②。子曰：「非吾徒也，小子鳴鼓而攻之③可也！」

——〈先進〉第十一．一六

季氏比周公還要富有，但冉求還替季氏搜括民財，更增加季氏的財富。孔子說：「這種作為不像我的學生，弟子們可以聲明他的罪狀加以討伐譴責！」

注釋

①【季氏富於周公】：周公協助武王平定天下，又輔佐成王，位高祿厚，又屢得封賞，家境富裕。季氏功業爵祿皆不如周公，卻比周公富有。

②【求也為之聚斂而附益之】：求，冉求，時為季氏宰。聚斂，加重賦稅，搜括民財。附益，增添。此句言冉求替季氏搜括民財，更增加季氏的財富。

③【鳴鼓而攻之】：揭發其罪狀而加以討伐譴責。

子曰：「以不教民戰①，是謂棄之②。」

——〈子路〉第十三．三〇

孔子說：「用還沒受過品德教育及軍事訓練的民眾前去作戰，叫做棄絕人民。」

注釋

①**【以不教民戰】**：用未受過品德教育及軍事訓練的民眾去作戰。

②**【棄之】**：棄絕人民，即犧牲人民。

孟氏①使陽膚②為士師③，問於曾子。曾子曰：「上失其道，民散④久矣！如得其情⑤，則哀矜⑥而勿喜。」——〈子張〉第十九・一九

孟孫氏任命陽膚做掌理刑獄的司法官。陽膚向曾子請教怎麼做。曾子說：「在上位的失去教養人民的正道，民心離散已經很久。掌理刑案如果審出他們犯罪的實情，要哀痛憐恤他們，不可以認為能察出實情而高興得意。」

注釋

①**【孟氏】**：魯大夫孟孫氏。

②**【陽膚】**：曾子弟子。

③**【士師】**：掌理刑獄之官，猶今之司法官。

④**【民散】**：民心離散。

⑤**【情】**：實情。

⑥**【哀矜】**：傷痛憐恤。

子張問於孔子曰：「何如斯可以從政矣？」子曰：「尊①五美，屏②四惡，斯可以從政矣。」子張曰：「何謂五美？」子曰：「君子惠而不費③，勞而不怨，欲而不貪，泰而不驕④，威而不猛。」子張曰：「何謂惠而不費？」子曰：「因民之所利而利之⑤，斯不亦惠而不費乎？擇可勞而勞之⑥，又誰怨！欲仁而得仁，又焉貪！君子無眾寡，無小大，無敢慢⑦，斯不亦泰而不驕乎？君子正其衣冠，尊其瞻視⑧，儼（一ㄢˇ）然人望而畏之，斯不亦威而不猛乎！」子張曰：「何謂四惡？」子曰：「不教而殺謂之虐，不戒視成⑨謂之暴，慢令致期

子張向孔子問道：「怎麼樣可以從事國家政治呢？」孔子說：「遵行五種美德，屏除四種惡事，就可以從事國家政治了。」子張道：「什麼叫做五種美德呢？」孔子說：「在上位者能給人民恩惠，卻不耗費；驅使百姓勞役，卻不招怨恨；心有嗜欲，卻不流於貪婪；胸襟舒泰，卻不驕矜；外貌威嚴，卻不兇猛。」子張問道：「怎麼施給人民恩惠，卻不必耗費？」孔子說道：「就人民能得到的利益而幫助他們得到，這不就是能給人民恩惠卻不耗費嗎？選擇可以勞役的時間和事情才去徵用他們，又有哪一個會怨恨呢？想要仁德，便得到了仁德，又有什麼可貪求呢？君子待人無論眾寡，處事不問大小，都不敢怠慢，豈不是胸襟舒泰而不驕矜嗎？君子端正自己的衣冠，莊重自然的容態，儀容威嚴，使人望見，自然敬仰，豈不是外貌威嚴而不兇猛？」子張道：「什麼叫做四種惡事呢？」孔子說：「不先以禮義教化人民，人民犯了罪就殺，這叫做殘虐；對應舉辦的事，不預先吩咐告誡，草草施

⑩謂之賊，猶之與人⑪也，出納之吝⑫，謂之有司。」

——〈堯曰〉第二十・二

行，偶然想起來，便立刻要檢查其成果，使人無法準備，這叫做凶暴；對有限期的事，不及早頒發命令，慢慢遲延，臨時規定下來，便要求如期完成，使人措手不及，這叫做有意賊害；同樣要把東西給予人，卻在發出的時候，拖延吝惜，捨不得拿出來，這叫做庫吏見識。」

注釋

①【尊】：通「遵」，遵行。

②【屏】：音ㄅㄧㄥˇ，除去。

③【惠而不費】：使民得惠而能不耗費。

④【泰而不驕】：胸襟舒泰而不驕矜。

⑤【因民之所利而利之】：就人民能得之利而助其獲得。

⑥【擇可勞而勞之】：選擇人民可以勞作之時，及所能勞作之事，才去勞動人民。

⑦【無眾寡，無小大，無敢慢】：眾寡，就人而言。小大，就事而言。此句謂無論對待多少人，處理大小事，都不敢怠慢。

⑧【**尊其瞻視**】：儀容莊重，使民敬仰之。

⑨【**不戒視成**】：不先告誡吩咐，而臨時要檢查其成果。

⑩【**慢令致期**】：不早出令，令出則限期緊迫且不容寬假。

⑪【**猶之與人**】：同樣是要給人的財務。

⑫【**出納之吝**】：發放財物給人，態度吝嗇，捨不得給人。

子路問政。子曰：「先之①，勞之②。」請益③。曰：「無倦④。」

——〈子路〉第十三・一

子路請問為政的道理。孔子說：「要以身作則，做人民的表率，要為民事勤勞。」子路請求再增加指示，孔子說：「不要懈怠。」

注釋

①【**先之**】：躬行於先，即以身作則。

②【**勞之**】：為民事而勤勞。

③【**請益**】：請求增加指示。

④【**無倦**】：不要懈怠。

子曰：「苟正其身矣，於從政乎何有①？不能正其身，如正人何②？」

——〈子路〉第十三．一三

孔子說：「執政的人如果能端正自己的言行，對於從事政治有什麼困難呢？如果不能端正自己的言行，又怎麼能去端正別人呢？」

注釋

①**【於從政乎何有】**：對於從事政治有什麼困難呢？

②**【如正人何】**：怎麼能去端正別人呢？

十一、孔子論古聖賢人物

冉有曰：「夫子為①衛君乎？」子貢曰：「諾②，吾將問之。」入曰：「伯夷、叔齊何人也？」曰：「古之賢人也。」曰：「怨乎？」曰：「求仁而得仁，又何怨③？」出，曰：「夫子不為也。」——〈述而〉第七．一四

冉有說：「老師會不會幫助衛國的國君呢？」子貢回答：「好吧，我去請問他看看。」便進去見了孔子，問說：「伯夷和叔齊是怎麼樣的人呢？」孔子回答：「是古代的賢人啊。」子貢說：「他們互相推讓，不肯做國君，會不會懷有悔恨呢？」孔子回答：「他們追求仁德而得到仁德，又有什麼悔恨的？」子貢走了出來，說：「老師不會幫助衛國國君的。」

注釋

①【為】：音ㄨㄟˋ，幫助。

②【諾】：應辭，如現今之「好吧」。

③【怨】：悔恨。

子曰：「大哉！堯之為君也，巍巍乎，唯天①為大，唯堯則之②，蕩蕩③乎，民無能名焉④。巍巍乎⑤，其有成功⑥也。煥⑦乎，其有文章⑧。」

——〈泰伯〉第八・一九

孔子說：「偉大啊！像堯這樣的國君。世上最崇高的事物沒有再超過天了，唯獨堯可以和天相比。多麼廣遠啊，百姓感戴他的恩德，找不出適當的話來形容他。多麼崇高啊，他所成就的功動事業。多麼光明啊，他制定了禮樂制度。」

注釋

①**【唯】**：猶「獨」也。

②**【則之】**：則，準也。有齊等之意。則之，言堯之德可與天齊等。

③**【蕩蕩】**：廣大深遠的樣子。

④**【民無能名焉】**：焉，之也，指堯之功德。此句言民眾無法用言語來形容堯的功德。

⑤**【巍巍】**：崇高偉大的樣子。

⑥**【成功】**：指成功的勳業。

⑦**【煥】**：光明的樣子。

⑧**【文章】**：指禮樂制度。

子曰：「禹，吾無閒然①矣，菲②飲食，而致孝乎鬼神③，惡④衣服，而致美乎黻冕⑤，卑宮室⑥，而盡力乎溝洫⑦。禹，吾無間然矣！」

——〈泰伯〉第八．二一

孔子說：「大禹，我找不出他的缺點來批評！他自己的飲食很菲薄，但是祭祀鬼神時，祭品卻盡力求其豐盛；自己平時穿的衣服很粗劣，但在祭祀時所穿戴的禮服禮帽卻力求華美；自己住的房舍很簡陋，但在農田水利上卻盡力修築。大禹，我實在找不出他的缺點來批評！」

注釋

①**【閒然】**：謂指其缺失而非議之。閒，音ㄐㄧㄢˋ，間隙，指缺點；在此作動詞用。然，助詞，無義。

②**【菲】**：音ㄈㄟˇ，薄。

③**【致孝乎鬼神】**：祭祀鬼神時，祭品盡力求其豐盛。致，盡力。乎，於。

④**【惡】**：粗劣。

⑤**【黻冕】**：祭祀時所穿戴的禮服禮帽。黻，音ㄈㄨˊ，禮服。冕，禮帽。

⑥**【卑宮室】**：指房舍簡陋。卑，低矮，有簡陋之意。

⑦**【溝洫】**：田間的水道。洫，音ㄒㄩˋ，小水道。

子貢曰：「管仲非仁者與？桓公殺公子糾，不能死，又相之①。」子曰：「管仲相桓公，霸諸侯②，一匡天下③，民到於今受其賜；微④管仲，吾其被髮左衽矣⑤！豈若匹夫匹婦⑥之為諒⑦也，自經⑧於溝瀆⑨，而莫之知⑩也！」

——〈憲問〉第十四．一八

子貢說：「管仲不是個有仁德的人吧？齊桓公殺了公子糾，管仲不能為主人殉死，反而輔佐桓公。」孔子說：「管仲輔佐桓公，稱霸於諸侯，使天下得到匡正，直到今天民眾還蒙受到他的恩惠；要是沒有管仲，我們大概都要披散著頭髮，衣襟向左開，淪為夷狄了！他難道要像一般的普通人，為了小信小節，而自縊於田野的水溝旁，卻沒有人知道他是誰。」

注釋

①**【管仲非仁者與】**四句：管仲，名夷吾，字仲。桓公殺公子糾，此事之始末為：齊僖公生公子諸兒、糾、小白。僖公卒，諸兒立，是為襄公。襄公無道，鮑叔牙知禍亂將作，侍奉小白逃奔莒城。及襄公為公孫無知所殺，召忽、管仲侍奉糾逃奔魯國。齊人殺公孫無知，小白自莒城先趕回齊國，被立為桓公，齊國要求魯國殺糾，逮捕管仲、召忽送回齊國治罪。召忽自殺，管仲被囚。鮑叔牙向桓公推薦說管仲有賢才，桓公乃任命他為相國。子貢之意，以為管仲忘主事

仇，不得為仁。相，音ㄒㄧㄤˋ，輔佐。

②【**霸諸侯**】：使桓公成為諸侯之長。霸，古代諸侯聯盟的首領，此作動詞用。

③【**一匡天下**】：指尊周室，攘夷狄，使天下皆得到匡正。一，皆、完全。匡，正。

④【**微**】：無。

⑤【**吾其被髮左衽矣**】：我們可能會披散著頭髮，穿左襟的衣服，而淪為夷狄。其，大概、可能。被，音ㄆㄧ，通「披」，散開。衽，音ㄖㄣˋ，衣襟。夷狄之俗，成人不束髮，頭髮披散；且衣襟向左開，與華夏右衽之俗不同。

⑥【**匹夫匹婦**】：平民男女，指普通人。匹，音ㄆㄧˇ，一般。

⑦【**諒**】：小信。

⑧【**自經**】：上吊自殺。經，縊也。

⑨【**溝瀆**】：田野的水溝。瀆，音ㄉㄨˊ。

⑩【**莫之知**】：即「莫知之」，指為小信自殺而死，沒有人知道他。之，指匹夫匹婦。

子曰：「晏平仲①善與人交，久而敬之②。」

——〈公冶長〉第五．一六

孔子說：「晏平仲善於跟別人交往，愈久愈為人欽敬。」

注釋

①**【晏平仲】**：晏平仲，姓晏，名嬰，字仲，諡號平，齊國大夫，曾經齊靈、莊、景三公之相，致力於改善民生，自奉則甚儉。

②**【善與人交，久而敬之】**：善於與人交往，愈久愈為人所欽敬。

十二、拜訪孔門弟子

子在陳曰：「歸與①！歸與！吾黨之小子狂簡②，斐然成章③，不知所以裁④之。」

——〈公冶長〉第五・二一

孔子在陳國的時候，感嘆道：「回去吧！回去吧！在我家鄉的那些弟子們，志向遠大而疏略事理，但他們都有可觀的文采，只是不知道如何修正罷了。」

注釋

①【歸與】：與，通「歟」。歸與，回去吧！

②【吾黨之小子狂簡】：黨，鄉黨。小子，指弟子。吾黨之小子，指在魯國的那批弟子。狂簡，志大而略於事。

③【斐然成章】：斐然，文采盛美的樣子。成章，言其文理成就，有可觀者。此句言其德性修養所表現於外的言行舉止，頗有可觀的文采。

④【裁】：修正。

子曰：「從我於陳、蔡①者，皆不及門②也。」德行：顏淵、閔子騫③、冉伯牛④、仲弓；言語：宰我⑤、子貢；政事：冉有、季路；文學：子游、子夏。——〈先進〉第十一．二

孔子說：「跟隨我受困於陳、蔡之間共患難的弟子，現在都不在門下了。」在德行方面表現良好的有顏淵、閔子騫、冉伯牛、仲弓四人；在言語方面表現良好的有宰我、子貢二人；在政事方面表現良好的有冉有、子路二人；在文學方面表現良好的有子游、子夏二人。

注釋

①**【陳、蔡】**：二國名。孔子周遊列國，曾受困於陳、蔡之間。

②**【不及門】**：指此時不在門下。

③**【閔子騫】**：姓閔，名損，字子騫，魯人，孔子弟子。

④**【冉伯牛】**：姓冉，名耕，字伯牛，魯人，孔子弟子。

⑤**【宰我】**：姓宰，名予，字子我，魯人，孔子弟子。

子曰：「回也，其心三月不違仁，其餘則日月至焉①而已矣。」——〈雍也〉第六．五

孔子說：「回啊！他的心能長久不離仁德；至於其他的弟子，有的只是一、兩天，有的只是一、兩個月能達到仁德罷了。」

注釋

①【日月至焉】：言或一日、或一月達到不違仁之境，而不能長久。

子曰：「賢哉，回也！一簞食①，一瓢飲②，在陋巷，人不堪③其憂，回也不改其樂。賢哉，回也！」

——〈雍也〉第六．九

孔子說：「多麼賢良啊！顏回。吃的是一小簍飯，喝的是一瓢湯水，住在簡陋的屋子裡，別人忍受不了這種憂苦，而顏回卻始終不改變他向道的樂趣。多麼賢良啊！顏回。」

注釋

①【一簞食】：簞，音ㄉㄢ，盛飯的圓形竹簍。食，音ㄙˋ，飯。一簞食，一小簍飯。

②【一瓢飲】：瓢，用葫蘆剖製成的舀水器具。飲，指湯水。一瓢飲，一瓢清湯。

③【不堪】：不能忍受。

子曰：「語①之而不惰②者，其回也與？」

——〈子罕〉第九．一九

孔子說：「教導他之後而能力行不懈怠的，大概只有顏回吧！」

注釋

① 【語】：音ㄩˋ，告訴，引申有教導之意。

② 【惰】：懈怠。

哀公問：「弟子孰為好學？」孔子對曰：「有顏回者好學，不遷怒①，不貳過②。不幸短命③死矣！今也則亡④，未聞好學者也。」

——〈雍也〉第六・二

魯哀公問孔子：「你的學生中，哪一位是好學的呢？」孔子回答說：「有一位叫顏回的最好學，他從不把忿怒遷移到別人身上，也從不犯同樣的過失，可惜他不幸短命早死！現在沒有這樣的人了，再也沒有聽到好學的人了。」

注釋

① 【遷怒】：遷，移也。遷怒，把忿怒移轉到無關的人身上。

② 【貳過】：貳，復也。貳過，再犯同樣的過失。

③ 【短命】：指顏回早死。

④ 【亡】：通「無」。

子謂①顏淵，曰：「惜乎②！吾見其進③也，未見其止④也！」

——〈子罕〉第九．二〇

孔子談論到顏淵說：「真叫人痛惜啊！他在世時，我只見他努力求上進，從未見到他停止、廢學。」

注釋

①【**謂**】：談論到。

②【**惜乎**】：惜，可惜。顏淵死後，孔子追念而悼惜之。

③【**進**】：努力求上進。

④【**止**】：停止，指廢學。

子謂顏淵曰：「用之則行，舍之則藏①，唯我與爾有是夫。」子路曰：「子行三軍②，則誰與？」子曰：「暴虎馮(ㄆㄧㄥˊ)河③，死而無悔者，吾不與也。必也臨事而懼④，好(ㄏㄠˋ)謀而成⑤者也。」

——〈述而〉第七．一〇

孔子對顏淵說：「在位者任用我，我就出仕使教化大行；捨棄不用我，我就退隱修身——只有我和你能這樣吧！」子路聽了問道：「如果老師統帥三軍出征，那和誰一同去呢？」孔子說：「赤手空拳打老虎，徒步涉水渡河，有勇無謀，死了也不知悔悟的人，我是不會和他一起的。一定要面臨大事時也能小心戒慎，善用謀略而能成功的人，我才會和他一起去的。」

注釋

① **【用之則行，舍之則藏】**：舍，通「捨」。此句言任用我，我就出仕使教化大行；捨棄我，我就退隱修身。

② **【三軍】**：古代兵制，五師為一軍。師，二千五百人；軍，一萬二千五百人。天子六軍；諸侯大國三軍，次國二軍，小國一軍。

③ **【暴虎馮河】**：暴虎，徒手搏虎。馮，通「憑」；馮河，徒步涉水渡河。暴虎、馮河，皆有勇而無謀之意。

④ **【懼】**：小心戒慎。

⑤ **【好謀而成】**：善用謀略而能成功。

子路有聞①，未之能行，唯恐有（ㄧㄡˋ）②聞。

——〈公冶長〉第五．一三

子路每聽到一件善道，如果還沒做到，唯恐又聽到新的，怕更來不及實行。

注釋

① **【有聞】**：有所聽聞，在此指聞知善道。

②【有】：通「又」。

子曰：「片言①可以折（ㄓㄜˊ）獄（ㄩˋ）②者，其由也與！」子路無宿諾③。

——〈顏淵〉第十二・一二

孔子說：「只聽一、兩句話就可以決斷訟案的人，大概只有仲由了吧！」子路答應別人的事不會擱置不辦。

注釋

①**【片言】**：片言，半言，指一、兩句話。只聽到一、兩句話即可，言其能明察是非曲直。

②**【折獄】**：決斷訟案。

③**【無宿諾】**：宿，留也。不宿諾，允諾之事，即刻就做，不會久留其諾。

子曰：「道不行，乘（ㄔㄥˊ）桴（ㄈㄨˊ）①浮於海②。從我者，其由與？」子路聞之喜。子曰：「由也，好勇過我，無所取材③。」

——〈公冶長〉第五・六

孔子說：「大道不能實行，我想乘坐木筏，流放到海外去；跟隨我去的，大概只有仲由吧！」子路聽了這話好高興。孔子說：「由啊！比我還勇敢，只是還不能真正裁度事理。」

注釋

① **【桴】**：音ㄈㄨˊ，用竹木編成的渡水器具，即木筏。

② **【浮於海】**：浮，漂也。浮於海，指航行到海外。

③ **【無所取材】**：材，通「裁」。無所取材，言其不能裁度事理。

子曰：「衣敝縕袍①，與衣狐貉②者立，而不恥者，其由也與！不忮不求，何用不臧③？」子路終身誦之。子曰：「是道也，何足以臧！」

——〈子罕〉第九．二六

孔子說：「穿著破舊的袍子，跟穿著狐貉皮裘的人站在一起，而不會感到自卑慚愧的人，大概只有仲由了吧！《詩經》上說：『不忌恨他人，也不貪求，那還有什麼不好的呢？』就是這意思。」子路聽了便經常唸著這兩句詩。孔子說：「這只是做人的基本道理，怎麼算得上最好的呢？」

注釋

① **【衣敝縕袍】**：衣，音一ˋ，穿著。敝，破舊。縕袍，舊絮製成的袍子。

② **【狐貉】**：貉，音ㄏㄜˊ。狐貉，指用狐貉製成的裘。

③ **【不忮不求，何用不臧】**：《詩經．衛風．雄雉篇》詩句。忮，音ㄓˋ，忌恨加害。求，貪

求。臧，善也。詩句言不忌恨人，也不貪求，那還有什麼不好的？

季康子問：「仲由可使從政也與？」子曰：「由也果①，於從政乎何有？」曰：「賜也可使從政也與？」曰：「賜也達②，於從政乎何有？」曰：「求也可使從政也與？」曰：「求也藝③，於從政乎何有？」

——〈雍也〉第六．六

季康子問道：「仲由可以讓他從事政治嗎？」孔子說：「仲由為人有決斷，對於從政有什麼困難呢？」又問：「端木賜可以讓他從事政治嗎？」孔子說：「端木賜通達事理，對於從政有什麼困難呢？」又問：「冉求可以讓他從事政治嗎？」孔子說：「冉求多才多藝，對於從政有什麼困難呢？」

注釋

①**【果】**：有決斷。

②**【達】**：通事理。

③**【藝】**：多才能。

子謂仲弓，曰：「犁牛①之子騂(ㄒㄧㄥ)且角②，雖欲勿用，山川其舍諸③？」

——〈雍也〉第六．四

孔子談論到仲弓說：「一頭毛色駁雜的牛所生的小牛，卻是毛色純赤，而且兩隻角長得很端正；人們雖然不想用牠來做祭祀的犧牲，可是山川的神明哪裡會捨棄牠呢？」

注釋

①**【犁牛】**：毛色駁雜之牛；在此有一解釋是喻指仲弓之父，賤且有惡行；另解為耕牛，以喻仲弓出身寒門。

②**【騂且角】**：騂，音ㄒㄧㄥ，純赤色。角，指兩角周正。毛色純赤，角又周正之牛，適合用來做祭祀的犧牲。

③**【雖欲勿用，山川其舍諸】**：用，指用為祭祀的犧牲。山川，指山川之神。舍，捨棄。此句以喻仲弓之賢，自當見用於世。

子曰：「孝哉！閔(ㄇㄧㄣˇ)子(ㄗˇ)騫(ㄑㄧㄢ)，人不間(ㄐㄧㄢˋ)於其父母昆弟之言①。」

——〈先進〉第十一．四

孔子說：「閔子騫，真是孝順啊！人們對他父母兄弟稱讚他孝順友愛的話，都相信而沒有異議。」

注釋

①**【人不閒於其父母昆弟之言】**：閒，音ㄐㄧㄢˋ，隙也，引申為非議之意。此句言父母兄弟稱其孝友，人皆信而無異議。

出自《論語》的成語典故・俚俗諺語

一、〈學而〉

1. **不亦樂乎**：豈不是很快樂嗎？後常用以表示極度、非常開心、得意之意。
2. **巧言令色**：說很動聽的話，臉色表現也很和善；後常用以形容，對人花言巧語、諂媚討好的模樣。「令」色，美好也。
3. **行有餘力**：親自實踐後，還有多餘的心力。
4. **言而有信**：說到做到，講究誠信。
5. **君子自重**：君子要莊重才有威儀，亦謂君子當自重身分人格，不要在無人看見時逾越禮。
6. **慎終追遠**：謹慎地辦理父母的喪事，追思祭祀祖先，不忘本。
7. **安貧樂道**：安於窮困，並以追求仁德真理為快樂。

二、〈為政〉

1. **眾星拱辰**：天上眾星拱衛北辰（北極星）。比喻四方歸向有德的國君，亦作「眾星拱北」。

2. **一言以蔽之**：用一句話來總括全體。

3. **志學之年**：孔子十五歲時，立志向學，後人稱十五歲為「志學之年」。

4. **而立之年**：孔子三十歲時，能堅定志向，卓然自立。後人稱三十歲為「而立之年」。

5. **不惑之年**：孔子四十歲時，對一切事理能通達不惑。後人稱四十歲為「不惑之年」。

6. **知命之年**：孔子五十歲時，能知道天命的道理。後人稱五十歲為「知命之年」。

7. **耳順之年**：孔子六十歲時，聽人說話，就能明白事理，不受人影響也不覺得逆耳。後人稱六十歲為「耳順之年」。

8. **隨心所欲**：依個人心願而為所欲為。

9. **人焉廋哉**：這個人的內心想法怎能隱藏得住呢？廋，音ㄙㄡ，藏匿。

10. **溫故知新**：溫習已學過的知識，且領悟新的道理。

11. **君子不器**：君子學問廣博，不像器具一般，只限於一種用途。

12. **周而不比**：待人普遍親厚，不結黨營私。

13. **見義勇為**：見到正義的事就勇敢去做。

三、〈八佾〉

1. **是可忍，孰不可忍**：指事情惡劣或受侮辱到無法容忍的地步。
2. **君子之爭**：表示有禮節的競爭，絕不傷害雙方的和氣。
3. **告朔餼羊**：譬喻虛應故事。原指每月初一告祭祖廟時，被宰殺的那隻活羊。因當時禮制已廢，徒然保存一隻供羊而已。朔，初一。餼，音ㄒㄧˋ，活的牲畜。
4. **哀而不傷**：雖哀痛而情感仍有所節制。
5. **成事不說**：已經形成的事，就不便再解說它的是非了。
6. **既往不咎**：對以往的過錯，不再責備追究。咎，音ㄐㄧㄡˋ，過失。
7. **盡善盡美**：形容事物達到最美好的境地。

四、〈里仁〉

1. **里仁為美**：選擇居住在充滿仁德的地方。
2. **造次顛沛**：急遽匆忙與顛沛流離的時候。
3. **觀過知仁**：觀察一個人的過失，就可以知道他是否具仁德。

4. **朝聞夕死**：早晨得知道理，當晚死去都可以。極言得道的重要和可貴。

5. **惡衣惡食**：粗劣的衣食。

6. **無適無莫**：對人對事沒有偏頗，無所厚薄，以理行事。適，音ㄉㄧˊ，專主。

7. **一以貫之**：用一個道理統貫天下萬事萬物的本心。

8. **見賢思齊**：見到賢德的人，就想跟他學習，跟他看齊。

9. **勞而不怨**：本指對不接受規勸的父母，心裡擔憂而不怨忿。後人則多用來表示雖勞苦而不生怨。

10. **遊必有方**：出遊必告知去處，通常指兒女離家遠遊必告訴父母以免擔心。

11. **一則以喜，一則以懼**：一方面因而高興，一方面因而恐懼。本指在得知父母年紀之後的心情。

12. **德不孤，必有鄰**：有道德的人，一定有人來親近他。

五、〈公冶長〉

1. **乘桴浮海**：乘著小舟，泛海到遠方。比喻想遺世獨立。桴，音ㄈㄨˊ，用竹子編成的小舟。

2. **聞一知十**：聽到一種道理，就可旁及領悟其他十種道理。形容一個人的領悟力高。

3. **朽木不可雕**：腐朽的木頭無法再雕刻。形容不求上進的人，不可造就。亦作「朽木難雕」、「朽木糞土」。

4. **不恥下問**：不覺得向身分低的人請教是羞恥，形容謙虛向學。

5. **善與人交**：善於與人交往，保持友情。

6. **三思而行**：再三考慮之後才去做。三，虛數，表示多次。

7. **愚不可及**：形容愚笨到了極點。

8. **斐然成章**：很有文彩，成績可觀。

9. **不念舊惡**：不計較過去的仇恨。

六、〈雍也〉

1. **肥馬輕裘**：形容坐騎馬隻肥壯、服飾華麗，生活豪奢。亦作「乘肥衣輕」、「裘馬輕肥」。

2. **簞食瓢飲**：形容生活非常清苦。簞食，音ㄉㄢ ㄙˋ，一竹筐的飯。瓢，音ㄆㄧㄠˊ，將瓠瓜剖成兩半，用來裝水。亦作「一簞一瓢」。

3. **中道而廢**：原意是指力量不夠，也要做一半才中途停止。今則表示事情做了一半就放棄了。

4. **行不由徑**：走路不抄小徑，比喻人行為光明正大。徑，小路。

5. **殿後**：行軍時走在最後，亦泛指居落後。

6. **文質彬彬**：形容文質兼備。今多用來形容男子溫文有禮。文，外表。質，本質。彬彬，文與質配合均勻的樣子。

7. **敬而遠之**：尊敬其人而不敢與之接近，保持一定距離，後人則往往引申為不喜歡某人而作出的態度，是負面的。

8. **先難後獲**：艱難的事，爭先恐後去做；獲利的事，寧願居後。

9. **知水仁山**：形容明白事理的人通澈如水，品德高尚的人凝重如山。知，通「智」。

10. **樂山樂水**：比喻人的愛好興趣有所不同。樂，音一ㄠˋ，愛好。

11. **從井救人**：比喻徒然危害自己也無益於人。

12. **博施濟眾**：廣施德惠，拯救眾民。

13. **能近取譬**：能夠就近拿自己作比喻，推己及人，有設身處地為別人著想之意。

七、〈述而〉

1. **述而不作**：只闡述別人的說法，自己沒有創見。

2. **學而不厭**：形容虛心向學，學習的心永不滿足。

3. **誨人不倦**：教導別人非常有耐心，從不厭倦。

4. **夢見周公**：本指孔子志欲行周公之道。後世則引申為「睡覺」的代稱。

5. **依仁游藝**：不背離仁道，且自在涵泳於藝文活動。

6. **束脩**：古代入學敬師的禮物。束脩，十脡乾肉。脩，乾肉，十脡為束，故曰束脩。

7. **啟發**：教導引發，使明白事理。

8. **舉一反三**：提示其中一項，即能類推出其他三項道理，比喻人反應靈敏。反，以類相推。

9. **用行舍藏**：受人重用，則出而行道；不受重用，則退而隱居。舍，通「捨」，在此指不受重用。

10. **暴虎馮河**：空手搏虎，徒步涉河。比喻只知冒險衝動，有勇無謀。馮，音ㄆㄧㄥˊ，通「淜」、憑。

11. **好謀而成**：先計畫妥當，再按計畫實行，直至成功。

12. **三月不知肉味**：喻音樂感人至深。後人卻多引申為貧困，表示很久沒有吃到肉。

13. **求仁得仁**：原指孔子讚揚伯夷、叔齊互讓君位，求仁而得仁，無所怨恨。後泛指一個人適如其願。

14. **樂在其中**：於此中自得其樂。

15. **富貴浮雲**：視富貴如浮雲，言富貴名利對他是輕微不足道。
16. **發憤忘食**：發憤起來，連飯都忘了吃。
17. **樂以忘憂**：由於快樂而忘記憂愁。
18. **好古敏求**：愛好前人的文化，且勤勉追求學識。
19. **擇善而從**：發現別人的優點，並且加以學習。
20. **威而不猛**：有威嚴但不是兇猛。

八、〈泰伯〉

1. **故舊不遺**：不遺棄故交。
2. **戰戰兢兢**：恐懼戒慎的樣子。兢，音ㄐㄧㄥ。案，《詩經．小雅．小旻》：「戰戰兢兢，如臨深淵，如履薄冰。」
3. **臨深履薄**：比喻非常謹慎小心。
4. **人之將死，其言也善**：人快死的時候，因良心發現，講出善良的話來。
5. **犯而不校**：被人冒犯了也不計較。校，計較。
6. **六尺之孤**：指父王已死的年幼國君。

7.**百里之命**：方百里之國的政令。百里，公侯之國。

8.**任重道遠**：形容一個人責任重大，路途遙遠。

9.**死而後已**：形容努力不懈，至死才停止。

10.**不在其位，不謀其政**：不處在某一職位，就不參與干涉有關的事務。亦指不可僭越本分。

九、〈子罕〉

1.**斯文掃地**：謂文人墮落或文章被廢棄。

2.**多能鄙事**：會做很多低下粗鄙的工作。

3.**空空如也**：原指虛心的樣子，後用以形容一無所有。空空，一無所知的樣子。

4.**鳳鳥不至**：喻當世無聖王之嘆。鳳鳥，神鳥，比喻聖王。

5.**循循善誘**：耐心而有步驟地啟發引導所教的對象，表示教導耐心而有方法。

6.**欲罷不能**：本指學習心切，後來泛指興之所至，不能中止。

7.**待賈而估**：等待高價而出售。比喻等待好的待遇或條件，才肯出來作事。

8.**不舍晝夜**：日夜不止息。舍，同「捨」。

9.**功虧一簣**：功敗垂成。簣，音ㄎㄨㄟˋ，竹筐、竹籠，盛土之竹器。

10. **秀而不實**：稻子吐穗開花而不結實。常比喻一個人雖聰慧卻終無成就。

11. **後生可畏**：本指年輕晚輩的成就可能超越前輩而值得敬畏。現在則用來指後生小輩的行為很可怕。

12. **過勿憚改**：有了過錯，不要害怕去改正。憚，音ㄉㄢˋ，害怕。

13. **不忮不求**：不嫉妒不貪求。忮：音ㄓˋ，嫉妒。

14. **松柏後凋**：松柏即使在寒冬也不凋落，比喻人的志節堅貞。

15. **仁者不憂**：成德者依理而行，安然無所憂患。

十、〈鄉黨〉

1. **食不厭精，膾不厭細**：泛指飲食很講究。膾，音ㄎㄨㄞˋ，細切的肉。

2. **食不言，寢不語**：吃飯時不討論事情，要睡覺就不再說話。

十一、〈先進〉

1. **三復白圭**：形容人言語行動特別謹慎。復，反覆的讀。〈白圭〉乃《詩經》中教人說話謹慎的詩篇。

2. **未知生焉知死**：不了解生的道理，怎麼會了解死的道理。

3. **一仍舊貫**：一切照舊行事。

4. **言必有中**：發言必能中肯。

5. **升堂入室**：比喻學問或修養的境界，已達深入的地步。堂，廳堂。室，內室。

6. **過猶不及**：形容做事不合要求。過，超過。不及，未達標準。太超過或有所不及，皆不好。

7. **鳴鼓而攻**：公開聲討。攻，攻擊責備。

8. **億則屢中**：料事總是和實際相合。億，通「臆」，預料、揣度。

9. **一日之長**：年齡比人稍長。

十二、〈顏淵〉

1. **克己復禮**：約束自己，使言行符合於禮。復，反歸。

2. **非禮勿視**：不合乎禮的不要去看。

3. **視聽言動**：指人的視覺、聽覺、言論、行為。

4. **己所不欲，勿施於人**：喻設身處地，將心比心，為人著想。

5. **內省不疚**：自我省察，一點也不愧怍。疚，音ㄐㄧㄡˋ，愧怍。

6. **死生有命，富貴在天**：人之生死，老天早有安排。

7. **四海之內皆兄弟**：天下之人都是自己的兄弟。形容到處都有可親近的人，不必怕孤獨。

8. **膚受之愬**：指讒言。膚受，肌膚所受，利害切身。愬，同「訴」。

9. **民無信不立**：百姓若不信賴政府，國家就無法存在了。

10. **駟不及舌**：言已出口，駟馬難追。謂出言當謹慎。駟，四匹馬。

11. **愛之欲其生，惡之欲其死**：指對人對事的看法不客觀，好惡偏向兩極化。

12. **片言折獄**：用很少的判辭即可判斷是非，判決案件。

13. **君子有成人之美**：表示仁德君子必助人為善。

14. **風行草偃**：風吹草就跟著倒，上行下效；比喻為政者的行為，影響到百姓。偃，音ㄧㄢˇ，倒下來。

15. **察言觀色**：觀察言語臉色，以揣測對方的心意。

16. **一朝之忿**：逞一時的忿恨。

17. **忠告善道**：忠言相告，善言引導。

18. **以文會友**：以文事結交朋友。文，指詩、書、禮、樂。

十三、〈子路〉

1. **名正言順**：身分名位先確定，才能做好事情。
2. **手足無措**：本指不知手腳要往那裡放，形容無所適從。措，音ㄘㄨㄛˋ，安放。
3. **勝殘去殺**：使凶暴的人化而為善，因而可以廢除死刑。
4. **一言興邦**：一句話可以使國家興隆。
5. **一言喪邦**：一言失誤，遂使國家陷於覆滅。
6. **近悅遠來**：使附近的人高興，遠方的人來歸順。指為政者的德澤可感化百姓；現則多用在飯店、旅館的賀辭。
7. **欲速則不達**：急著要完成某事，反而因為求快速而無法達到目的。
8. **行己有恥**：指對於自己的行為有羞恥之心。
9. **言必信，行必果**：所言必實踐，行事果斷。
10. **和而不同**：和睦相處，但不隨便盲從附和。
11. **易事難說**：容易服事相處而很難討好。

十四、〈憲問〉

1. **危言危行**：正直的言論和行為。危，正直。
2. **見利思義**：遇見利益先要想到道義。
3. **見危授命**：遇到危險願意犧牲生命。
4. **久要不忘**：做人重信義，不忘記很久以前對人的約定。要，約。
5. **時然後言**：在適當的時候才說話。
6. **被髮左衽**：今多用以比喻被蠻夷所同化。被，音ㄆㄧ，通「披」，散。左衽，衣襟左釦，是夷狄的習俗。
7. **匹夫匹婦**：平民男女。泛指一般百姓平民。
8. **以德報怨**：以恩惠來對待怨恨的人。
9. **以直報怨**：以正道來對待自己所怨恨的人。
10. **怨天尤人**：人不如意時，抱怨天，責怪人。
11. **知其不可而為之**：明知事情不能辦，也要努力去完成。
12. **深厲淺揭**：原指涉淺水，撩著衣服而過，遇深水連衣而下。後用以喻處事懂得權變隨宜，因時地而異。厲，涉水。揭，音ㄑ一ˋ，提拉。出自《詩經・邶風・匏有苦葉》：「深則厲，淺則揭」。

13.**老而不死是謂賊**：咒罵年老而惡劣、不修德的人。

十五、〈衛靈公〉

1.**俎豆之事**：指宗廟祭祀之大事。俎、豆為古代祭祀時用以盛肉的器皿。

2.**君子固窮**：君子縱使生活在貧窮中，仍然固守節操。

3.**小人窮斯濫矣**：小人一遭遇窮困時則為非作歹。

4.**無為而治**：原指無所作為就能把天下治理好。也指不要干涉過多，讓人民各自發揮聰明才智。

5.**志士仁人**：有節操、公而忘私的人。

6.**殺身成仁**：為正義或理想而捨棄生命。

7.**工欲善其事，必先利其器**：要把工作做好，必先有良好的工具。表示事前準備的重要性。

8.**人無遠慮，必有近憂**：勉勵人凡事要作長遠的打算。遠慮，長遠的打算。近憂，隨時會發生的憂患。

9.**無如之何**：本做「末如之何」，即無可奈何。

10. **言不及義**：說些八卦無聊的話，不涉及真理正義。
11. **好行小慧**：原指愛耍小聰明。後指好對人行施小恩小惠。也有「好行小惠」之意。
12. **沒世無名**：終身沒有名聲讓後人稱述。
13. **群而不黨**：合群而不結派成幫。黨，朋比阿私。
14. **不以人廢言**：苟有善言可取，不計較其人的品德。
15. **小不忍，則亂大謀**：小事不能忍耐，就會敗壞大的計畫。
16. **君子憂道不憂貧**：君子但憂學道之有無進步，行道之有無進展，而不為口腹升斗擔憂。
17. **當仁不讓**：面對實行仁道的時候，就不必謙讓。
18. **貞而不諒**：堅守大的原則，而不拘泥於小信。諒，指小信、小節。
19. **有教無類**：指不論貴賤、貧富，一律加以教導。無類，不分貧富階級。
20. **道不同，不相為謀**：理想不同就不必在一起行事。道，指理想。

十六、〈季氏〉

1. **陳力就列**：在自己的職位上施展才能。陳，施展。列，位。
2. **不患寡而患不均**：治理國家不愁土地人民寡少，而要擔心財富分配不平均。

3. **既來之，則安之**：本指招徠遠人，並加以安撫。今指已經來了，應該安心。

4. **分崩離析**：形容整個團體不能團結，各有異心。

5. **禍起蕭牆**：禍患起於家門之內。蕭牆，門屏。

6. **直諒多聞**：稱讚朋友正直、守信、見多識廣。

7. **血氣方剛**：形容年輕人精力正旺盛。

8. **趨庭之教**：指子（孔鯉）受父親（孔子）的庭訓。

十七、〈陽貨〉

1. **歲不我與**：歲月不會等待人。今多用作自嘆年紀逐漸老大。與，等待。

2. **性相近，習相遠**：人先天的本性都差不多，後天的習慣養成之後就有很大的差異。

3. **上知下愚**：最聰明與最愚蠢的人。知，同「智」。

4. **牛刀割雞**：比喻大材小用。或指小題大作。亦作「割雞焉用牛刀」。

5. **涅而不緇**：比喻操守不變，即使在壞環境裡也能不受影響。涅，音ㄋㄧㄝˋ。古代用作黑色染料的一種礦物，此作動詞用。緇，黑色，音ㄗ。

6. **面牆而立**：面對牆壁站立，目無所見。比喻人如不學，則固陋無知。

7. **色厲內荏**：外表看起來很有威嚴，其實內心很軟弱。色，外表。厲，威嚴。荏，音ㄖㄣˇ，軟弱。

8. **穿窬之盜**：指穿牆打洞的小賊。窬，音ㄩˊ，洞穴。

9. **道聽塗說**：從路上聽到的，未經查證，馬上又轉告他人。塗，同「途」。

10. **患得患失**：未得，怕不能得；既得，又怕失去。指斤斤計較個人得失。

11. **惡紫奪朱**：厭惡用紫色取代紅色。古代周天子以朱色為正色，喻正統。（按：各國諸侯不敢公然僭越周天子，不好直接穿朱紅衣服，卻紛紛穿起類近紅色的紫衣。）後用以比喻邪惡勝過正義，或異端冒充真理。

12. **鑽燧改火**：打火的燧木輪用了一次，即過了一年。燧，音ㄙㄨㄟˋ，取火之木。古人鑽火取火，四時各異其木，春用榆柳，夏用棗杏，季夏用桑柘，秋用柞楢，冬用槐檀。

13. **飽食終日，無所用心**：整天只知吃喝，不用心思，無所事事。

十八、〈微子〉

1. **往者不可諫，來者猶可追**：過往的事，已無法勸阻；未來的事，還可趕上。諫，勸阻。

2. **四體不勤，五穀不分**：形容不事勞動，不知農務的人。

3. **降志辱身**：貶抑志氣，辱沒身分。

4. **無可無不可**：本謂出仕或退隱，相機而行，初無成見。後亦指人不明白表態，或沒有主見。

十九、〈子張〉

1. **文過飾非**：形容一個人明知有錯卻極力掩飾。文，音ㄨㄣˋ，掩飾。飾，遮掩。

2. **小德出入**：小節無妨礙大原則，可以略有變通。

3. **學而優則仕**：學而德業優長，則應當出來為官以行其道。後多用以表讀書深造可以作官之意。亦作「學優而仕」、「學優則仕」。

4. **哀矜勿喜**：表示對犯過錯者應抱持憐憫之心，不要得意高興。

5. **惡居下流**：厭惡居處卑下的地位。下流，即下游，引申指卑下的地位。

6. **不得其門而入**：找不到門路。今多用來形容學藝不得其法，或求職沒有門路。

7. **生榮死哀**：生時榮顯，死後使人哀悼。稱頌受人敬重的死者。

二十、〈堯曰〉

1. **興滅繼絕**：使滅亡的國家再復興，斷絕的世族再延續下去。

2. **惠而不費**：能加惠於人而於己無損。

3. **威而不猛**：有威儀而不凶猛粗暴。

4. **慢令致期**：發布政令遲緩，到期又不能給予寬貸。

《論語》中著名的珠璣佳言

1. 子曰：「吾十有五而志於學，三十而立；四十而不惑；五十而知天命；六十而耳順；七十而從心所欲；不踰矩。」〈為政〉

◎孔子說：「十五歲時開始立志向學。三十歲時，堅定志向，確認為學目標，人生大方向。四十歲時，對一切事理已能通達不惑。通悉是非事理。五十歲時，能知道宇宙萬物運行的自然法則，明曉天命的道理。六十歲時，一聽人說話，就能明白，不覺得逆耳；不管褒貶毀譽，皆能了然於胸。到了七十歲時，能夠順應自己的心意做事，卻不會逾越禮分。」

2. 子曰：「君子成人之美，不成人之惡。小人反是。」〈顏淵〉

◎孔子說：「君子成全別人的好事，不成全別人的壞事；小人卻剛好相反。」

3. **子曰：「己所不欲，勿施於人」〈顏淵〉**

◎孔子說：「自己所不喜歡的事情，不要加在別人身上。」此乃設身處地，將心比心。

4. **子曰：「非禮勿視，非禮勿聽，非禮勿言，非禮勿動。」〈顏淵〉**

◎孔子說：「不合禮的事不要看，不合禮的話不要聽，不合禮的話不要說，不合禮的事不要做。」

5. **子曰：「三人行，必有我師焉。擇其善者而從之；其不善者而改之。」〈述而〉**

◎孔子說：「三人同行，其中必有可做我老師的。選擇他們的長處而學習，他們的缺失也可以作為自我改正的榜樣。」

6. **「生死有命，富貴在天。」〈顏淵〉**

◎「死生都是命中注定的，富貴也由上天安排；人生的一切遭遇，上天已有安排。」

按：這是子夏在勸司馬牛要「四海之內皆兄弟」的一段話。

7. **子曰：「往者不可諫，來者猶可追。」〈微子〉**

◎孔子說：「過去的一切，已無法諫止挽回；未來的事情，還可以追補。」

8. **子曰：「君子不重則不威，學則不固。」〈學而〉**

◎孔子說：「君子不莊重，便不威嚴，所學的也就不會堅固。」

9. **曾子曰：「慎終追遠，民德歸厚矣。」〈學而〉**

◎曾子說：「對親長送終之禮要盡禮盡哀，對遠祖祭奠要誠敬追思，這樣才能使社會的風俗道德日趨於篤厚。」

10. **子曰：「不患人之不己知，患不知人也。」〈學而〉**

◎孔子說：「不要憂患別人不了解我，該憂慮的是我能不能了解別人。」

11. **孟武伯問孝。子曰：「父母唯其疾之憂。」〈為政〉**

◎孟武伯向孔子問孝道。孔子說：「做父母的最是為子女的疾病而擔憂。」

12. **子貢問君子。子曰：「先行其言，而後從之。」〈為政〉**

◎子貢問孔子怎樣才是君子。孔子說：「君子在沒說以前要先去做，等做到了然後才說。」

13. **子曰：「學而不思則罔，思而不學則殆。」〈為政〉**

◎孔子說：「只知一味的埋首學習，不加思索，終究會迷惘而無所得；只靠空想思索，不知真實學習，那又不切於事而危疑不安了。」

14. **子曰：「里仁為美。擇不處仁，焉得知？」〈里仁〉**

◎孔子說：「居住的鄉里中要有仁厚的風俗才好。如果選擇住處，不在風俗仁厚的地方，怎能算是明智呢？」

15.

子曰：「君子之於天下也，無適也，無莫也，義之於比。」〈里仁〉

◎孔子說：「君子對於天下一切事情，沒有一定要怎樣做，也沒有一定不要怎樣做，只要怎樣做才合理，便怎樣做。」無「適」，音ㄉㄧˊ，指專主、偏執。與「比」，音ㄅㄧˋ，指依從。

16.

子曰：「見賢思齊焉，見不賢而內自省也。」〈里仁〉

◎孔子說：「看到賢德的人，就想和他一樣，看到不賢的人，當自我反省，有沒有像他不善的行為。」

17.

子曰：「父母在，不遠遊，遊必有方。」〈里仁〉

◎孔子說：「父母在世，不出遠門；如不得已要出遠門，必須要有一定的去處（讓父母知道）。」

18.

子曰：「父母之年，不可不知也；一則以喜，一則以懼。」〈里仁〉

◎孔子說：「父母的年齡，不可以不記得。一方面欣喜父母的高壽，一方面則憂懼父母的年高體衰。」

19. 子曰：「君子欲訥於言，而敏於行。」〈里仁〉

◎孔子說：「君子說話要慎重，做事要勤快。」

20. 子曰：「質勝文則野，文勝質則史。文質彬彬，然後君子。」〈雍也〉

◎孔子說：「如果一個人內在的質樸超越外在的文采，那就像個粗鄙的野人；如果外在的文采多過了內在的本質，那又就像個衙門裡掌文書字字必較的小吏。唯有內在質樸和外在文采調和，然後才稱得上是個彬彬君子。」

21. 子曰：「君子坦蕩蕩，小人長戚戚。」〈述而〉

◎孔子說：「君子心地光明寬闊，小人內心卻常憂戚不安。」

22. 曾子曰：「士不可以不弘毅，任重而道遠。」〈泰伯〉

◎曾子說：「讀書人的志氣，不可不弘大而剛毅，因為他擔當的責任重大，而且將行走的路程很長遠。」

23.

子曰：「譬如為山，未成一簣，止，吾止也！譬如平地，雖覆一簣，進，吾往也。」〈子罕〉

◎孔子說：「譬如堆一座山，只差一筐泥土而未完成，這時停止下來，這是我自己停止下來的啊！譬如在平地上要堆一座山，雖然才倒上一筐泥土，只要繼續不斷地堆上去，這是我自己使它繼續堆上去的啊！」簣，ㄎㄨㄟˋ，竹筐，竹籠，盛土之竹器。

24.

子曰：「無欲速，無見小利；欲速則不達，見小利則大事不成。」〈子路〉

◎孔子說：「凡事不要求快速達成，不要只看到小利益；求速成就反而往往不能達成任務，只看到小利益就無法成就大事業。」

25.

子曰：「剛毅木訥，近仁。」〈子路〉

◎孔子說：「意志剛強、行為果斷、性情質樸、說話遲鈍，擁有這四種品德的人皆近於仁人。」剛，無欲。毅，果敢。木，質樸。訥，遲鈍。

26. **子曰：「以不教民戰，是謂棄之。」〈子路〉**

◎孔子說：「叫沒有經過訓練的民眾去作戰，就是等於拋棄他們的生命送死。」

27. **子曰：「可與言，而不與之言，失人；不可與言，而與之言，失言。知者不失人，亦不失言。」〈衛靈公〉**

◎孔子說：「可以和他談卻不和他談，便是錯過了值得交談的人。不可以和他談而和他談了，便是說錯了話。聰明的人既不會錯過值得交談的人，也不會說錯話。」

28. **子曰：「人無遠慮，必有近憂。」〈衛靈公〉**

◎孔子說：「一個人如果沒有長遠的謀慮，一定會遭遇眼前的憂患。」

29. **子曰：「君子貞而不諒。」〈衛靈公〉**

◎孔子說：「君子固守正道，不必拘泥於小節。」

30. **子曰：「當仁不讓於師。」〈衛靈公〉**

◎孔子說：「如遇行仁的事，縱使面對的是師長，也不必謙讓。」

按：亞里斯多德：「吾愛吾師，吾更愛真理。」

31. **子曰：「道不同，不相為謀。」〈衛靈公〉**

◎孔子說：「理想、主張如果不同，那便無法一起謀慮共事。」

32. **子曰：「有教無類。」〈衛靈公〉**

◎孔子說：「受教育不分貴賤、賢愚，人人機會均等。」

33. **子曰：「君子求諸己，小人求諸人。」〈衛靈公〉**

◎孔子說：「君子總是要求自己，小人則多在責求別人。」

34. **子曰：「君子不以言舉人，不以人廢言。」〈衛靈公〉**

◎孔子說：「君子不因為一個人的話說得好聽，便提拔舉薦他；也不因為一個人曾有不佳的行為，而輕視、屏棄他說的話。」

35. **子曰：「巧言亂德。小不忍，則亂大謀。」〈衛靈公〉**

◎孔子說：「喜歡聽他人的花言巧語，會使人失掉原來的好德性。小事不能忍耐，就會敗壞大的計畫。」

36. **子曰：「君子固窮，小人窮斯濫矣。」〈衛靈公〉**

◎孔子說：「君子遭遇窮困會依然固守志節，但小人一遭逢窮困，便往往不守本分亂來了。」

37. **子曰：「工欲善其事，必先利其器。」〈衛靈公〉**

◎孔子說：「工人要想做好他的工作，必先磨利他的工具。」孔子強調要把事情做好，基本配備很重要。

38. **孔子曰：「益者三友，損者三友：友直，友諒，友多聞，益矣；友便辟，友善柔，友便佞，損矣。」〈季氏〉**

◎孔子說：「好的朋友有三種，有害的朋友也有三種：和正直的人交友，和信實的人交友，和博學多聞的人交友，便有益了；和慣於迎逢的人交友，和工於獻媚不信實的人交友，和口辯無實的人交友，便是有害了。」諒：誠信。便辟：ㄆㄧㄢˊ　ㄆㄧˋ，謂習於外表威儀而內心不正直。便佞，音ㄆㄧㄢˊㄋㄧㄥˋ，習於表面口語說好聽話而無聞見之實。

39. **孔子曰：「君子有三戒：少之時，血氣未定，戒之在色；及其壯也，血氣方剛，戒之在鬪。及其老也，血氣既衰，戒之在得。」〈季氏〉**

◎孔子說：「君子有三件應該警惕戒備的事：少年時，血氣未固定，應該警戒，不要把精力放縱在女色上；到壯年時，血氣正旺盛，應該警戒，不要動怒鬥毆；到老年時，血氣已經衰退，應該警戒，不要貪得無厭。」

40. **子曰：「鄉原，德之賊也！」〈陽貨〉**

◎孔子說：「外表忠厚而內心巧詐的偽君子，真是戕害道德的敗類啊！」鄉「原」，通「愿」，音ㄩㄢˋ，貌似忠厚的偽君子。

41. **子夏曰：「小人之過也必文。」〈子張〉**

◎子夏說：「小人有了過失，必定加以掩飾。」文，音ㄨㄣˋ，掩飾，掩過自欺。

42. **子夏曰：「君子有三變：望之儼然，即之也溫，聽其言也厲。」〈子張〉**

◎子夏說：「君子的容貌儀態有三種不同的變化：遠遠望他，只見容貌端莊；接近他後，覺得他和藹可親；聽他說話，則言辭嚴正。」

43. **子夏曰：「大德不踰閑，小德出入可也。」〈子張〉**

◎子夏說：「人的重大節操是不能有所超越範圍，小節偶有出入是可以的。」大德、小德，猶言大節、小節。閑，音ㄒㄧㄢˊ，範圍也。

實力大考驗3

單選題

1.「繞過題著佛家『偈』語的屏風，大廳正上方是一座鑲『嵌』著寶石的宮燈，屋『椽』上另有一串串小型燈泡，華麗的燈飾將整個大廳妝點得光彩『熠』熠。」上列文句『』內的字，正確的讀音依序應是：

(A) ㄐㄧㄝˊ／ㄑㄧㄢ／ㄔㄨㄢˊ／ㄒㄧˊ　(B) ㄐㄧㄝˊ／ㄎㄢˇ／ㄩㄢˊ／ㄒㄧˊ

(C) ㄐㄧˋ／ㄑㄧㄢ／ㄔㄨㄢˊ／ㄧˋ　(D) ㄐㄧˋ／ㄎㄢˇ／ㄩㄢˊ／ㄧˋ

【90年大學指考】

2.閱讀下列文字後作答：

孔子明王道，干七十餘君，莫能用，故西觀周室，論史記舊聞，興於魯而次《春秋》。上記隱（公），下至哀（公）之獲麟。……七十子之徒，口受其傳指，為有所刺譏褒諱挹損之文辭，不可以書見也。魯君子左丘明，懼弟子人人異端，各安其意，失其真，故因孔子史記，具論其語，成《左氏春秋》。（《史記．十二諸侯年表．序》）

根據上述《史記》文字，下列敘述，正確的選項是：
(A)據上下文意，司馬遷認為《左氏春秋》無法闡釋《春秋經》的旨意。
(B)文中「論史記舊聞」的「史記」，泛指古代史書；「孔子史記」則指《春秋》。
(C)「人人異端」的「異端」，意同《論語》中孔子所說「攻乎異端，斯害也已」的「異端」。
(D)文中「為有所刺譏褒諱挹損之文辭，不可以書見也」，可用以說明孔子「述而不作」的觀念。
【94年大學指考】

3.衛靈公問於史鰌曰：「政孰為務？」對曰：「大理為務！聽獄不中，死者不可生也，斷者不可屬也，故曰：大理為務。」少焉，子路見公，公以史鰌言告之。子路曰：「司馬為務！兩國有難，兩軍相當，司馬執枹以行之，一鬥不當，死者數萬。以殺人為非也，此其為殺人亦眾矣。故曰：司馬為務。」少焉，子貢入見，公以二子言告之。子貢曰：「不識哉！昔禹與有扈氏戰，三陳而不服，禹於是修教一年，而有扈氏請服。故曰：去民之所事，奚獄之所聽？兵革之不陳，奚鼓之所鳴？故曰：教為務也。」（劉向《說苑．政理》）
依文中所示，下列文句與子貢的主張最接近的選項是：
(A)攻城為下，心戰為上。
(B)故遠人不服，則脩文德以來之。

(C)俎豆之事，則嘗聞之矣；軍旅之事，未之學也。

(D)不教而殺謂之虐，不戒視成謂之暴，慢令致期謂之賊。　【100年大學指考】

4.《論語．鄉黨》「沽酒市脯，不食」中的「市」意為「買」，《宋史．太祖本紀》「市二價者，以枉法論」中的「市」則意為「賣」，前後「市」字意義不同。下列各組語詞「　」中的字，前後意義不同的選項是：

(A)物傷其「類」／出「類」拔萃　(B)折衝「樽」俎／移「樽」就教

(C)「去」職數年／「去」國懷鄉　(D)「疾」惡如仇／大聲「疾」呼　【100年大學指考】

參考答案：

1. C　2. B　3. B　4. D

◎**詳解：**

1. 偈，音ㄐㄧˋ。嵌，音ㄑㄧㄢ。椽，音ㄔㄨㄢˊ。熠，音ㄧˋ。

2. **白話語譯**：孔子闡明王道思想，求見七十幾位國君，但是沒有任何一個國君採納，所以他往西去觀看周朝王室，論述史書與舊有的傳聞，以魯國為中心來編寫《春秋》。從魯隱公開始寫起，直到魯哀公獲麟為止。……孔子的七十幾名弟子，口頭傳授《春秋》的旨意，是因為《春秋》中有一些諷刺、譏嘲、褒揚、隱諱、貶抑的文辭，不便用文字寫出來。魯國的君子左丘明，擔心孔子的弟子人人持不同的見解，各自安於自己的意見，失去了《春秋》經文的本意，於是依循孔子所編的這部史書，詳細地論述其中的語句，寫成了《左氏春秋》。

(A)左丘明作《左氏春秋》的動機是「懼弟子人人異端，各安其意，失其真」，「弟子人人異端」正是因為無法闡釋《春秋經》，故可知司馬遷認為《左氏春秋》較能闡釋其旨意。

(C)「人人異端」的「異端」是指各有不同的見解：「攻乎異端」的「異端」是指不合正道的思想學說，即不同於孔子的思想學說。

(D)「為有所刺譏褒諱挹損之文辭，不可以書見也。」是指《春秋經》中有一些諷刺、譏笑、褒揚、隱諱、貶抑的文辭，不便用文字寫出來，並不是指「述而不作」；「述而不作」是孔子對禮樂制度的態度，只傳承而不創新。

3. 子貢反對以法令領導百姓，以武力屈服他人。

(A)**白話語譯：**戰略上的致勝之道，以武力征伐為下策，收服人心為上策。《三國志・蜀志・馬謖傳》。

(B)**白話語譯：**遠方的人還不歸服，便發揚文治教化招致他們。《論語・季氏》。

(C)**白話語譯**：祭祀禮儀方面的事情，我還聽說過；用兵打仗的事，從來沒有學過。《論語．衛靈公》。

(D)**白話語譯**：為政不先教民，人民犯罪就殺，這叫做虐。為政不在事先一再的告戒，卻要立刻看到成果，這就是暴。政令發布很遲緩，限期完成卻是緊急而刻不容緩。這就是賊害人民。《論語．堯曰》。

4.(A)同類。物傷其類，指為同類罹難而感到傷心。／同類。出類拔萃，形容才能特出，超越眾人。

(B)酒杯。折衝樽俎（ㄗㄨˇ），指在杯酒宴會間，運用外交手段取勝敵人。折衝，拒退敵人攻城的戰車。樽俎，古時盛裝酒肉的器皿。／酒杯。移樽就教，指端著酒杯移坐到他人席上共飲，以便請教，比喻親自向人求救。

(C)離開。去職數年，指辭去職務好幾年。／離開。去國懷鄉，指離開國都，懷念家鄉。

(D)痛恨。疾惡如仇，指憎恨邪惡的人或事如同仇敵一般。／急促。大聲疾呼，指大聲而急促的呼喊，以引起人們的注意。引申為大力的提倡、號召。

根據《史記．孔子世家》記載，孔子門下弟子三千餘人，身通「六藝」者七十餘人。」。《史記．仲尼弟子列傳》收錄七十七人。孔子一生從事教育四十餘年，培養出許多優秀學者和大批政治、軍事、外交人才。他曾按品行和專家，把他的學生分為四科，各科的代表人物是：德行——顏淵、閔子騫、冉伯牛、仲弓；言語——宰我、子貢；政事——冉有、季路；文學——子游、子夏。

子曰：「從我於陳蔡①者，皆不及門②也。」德行：顏淵、閔子騫、冉伯牛、仲弓。言語③：宰我、子貢。政事：冉有、季路。文學④：子游、子夏。

白話語譯：孔子說：「以前跟從我在陳蔡共同經過患難的學生，現在都不在門下了。」在德行方面，傑出的有：顏淵、閔子騫、冉伯牛、仲弓。在言語方面，傑出的有：宰我、子貢。在政事方面，傑出的有：冉有、子路。在文學方面，傑出的有：子游、子夏。

重點詳解：

①從：音ㄗㄨㄥˋ，指追隨、跟從。

②陳蔡：二國名，在今河南、安徽一帶。孔子曾被圍困於陳蔡，路阻絕糧。

③皆不及門：一般有兩種說法，而大多採朱熹的說法，也就是說有些已過世或已在外自立門戶講學授課。朱熹曰：「此時皆不在門下。」鄭玄曰：「皆不及仕進之門而失其所也

④言語：指外交辭令，使命應對而言。

⑤文學：指詩書禮樂、典章制度而言。

什麼是孔門「四科十哲」？

你不能不知道的孔門四科，十大弟子。

一、德行：

1. 顏淵——名回，字子淵，魯國人，小孔子三十歲，年四十一。他是孔門弟子中最好學的。能聞一知十，不遷怒、不貳過，又能安貧樂道，後人尊稱為「復聖」。

孔子對他讚美有加：「回也，其心三月不違仁」（〈雍也〉）、「用之則行，舍之則藏。唯

我與爾有是夫」（〈述而〉）、「語之而不惰者，其回也與」（〈子罕〉）。在其過世後，孔子曾慨嘆：「惜乎！吾見其進也，未見其止也。」（〈子罕〉）在哀公問及弟子孰為好學時，孔子回答說：「有顏回者好學，不遷怒，不貳過，不幸短命死矣！今也則亡，未聞好學者也。」（〈雍也〉）綜合上述，可見顏回他好學不倦，而且有精進不懈的學習精神外，更有安貧樂道的情操，難怪被推舉為德行科的首席弟子。子曰：「賢哉，回也。一簞食，一瓢飲，在陋巷人不堪其憂，回也不改其樂。賢哉，回也！」（〈雍也〉）

2.閔子騫——名損，魯國人，小孔子十五歲，以德性著稱。孔子稱讚他「不仕大夫，不貪汙君之祿」（《史記．仲尼弟子列傳》）。此外，閔子騫表現的孝道，尤其令人讚佩。據記載：他雖深受後母虐待，但為愛護昆弟而自甘受苦，而當父親發現後母的惡行而要把她逐出家門時，卻向父親說情：「母在一子寒，母去三子單。」也使他後母終留在家中，可謂感人至深！孔子讚之曰：「孝哉，閔子騫。人不閒於其父母昆弟之言！」〈先進〉首例為「德行」科的優秀弟子。

3.冉伯牛——名耕，魯國人，小孔子七歲，以德行著稱，雖然他的事蹟大多不詳，但孟子曾說：「子夏、子游、子張皆有聖人之一體，冉牛、閔子、顏淵則具體而微。」（《孟子．公孫丑上》）是說子夏等三人雖都各有孔子的一部分長處，然而冉伯牛等三人都已達到夫子的境地，只是程度上差了一些，由此可想見其德行之高。據說，不幸卻因痲瘋病而死，孔子因而有「命矣夫！斯人也而有斯疾也」（唉，天命呀，這樣的好人，竟也會得到這種惡疾。）」之嘆。

4. 仲弓——姓冉，名雍，魯國人，小孔子二十九歲。曾為季孫氏家臣。為人寬宏，德行超群，孔子稱讚他有人君的風度，說他「可使南面」。

子謂仲弓，曰：「犁牛之子，騂且角；雖欲勿用，山川其舍諸令？」（〈雍也〉）

按：冉雍為人厚重素直，在孔門弟子中，與顏淵、閔子騫、冉伯牛同是以德行著稱。他雖深具仁德，但口才並不便給，在〈公冶長篇〉，孔子曾為他兩度以「焉用佞」來駁斥口才巧辯之不足為貴。冉雍出身微賤，孔門弟子有人為此而看不起他，孔子卻以「犁牛之子」為喻，說明他的賢才是不會被埋沒的。仲弓可謂是台語俚語的「歹竹出好筍」呀。

二、言語：

1. 宰我——名予，字子我，魯國人，小孔子二十九歲。宰予能言善辯，長於說辭，有獨立思考的能力，更有自己獨到的見解。雖然曾受到孔子嚴厲的批評，但他並沒有因此而洩氣、消沉，始終對孔子保持恭敬、稱頌的態度；而孔子也沒有因此就貶低他，仍然充分肯定其才能，並列為「言語」科的優秀弟子。這說明孔子與弟子間的關係融洽無間，相知相諒之深，十分可貴。

一般人對宰我印象最深的大概就是《論語．公冶長》中的那段話：「宰予晝寢。子曰：『朽木不可雕也，糞土之牆不可杇也。』」案：杇，音ㄨ，泥工抹牆的工具，此指塗抹粉飾。

2.子貢——姓端木，名賜，衛國人，小孔子三十一歲。天資敏達，極有才幹，善於外交辭令。子貢還善於經商，也是春秋時代著名的巨賈富商。有一次季康子問於孔子：「賜也，可使從政乎也與？」子曰：「賜也達，於從政乎何有？」可知孔子認定子貢是有從政的條件。子貢胸襟博大，志向高遠，思維敏捷，善於應對，也是個不可多得的外交人才。孔子生前身後，對其形象聲譽捍衛最有力的就是子貢。在〈子張〉篇中記載：叔孫武叔詆毀仲尼時，子貢立即為老師辯護：「仲尼，日月也，無得而踰焉」，同時批評叔孫武叔「多見其不知量也」。此外，孔子身後，一般弟子守墳三年，子貢卻為孔子守墓長達六年，以盡孺慕之思，令人感佩。

三、政事：

1.冉有——名求，字子有，魯國人，小孔子二十九歲。好學博藝，長於政事，善理財，且又勇武善戰，是孔門弟子中一個很有才幹的人。雖說在任季孫氏宰時，因幫助季孫氏聚斂民財，孔子曾嚴厲批評，但孔子仍然充分肯定他的才能，列為「政事」科的優秀弟子。

季氏富於周公，而求也為之聚斂而附益之。子曰：「非吾徒也，小子鳴鼓而攻之可也。」（〈先進〉）

季氏比周天子王朝的周公還要富有，而冉求擔任季氏的家臣，還替他搜括而使他更富有。孔子說：「他不是我的門徒，弟子們，可以揭發他的罪行而聲討他！」

2. 子路——姓仲，名田，一稱季路，魯國人，小孔子九歲。他與孔子相處四十年，甘苦與共，情義甚深，好勇力，性亢直，不慕榮利；心直口快，因為經常出言輕率，常為孔子所貶責，但也得到孔子許多讚美。最後死於衛君之難，享壽六十三歲。

子路不但善於治軍治民，也善於治獄。孔子在〈顏淵篇〉裡就曾讚美他：「片言可以折獄者，其由也與。」史書記載子路為了使父母二老能嚐米飯的芳香，而「為親負米於百里之外」，自己只吃藜藿粗食。

孔子曾罵子路「暴虎馮河」，在〈公治長篇〉裡孔子又說：「由也，好勇過我，無所取材。」

但是孔子也讚美他：「衣敝縕袍，與衣狐貉者立，而不恥者，其由也與！不忮不求，何用不臧。」（〈子罕〉）貧富相形見絀，是人情所難堪。而子路穿一襲破棉絮袍，和穿狐皮裘衣的人站在一起，一點都不感到自己寒傖羞澀，那是他真心不為外物所累，不為富貴所動。

〈公冶長〉記載：

「子路有聞，未之能行，唯恐又聞。」這寥寥數字的稱述，使子路勇於行善之心，躍然紙上。因為他勇於行善，所以也就勇於改過。

〈公孫丑上〉記載：

孟子說：「子路，人告之以有過則喜。」一般人都覺得自己的過失，被人指了出來，是一件很難堪的事。然而有幾個人能像子路那樣聞過則喜呢？這樣的胸襟氣度多難得呀。

《公羊傳》記載：

顏回死，子曰：「噫！天喪予！」子路死，子曰：「噫！天祝予！」（〈哀公十四年〉）祝者，斷也。孔子的意思，是說子路死了，乃天要斷絕我，使我不能行道於世啊！

閔子侍側，誾誾如也；子路，行行如也；冉有、子貢，侃侃如也。子樂。「若由也，不得其死然。」（〈先進〉）

按：誾誾如：誾，音一ㄣˊ，和順貌。行行如，剛強貌。不得其死然，然，未定之辭。子路剛強，恐不得以壽終。其後子路果然死於衛國孔悝之難。

我們可以想像這樣的場景：有一天，學堂裡閔子騫侍奉在孔子身旁，看來有中正適度的氣象；子路，則是一片武勇剛強的氣象；冉有、子貢，則充滿溫和快樂的模樣。孔子感到高興。他說：「像仲由這樣，我怕他不得善終啊。」

孔子並不是會算命預測各弟子的生命年限，而是從子路由內而外表現的直猛，總為這個學生的衝動個性，而擔心他早晚不免會有飛來橫禍之難。

四、文學：

在孔門十哲中，子游與子夏同列「文學」之科。文學，指詩書禮樂文章而言，兩人都是孔子少晚年才收的學生，兩人年齡亦相若。

1. 子游——姓言，名偃，吳國人，一說魯國人，小孔子四十五歲。子游勤奮好學，熟識古代文獻，深通古禮，而被列為「文學」科的優秀弟子。二十多歲就當了武城宰，實踐了孔子以禮樂教化施政的教誨，深得孔子的讚揚。其後學在戰國時期曾形成「子游氏之儒」的學派，可見影響之大。

子游不只是習熟禮儀，明達禮意，而且能行禮樂之教。《論語》載：

子之武城，聞弦歌聲。夫子莞爾而笑曰：「割雞焉用牛刀？」子游對曰：「昔者偃也聞諸夫

子曰：君子學道則愛人，小人學道則易使也。」子曰：「二三子，偃之言是也。前言戲之耳。」（〈陽貨〉）

按：之，往也。武城，魯邑名。子游為武城宰，以禮樂為教，所以孔子一到武城，便聽到一片弦歌聲。割雞焉用牛刀，是一句譬喻之言。孔子的意思，是說禮樂大道乃用來治國平天下的，今子游以禮樂治此小邑，正像用牛刀來殺雞。他一方面惋惜子游大才小用，一方面亦是對子游能行禮樂表示欣慰。

子游以禮樂治武城，使孔子之道得到一個具體而真實的證驗。相傳《小戴禮記．禮運大同》之篇，便是原於子游的緒言。

2.子夏——姓卜，名商，衛國人，小孔子四十四歲。擅長文學，晚年曾於魏國西河地方自立門戶，收徒講學，成績卓著。子夏曾為魏文侯師，軍事家吳起、李克皆出自其門下。

子夏曰：「賢賢易色，事父母能竭其力，事君能致其身，與朋友交、言而有信。雖曰未學，吾必謂之學矣！」（〈學而〉）

按：賢賢，上賢字作動詞用，乃敬重之意。易，替易、換易也。賢賢易色，即所謂「拿好色之心來好賢」是也。孔子曾嘆「未見好德如好色者」，一個人如果真能「賢人之賢而易其好色之心」，亦就可說是「好德如好色」了。

子夏曰：「博學而篤志，切問而近思，仁在其中矣！」（〈子張〉）

◎子夏說：「廣博地學習，堅守自己的志向，有疑問要切實的問清楚，從淺近的地方去思索推究，仁德便在這裡面了。」

子夏曰：「日知其所亡，月無忘其所能，可謂好學已矣。」（〈子張〉）

◎子夏說：「每天求取一些自己所不知道的知識，每月溫習一下我所學會的，不把它忘掉，能這樣就可稱得上是好學了！」

《史記》云：「孔子即沒，子夏居西河教授，為魏文侯師。」（〈仲尼弟子列傳〉）

子夏曾為喪子而哭瞎了眼睛，「西河之泣」指的也就是子夏哭瞎雙眼這件事，後以此成語譬喻為父母痛失孩子。

子夏曰：「雖小道，必有可觀者焉，致遠恐泥，是以君子不為也。」

◎子夏說：「縱使是一些小技藝，也必定有值得觀賞學習的地方，如想據以推求高遠的道理，恐怕就行不通了，所以君子不願去學這些。」

子夏曰：「百工居肆以成其事，君子學以致其道。」

◎子夏說：「各種行業的人在各種製作的場所，完成他們的工作，君子從事學習，以求得一切的道理。」

「孔門四科十哲」經典精解：

姓名	字	科目	事蹟
顏回	子淵	德行	年二十九，髮盡白，早死（四十一歲卒）。簞瓢屢空，不改其樂。不違如愚！退而省其私，亦足以發；用之則行，舍之則藏；使門人益親；好學而不遷怒、不貳過；其心三月不違仁，犯（冒犯他）而不校（計較），聞一知十，願無伐善（自我標榜），無施勞（誇耀功勞）；稱「復聖」。
閔損	子騫	德行	至孝，不仕大夫，不食汙君之祿。（譯：不做大夫的家臣，不要昏君的俸祿。）

冉耕	伯牛	德行	少孔子七歲。孟子稱他與閔子騫、顏淵略具聖人之規模。不幸因惡疾而死，孔子非常痛惜。
冉雍	仲弓	德行	仁而不佞（口才），可使南面（有人君的風度），犁牛之子騂且角（出身不好卻兩角純正）。
冉求	子有	政事	千室之邑，百乘之家，可使為之宰，曾為季氏聚斂，孔子召弟子，鳴鼓攻之；謂其個性退怯，鼓勵聞斯行之。
仲由	子路	政事	①《史記》：性鄙，好勇力，志伉直（剛強直爽），冠雄雞（頭戴雞冠帽），佩豭豚（佩用公豬皮修飾的寶劍），陵暴（欺凌）孔子。孔子設禮稍誘（慢慢誘導）之，後儒服委質（帶著禮物），因門人請為弟子（透過門人引荐）。②片言可以折獄（斷案）；③衣敝縕袍與衣狐貉者立而不恥；④升堂而未入於室；⑤千乘之國可使治（治理）其賦（軍事）；⑥為季氏之具臣（備位充數的大臣），未之能行，唯恐有聞（又聞新知）；⑦性兼人而不可聞斯行之，願車馬衣裘與朋友共，敝之而無憾；⑧不宿諾；因衛亂不避其難，結纓（繫好帽帶）而死。 子曰：「若由也（如子路之性情），不得其死然（不得善終）。」 又曰：「自吾得由，惡言不聞於耳（惡言惡語再也聽不到）。」

宰予	子我	言語	利口辯辭。晝寢而遭孔子斥為「朽木不可雕，糞土之牆不可圬（粉刷）。」，須聽其言而觀其行。
端木賜	子貢	言語	利口巧辭，孔子常黜其辯（駁斥他的言辭）；卻也將其喻為瑚璉（宗廟的祭器（可當大任））；聞一知二；子貢一出（出仕，任官），存（保全）魯，亂（擾亂）齊，破（滅掉）吳，強（壯大）晉而霸（稱霸）越。子貢一使（出使），使勢相破（各國情勢發生變化），十年之中，五國各有變。好廢舉（貴賣賤買），與時轉貨貲（隨時勢轉手謀取利潤）。喜揚人之美，不能匿（隱藏）人之過。常相魯、衛，家累（家產積累）千金，卒終於齊。
言偃	子游	文學	為武城宰，弦歌不輟，習於文學。
卜商	子夏	文學	孔子戒為君子儒，無為小人儒（淺薄不正派的讀書人）。孔子既歿，居西河教授，為魏文侯師。李克、吳起皆其徒。其子死，哭之失明。

其他重要門人弟子：

姓名	字	事蹟
曾點	皙	侍孔子，孔子曰：「言爾志。」點曰：「春服既成，冠者五六人，童子六七人，浴乎沂，風乎舞雩，詠而歸。」孔子喟爾嘆曰：「吾與點也。」
曾參	子輿	曾點之子，父子皆孔門弟子。孔子以為能通孝道，故授之業。作《孝經》，死於魯。
有若	子有	有若狀似孔子，孔子既歿，弟子思慕，相與共立為師，師之如夫子時也。
公西赤	子華	束帶立於朝，可使與賓客言。宗廟（祭祀）會同之事（諸侯相會見）可為相（贊禮之人）。
澹臺滅明	子羽	狀貌甚惡。欲事孔子，孔子以為材薄。為人行不由徑，非公事不見卿大夫。南游至江，從弟子三百人，名施乎諸侯。孔子聞之，曰：「吾以言取人，失之宰予；以貌取人，失之子羽。」

實力大考驗6

出自《孟子》的成語典故．俚俗諺語

《孟子》中著名的珠璣佳言

《孟子》概述

無法否認的，孔、孟學說是全球華人學術思想中最重要的源流與文化資產。孔子是古代的偉大教育家，曾經做過魯國的司空和大司寇，後來因為在政治上無法施展抱負，而率領弟子周遊列國，歷經十四年，於六十八歲時歸返魯國，專心致力於著述、講學，奠定了永世不朽的儒家學說。

儒家學說到了紛亂的戰國時代，事實上已逐漸式微，「諸侯放恣，處士橫議，楊朱、墨翟之言盈天下」（〈滕文公下〉）。此時孟子挺身而出，撥亂反正，慨然以「正人心，距詖行，放淫辭，以承三聖者」（〈滕文公下〉）自任，以端正天下的人心，滅絕謬誤乖違的學說，抵制偏頗的行為，去除放蕩無禮的言論，來繼承文武周公三位聖人的遺志。儒家學說於是才得以獲得闡揚與發展。

所以後人尊稱孟子為「亞聖」。

內容	1.凡七篇，皆分上下，二百六十一章，起於梁惠王，終於盡心。 2.全書強調「義」字，與論語強調「仁」字，互相表裡。 3.學說要旨：①主性善②尊王賤霸③貴民輕君④先富後教⑤重仁義，輕功利⑥距楊墨，放淫辭。 4.隋唐以前原屬子書。南宋光宗紹熙年間，收入經部。 5.南宋朱熹出，始與《論語》、《大學》、《中庸》並列為四書。
作者與年代	非出於一人一時之作，或由弟子公孫丑、萬章等人筆記，孟子潤飾而成。
注釋	1.漢趙岐注、南宋朱熹集注、清焦循正義影響最大。 2.《十三經注疏本》採漢趙岐注，宋孫奭疏。

《孟子》凡七篇，皆分上下：

梁惠王上　梁惠王下　公孫丑上

公孫丑下　滕文公上　滕文公下
離婁上　離婁下　萬章上
萬章下　告子上　告子下
盡心上　盡心下

文化與國學

雄辯滔滔，力主性善的亞聖——孟子生平概說

「予豈好辯哉？予不得已也！」孟子理直氣壯的表示，怎麼說我愛辯呢？我實在不得已呀！我們相信如果沒有這位行仁取義，氣勢恢宏的孟老夫子，孔子的儒家思想肯定是在戰國時代就無疾而終了。

一、孟子出生地傳說

孟子的故里相傳在今山東省鄒城市東北三十里的傅村。如今，宅前有孟母池，城南有孟子廟，建於北宋徽宗宣和三年（西元一一二一年），四周青磚紅牆，正殿簷下有清乾隆御書「亞聖殿」三大金字，橫匾「道闡尼山」四字。殿內支柱有一對聯：「尊王言必稱堯舜，憂世心同切孔顏」，殿內正中供亞聖坐像，冠服九旒（音ㄌㄧㄡˊ），雙手執圭，上懸橫匾「守先待後」四字。

按：鄒與孔子的故里曲阜（今山東省濟寧市曲阜市）相距不遠，所以孟子曾說：「近聖人之居，若此其甚也。」

二、家世背景、出生年代考

孟子的生卒年，《史記》未有記載，根據元程復心《孟子年譜》，謂孟子生於周烈王四年（西元前三七二年），卒於周赧王二十六年（西元前二八九年），年八十四。而依當代儒學大師錢穆推定：孟子大約生於孔子卒後百年。

孟子名軻。他的字，漢朝以前的古書沒有記載，可是魏、晉以後，卻突然傳出子車、子居、子輿等三個不同的字號，可能為後人所附會，未必可信。

孟子是魯國貴族孟孫氏的後代。孟孫、叔孫、季孫三氏同是魯桓公的庶子，所以稱為「三桓」。孟孫的嫡系稱為孟孫氏，其餘諸支子就改姓孟氏。春秋以後，三桓的子孫式微，孟子的祖先就從魯國遷到鄒國（今山東省鄒縣），於是孟子便成了鄒國人。

相傳孟子的父親名激，字公宜；孟子的母親，有人說是仉（ㄓㄤˇ）氏，又有人說是李氏，年代久遠，如今都難以考信了。

三、孟母三遷：斷杼教子流芳千古

孟子幼年喪父之後，母親就成了他第一位啟蒙教師。在《列女傳》、《韓詩外傳》等古籍中，記載了不少有關孟母教子的傳說。其中「孟母三遷」、「斷杼教子」等膾炙人口的故事。兩千多年來，一直為人們所傳頌，成為後世親子教育的典範。

孟子經由母親的啟蒙和教誨，同時在家鄉學宮中不斷的學習，學識愈加豐富。在求學歷程中，孟子對於儒家學說產生極大的興趣，並且十分崇拜孔子。所以當他十五、六歲時，便決定到外地遊學、求訪名師，理所當然地選擇了儒家的發源地，同時也是孔子後學聚集的地方——魯國國都。

四、前往魯國拜師求學

關於孟子到達魯國後，究竟是求教於孔門的哪位學者，後世學者也各有不同的說法：有人說孟子是拜在孔子的孫子孔伋（字子思）的門下。但是如果根據史書作仔細的考察，子思死的時候，離孟子出生還差了好幾十年；當然不可能成為孟子直接的老師。所以還是司馬遷《史記》中，說孟子「受業於子思之門人」的說法比較可信。

在魯國的求學過程中，原就十分崇拜孔子的孟子，在對儒家學說有了更深層的了解後，於是把繼承孔子尊崇道統的心志，當作自己最大的理想，並且立志要終身以弘揚儒家學說為職志。甚至到了數十年之後，孟子仍然不曾改變他的心志，當學生問起他的願望時，他依然堅持：「我的願望就是學習孔子並繼承他呀！」

孟子一生崇拜孔子，如果以現代用語來形容，他可以說是孔子的頭號「大粉絲」，甚至其終身進退也和孔子頗相似。除中年後有二十多年時間周遊各國尋求出仕的機會外，終其一生主要還是從事教育和著述等工作。他曾經說「得天下英才而教育之」是君子三件最快樂的事之一。他的弟子也許沒有孔子那麼多，但僅就《孟子》書中記載，確切可考具名聲的也有十幾二十人，他也堪稱是戰國時代的偉大教育家。

一、主性善、黜楊墨、仁者無敵

孟子曰：「天下之言，不歸楊則歸墨。楊氏為我，是無君也；墨氏兼愛，是無父也。無父無君，是禽獸也。」

事實上，孟子不但繼承了孔子的思想和學說，他以「仁」、「義」、「禮」、「智」為主軸，更以他的睿智和雄辯的功力，對於孔子所說的「仁」加以闡發、弘揚。他認為凡是人都有一顆「不忍人之心」，也就是我們常說的「惻隱之心」；當別人有危難的時候，我們會產生不忍的同情心而伸出援手，他說這就是人性本善的有力證明，也就是所謂的「性善論」。

孟子認為人性本善、向善，而人長大後有好壞之別，是因為後天環境和人為因素所造成的，所以教育是十分重要的事。孟子在三十歲左右，學識和涵養都有了相當的造詣，名氣也逐漸傳揚出去。於是開始從事收徒講學、傳授儒家學說的教育事業了。

孟子所處的戰國時期，是一個政治、局勢十分紛亂的時代，周天子的地位早已名存實亡，各諸侯國一心只想稱霸，彼此征戰不已。孟子對各國國君崇尚「霸道」的主張深感不滿，他認為要使天下歸於太平，根本的途徑更是實行「王道」，而「王道」則是具體體現於仁政。孟子主張「仁者無敵」，在中年以後，開始遊歷各國，往返於諸侯國之間，希望說服各諸侯王施行王道、捨棄霸行以求實現其理想。

二、中心思想與抱負

1.〈公孫丑上〉：「人皆有不忍人之心，……今人乍見孺子將入於井，皆有怵惕惻隱之心；……人之有是四端也，猶其有四體也。」這「性善說」是孟子思想的根本，亦是孟子哲學的大前提。

2.孟子的政治思想最主要的便是以民為本。〈盡心下〉：「民為貴，社稷次之，君為輕。」孟子以為社稷、君主都是為民而立；倘無人民，哪裡還會有君主、社稷？所以人民是最寶貴的。〈離婁上〉：「桀、紂之失天下也，失其民也。失其民者，失其心也。」孟子認為得民心方可以得天下，失去民心就會喪失天下。

3.推行仁政，主張以「不忍人之心」行「不忍人之政」。孟子曰：「人皆有不忍人之心。先王有不忍人之心，斯有不忍人之政矣。以不忍人之心，行不忍人之政，治天下可運之掌上。」「不忍人之心」即是仁心，「不忍人之政」即是仁政。

4.孟子嚴辨義利，提倡「仁義」反對「功利」，如〈梁惠王上〉，孟子對梁惠王說：「王何必曰利？亦有仁義而已。」又曰：「上下交征利，而國危矣。」而孟子視「利」為「善」的負面。

5.尊王賤霸，孟子倡王道，反霸道，尊王賤霸可以說是孟子畢生的抱負。孟子主張以德服人、以愛心關懷百姓，反對以力服人、以威勢恐嚇百姓。

三、民生方面的主張

1.使民養生喪死無憾：孟子認為國君若要推行仁政，就要制定政策、改善民生，使人民生活富裕，食用充足；如果不重視人民的生活，人民必定四處離散。

2.避免窮兵黷武：孟子深惡當時一般國君皆講求富國強兵，以致軍費浩繁，使人民生活陷於困苦。

3.實施井田制度：孟子以為國君要施行仁政，就要妥善規畫土地政策，使人民有田畝可以耕種，可以種植桑麻，飼養家畜，而能過安定無虞的生活。孟子建議滕文公實施井田制度，使人民衣食無缺，生活安定。

四、也是周遊列國，也是黯然歸故里

周遊列國期間，各國諸侯因為孟子在學術上的名氣，表面上對孟子大多十分的禮遇，骨子裡卻沒有真心接受孟子的仁政思想。孟子周遊列國的行程，歷經了齊、宋、鄒、魯、滕、魏等國，雖然其中也有像齊威王、粱惠王（即魏惠王，因他遷都至大粱，所以又稱為粱惠王）等諸侯，曾經以上賓之禮來招待孟子，但最終都因為他們不願放棄稱霸的主張，而使得孟子只能一再黯然離去。後來，孟子再度來到齊國，這時在位的君王是齊宣王，表現出對孟子極大的尊重態度，不但以孟子為「卿」，更在都城為他安置了大房子，打算要送給孟子，還願意提供糧食給孟子的隨行人員。孟子在這種情形下，對於在齊國推行仁政再度燃起了信心，並且在齊國一待就是五、六年。

可惜，齊宣王對孟子表現的禮遇，並不是真的信服他的主張，而是為了博取各國對他尊賢重士的美名而已。漸漸地，孟子也發現了這一點，和齊宣王的關係也就越來越疏遠了。後來，齊宣王趁燕國發生內亂時，出兵攻打燕國，進而吞併了燕國。孟子勸告齊宣王趕快把俘虜、寶器歸還燕國，並與燕國臣民商議另立新君。但齊宣王根本不採納孟子的建義。結果，在燕國臣民和諸侯軍隊的圍攻下，齊兵大敗，最後被迫撤兵。至此，齊宣王才不得不承認自己做得太過分了，所以對他的臣下說：「君甚慚於孟子。」（〈公孫丑下〉）宣王要召見孟子，但孟子已徹底對他失去信十心，於是辭退卿位，告老還鄉。

孟子離開齊國都城，弟子充虞見孟子的臉色不好看，問他為什麼。這時已垂垂老矣的孟子卻依然理直氣壯的說：「夫天未欲平治天下也；如欲平治天下，當今之世，舍我其誰也？」

孟子周遊列國二十餘年，不為各國所用，甚至被認為「迂遠而闊於事情」。他力主仁政王道，但是當時「天下方務於合從連橫，以攻伐為賢，而孟軻乃述唐、虞、三代之德，是以所如者不合」（見《史記．孟子．荀卿列傳》）。最後他只好退歸故鄉鄒國，與弟子萬章等，一起「序詩、書，述仲尼之意」，授徒、著書，度過他的晚年。

一、探看孟子的抱負

公都子①曰：「外人皆稱夫子好辯，敢問何也？」孟子曰：「予豈好辯哉？予不得已也！天下之生②久矣，一治一亂③：當堯之時，水逆行④，氾濫於中國。蛇龍居之，民無所定⑤。下者為巢⑥，上者為營窟⑦。書曰：『洚水警余⑧。』洚水者，洪水也。使禹治之。禹掘地⑨而注之海，驅蛇龍而放之菹⑩，水由地中行⑪，江、淮、河、漢是也。險阻既遠，鳥獸之害人者消，然後人得平土而居之⑫。

公都子問孟子說：「外面的人都說夫子喜歡與人爭辯，請問是什麼緣故呢？」孟子道：「我何嘗喜好和人爭辯呢？我實在是不得已的啊！天下自有人類以來，已經很久了，皆一代治平，一代混亂，交替循環。在唐堯的時代，洪水倒流，氾濫成災在各地，水裡的龍蛇因此佔居大地，人民無處安身。居住在低窪地區的人，就在樹上架木為巢；住在高地的人，就在山崖鑿成洞穴居住。《尚書》上記載舜的話說：『上天用「洚水」來警告我。』所謂洚水，就是洪水。於是舜派禹去治水。禹就挖通壅塞的河道，使洪水灌注到海裡去，把蛇龍都驅逐到草澤，這樣水才能在低於平地的河道中暢流，就是現在的長江、淮河、黃河、漢水四大川了。洪水形成的險阻遠去

堯、舜既沒，聖人之道衰。暴君代作⑬，壞宮室以為汙池⑭，民無所安息；棄田以為園囿，使民不得衣食。邪說暴行又作。園囿、汙池、沛澤⑮多，而禽獸至。及紂之身，天下又大亂。周公相武王，誅紂，伐奄⑯，三年討其君；驅飛廉⑰於海隅而戮之；滅國者五十⑱。驅虎豹犀象而遠之。天下大悅。書曰：『丕顯哉，文王謨！丕承哉，武王烈！佑啟我後人，咸以正無缺。⑲』

世衰道微，邪說暴行有作⑳。臣弒其君者有之，子弒其父者有之。孔子懼，作春秋。春秋，天子之事㉑也。是故孔子曰：『知我者，其

之以後，為害人類的鳥獸也從此消滅，百姓才能在平地上安居。

等到堯舜死後，聖人的大道逐漸衰微，而暴虐的國君代代相繼而出，毀壞民宅，改掘成大池塘，使人民沒有安居的地方；廢棄農田，改建成種花草養鳥獸的園林，使人民得不到衣食。邪僻的學說，暴虐的行為也都產生了。園囿、深池和水草叢生的沼澤多了，禽獸又出來傷害人。到了商紂的時候，天下又大亂了。後來周公輔佐武王，聲討紂王，討伐那在東方助紂為虐的奄國，前後三年，才消滅了奄君；把紂王的寵臣飛廉驅逐到海邊殺死，滅掉五十個與紂同黨虐民的諸侯，把虎、豹、犀、象等猛獸驅逐到遠方。於是天下人民大為歡悅。《書經》上說：「文王的謀略，多麼偉大光明啊！武王的功業，大大地繼承了先人之志啊！由於他們的扶助開導，使得我們後來的成王、康王都能依正道行事，而無缺失。」

周室東遷以後，世運衰頹，正道敗壞，邪僻

惟《春秋》乎！罪我者，其惟《春秋》乎㉒！』

聖王不作，諸侯放恣㉓，處士橫議㉔，楊朱㉕、墨翟㉖之言盈天下。天下之言，不歸楊則歸墨。楊氏為我，是無君㉗也；墨氏兼愛，是無父㉘也。無父無君，是禽獸㉙也。公明儀㉚曰：『庖㉛有肥肉，廄㉜有肥馬，民有飢色，野有餓莩㉝，此率獸而食人㉞也。』楊、墨之道不息，孔子之道不著，是邪說誣民，充塞仁義㉟也。仁義充塞，則率獸食人，人將相食㊱。吾為此懼，閑㊲先聖之道，距㊳楊、墨，放淫辭㊴，邪說者不得作㊵。作於其心，害於其事；作於其事，害於其政。聖人復起，不易

的學說和暴虐的行為又再興起。有臣子弒殺國君的，也有兒子弒殺父親的。孔子深恐正道從此滅絕，於是寫成了《春秋》這部書。《春秋》一書昌明仁義，討伐亂賊，這都是天子的事啊！所以孔子說：『後世要了解我維護的用心，只有這部《春秋》吧！要怪罪我的話，也在這部《春秋》啊！』

（自從孔子過世）聖王不再出現，不但列國諸侯放肆恣縱，就連布衣之士，也大發違背常理的議論，楊朱、墨翟等的言論，遍布天下。天下的言論，不是歸附楊朱這一派，就是歸附墨翟這一派。楊氏主張一切『為我』，只知愛自己這便是心中沒有『國君』的存在。墨氏主張『兼愛』，不分親疏遠近，這便是心中沒有『父母』的存在。心中沒有父母及君長，簡直就是禽獸。公明儀說：『廚房中有肥肉，馬棚中有肥馬，而人民有飢餓的臉色，野外有餓死的屍體，這等於是率領野獸去吃人。』楊墨的邪說一天不滅絕，孔子的正道就無法顯揚，這些邪說欺惑人民，阻塞了仁義。仁義被邪說所阻塞，那不只是率領野

吾言矣。

昔者禹抑㊵洪水，而天下平；周公兼夷狄，驅猛獸，而百姓寧；孔子成《春秋》，而亂臣賊子懼。詩云：『戎狄是膺，荊舒是懲；則莫我敢承㊶。』無父無君，是周公所膺也。我亦欲正人心，息邪說，距詖行㊷，放淫辭，以承三聖㊸者；豈好辯哉？予不得已也。能言距楊、墨者，聖人之徒㊹也。」

——〈滕文公下・九〉

獸來吃人，人與人之間更將交相侵害。我因此感到很恐懼，決心要捍衛先聖的大道，來抗拒楊朱、墨翟的異端，駁斥那放蕩無禮的言論。使得安立邪說的人，無法興起。大凡歪論邪說在內心產生後，就會危害他的行事；在行事上表現出來後，就會危害他的施政。就是聖人再生，也無法改變我的說法。

從前夏禹治理洪水，天下才得太平；周公兼併了夷狄，驅除了猛獸，百姓才得安寧；孔子寫成了《春秋》，亂臣賊子才知道戒懼。《詩經》上說：『擊敗了凶暴的戎狄，懲治了野蠻的荊國和舒國，再也沒有人敢抵擋我了。』像這種沒有父母，沒有君上的邪說，正是周公所要打擊懲戒的。我也要匡正人心，息止邪說，抗拒偏邪不正的行為，摒棄放蕩無禮的言論，以繼承禹、周公、孔子三位聖人的大道功業，我難道真的喜好爭辯嗎？我實在是不得已的啊！總之，凡是能夠立言抗拒楊朱、墨翟等邪說的，都是聖人的信徒！」

注釋

①【公都子】：孟子弟子。公都，複姓，名不詳。

②【天下之生】：生，生民。天下之生，指天下自有人類以來。

③【一治一亂】：治世、亂世，交替循環。

④【水逆行】：水性就下，但因河道壅塞，以致河水倒流旁溢。

⑤【蛇龍居之民無所定】：因大水氾濫，水中生物蛇龍等佔居人所居之地；而人為逃避水患，居無定所。

⑥【下者為巢】：居處於地勢低下的人，在樹上架起巢來。

⑦【上者為營窟】：營，環繞相連的住所。窟，洞穴。言居處於高地的人，於山崖鑿成毗連的洞穴。

⑧【書曰洚水警余】：偽古文《尚書．大禹》謨文。洚，音ㄐㄧㄤˋ，水不遵行河道。洚水，洪水，不遵行河道而亂流的水。警余，舜自言上天以洪水來警戒我。

⑨【掘地】：指掘去壅塞。

⑩【菹】：音ㄐㄩ，多草的水澤。

⑪【水由地中行】：地中，指兩涯之間。言水從低於平地的河道中流。

⑫【**人得平土而居之**】：平土，平地。言人民因此而能在平地上居住。又此句以上所述為一治。

⑬【**代作**】：更代而出。

⑭【**壞宮室以為汙池**】：宮室，人民的居室。汙池，蓄水的大池。言毀壞民宅，改作成園囿中的大水池。

⑮【**沛澤**】：沛，草木叢生之處。澤，水所聚集之處。沛澤，指水草盛多的沼澤地。此句上下所述又一亂。

⑯【**奄**】：東方無道之國，助紂為虐者，故址在今山東省曲阜縣東。

⑰【**飛廉**】：紂的諛臣，善走；其子惡來有大力，據說能手格猛虎；父子均以材力事紂。武王克商，殺惡來，追捕飛廉於海隅而戮之。

⑱【**滅國者五十**】：滅掉五十個與紂同黨虐民的諸侯。

⑲【**書曰……咸以正無缺**】：偽古文尚書君牙文。丕，大也。顯，明也。謨，謀也。承，繼也。烈，功業。佑啟，扶助開導。後人，指成王、康王。咸，皆也。正無缺，行正道無虧缺。此句言文王的謀略，非常偉大光明；武王的功業，也能大大地繼承先人之志；由於他們的扶助開導，使得其後人成王、康王，都能依正道而行，無所虧缺。此句描述周公輔政的功勞。

⑳【**世衰道微，邪說暴行有作**】：有，通「又」。有作，又興起。此句言周室東遷以後，世運衰

頽，正道不明，邪偽的學說，暴虐的行為，又再興起。

㉑**【春秋天子之事】**：天子職司政教，有昌明仁義、討伐亂臣賊子之責。孔子作《春秋》，借魯史以寄託王法，撥亂世，反之正，其大要皆天子之事。

㉒**【知我者……其惟春秋乎】**：知孔子者，謂此書之作，遏人欲於橫流，存天理於既滅，為後世慮，至為深遠。罪孔子者，謂孔子無其位，託《春秋》行天子褒善貶惡、賞功罰罪之權。孔子作《春秋》，口誅筆伐，使亂臣賊子懼其貶責，而不敢肆行無忌。

㉓**【放恣】**：放肆恣縱。

㉔**【處士橫議】**：處士，布衣之士。橫，ㄏㄥˋ。橫議，作違理的議論。

㉕**【楊朱】**：春秋戰國時人，時代在孔子以後，孟子之前。其書不傳，今傳《列子》有〈楊朱篇〉，但《列子》為後人所偽託，故〈楊朱篇〉所述不可盡信。其人思想，據《孟子．盡心》云：「楊子取為我，拔一毛而利天下，不為也。」又《呂氏春秋．不二篇》云：「楊生貴己。」是個主張極端利己為我的人。

㉖**【墨翟】**：戰國時魯人，嘗仕宋為大夫。倡兼愛，尚節用，其學說盛行當世，與儒家並稱為顯學。門人記其所述，有《墨子》十五卷傳世。

㉗**【無君】**：楊朱主張利己為我，知有人群團體之義，君代表國家，故稱其為無君。

㉘【無父】：墨子主張愛無差等，視自己的父母如同他人的父母，故稱其為無父。
㉙【是禽獸】：謂無父無君，則人道滅絕，此與禽獸無異。
㉚【公明儀】：姓公明，名儀。魯賢人，曾子弟子。
㉛【庖】：音ㄆㄠˊ，廚房。
㉜【廄】：音ㄐㄧㄡˋ，馬棚。
㉝【莩】：音ㄆㄧㄠˇ，通「殍」。餓莩，餓死之人。
㉞【率獸而食人】：對人民橫征暴斂，以畜養禽獸作為寵物，致使人民因困窮而餓死，等於是率領禽獸吃人。
㉟【充塞仁義】：充塞，阻塞。此句言因邪說充斥，仁義之道被阻塞而不能昌明。
㊱【人將相食】：楊、墨之道行，則人皆無父、無君，不知人倫之道，不能互助合作，反交相侵犯傷害。
㊲【閑】：護衛。
㊳【距】：通「拒」，抗拒、排斥之意。
㊴【放淫辭】：放，驅而遠之。淫辭，放蕩無禮的言論。
㊵【抑】：抑制，在此引申有治理之意。

⑷【**詩云……則莫我敢承**】：《詩．魯頌》。是，語助詞，無義。膺，擊也。荊，楚國舊稱。舒，國名，近於楚國。荊、舒皆南蠻之國，與西戎、北狄，在當時均為文化落後，不講求仁義之道的地區。懲，懲治。承，當也，抵擋之意。此句言打擊了凶暴的戎、狄，也懲治了野蠻的荊、舒兩國，再也沒有無仁義之人敢抵擋我了。

㊷【**詖行**】：詖，音ㄅㄧˋ，不平正。詖行，偏邪不正的行為。

㊸【**三聖**】：指禹、周公、孔子。

㊹【**聖人之徒**】：效法聖人的作為，以照顧人民，扶持人倫之道，故稱聖人之徒。

孟子去齊①，充虞②路問③曰：「夫子若有不豫色然④。前日虞聞諸夫子曰：『君子不怨天，不尤人。』」

曰：「彼一時，此一時⑤也。五百年必有王者興⑥，其間必有名世者⑦。由周而來，七百有餘歲矣，以其數⑧，則過矣；以其時⑨

孟子離開齊國，在路上，充虞問道：「老師，您看起來似乎有不快樂的樣子。從前我聽您說過：『君子不抱怨天，不責怪人。』今天又為什麼如此呢？」

孟子說：「那時是一個時候，現在又是另一個時候，情況不同！從歷史上看來，每過五百年一定有位聖君興起，而且還會有著名於當世的輔佐之才從中出來。從周武王以來，到現在已經七百多年了。論年數，已超過五百；論時勢，現

考之，則可矣。夫天未欲平治天下也；如欲平治天下，當今之世，舍我其誰也？吾何為不豫哉[⑩]？」

——〈公孫丑下．一三〉

在正該是聖君賢君出來的時候了。莫非是上天不想使天下太平吧？如果上天想使天下太平，在當今世上捨棄了我，將還有誰呢？我為什麼不快樂呢？」

注釋

①【**孟子去齊**】：去，離開。孟子遊齊，位至客卿，後不見用而離去。

②【**充虞**】：孟子弟子。

③【**路問**】：於路上提問。

④【**不豫色然**】：豫，愉悅。不豫色然，神色不愉快的樣子。

⑤【**彼一時，此一時**】：彼一時，指前日充虞聞君子不怨天，不尤人之時，為平常之時；此一時，指孟子去齊之時，為不得行其道之時。

⑥【**五百年必有王者興**】：自堯、舜至湯，自湯至文、武，皆五百餘年，而聖人出。

⑦【**名世者**】：謂其人德業聞望，有名於當世，能輔佐聖王的人；如皋陶、稷、契、伊尹、萊朱、太公望、散宜生等。

⑧【數】：年數；指五百年之期。
⑨【時】：時勢；指亂極思治，可以有為之期。
⑩【吾何為不豫哉】：我為什麼不愉快呢？孟子言當此之時，使我不遇於齊，是天未欲平治天下也，豈以己之不遇而不豫哉？

孟子曰：「由堯、舜至於湯，五百有餘歲①；若禹、皋陶②則見而知之③，若湯則聞而知之④。由湯至於文王，五百有餘歲；若伊尹⑤、萊朱⑥則見而知之，若文王則聞而知之。由文王至於孔子，五百有餘歲；若太公望⑦、散宜生⑧則見而知之，若孔子則聞而知之。由孔子而來，至於今，百有餘歲，去聖人之世，若此其未遠⑨也；近聖人之居，若此其

孟子說：「從堯、舜到湯，歷經五百多年，像禹、皋陶，是親眼看見而知道堯、舜聖人之道的；像湯，便是耳聞而知道的。從湯到文王，五百多年；像伊尹、萊朱是親眼看見而知道商湯的聖人之道的，像文王，就是耳聞而知道的。從文王到孔子，有五百多年，像太公望、散宜生是親眼看見且知道文王的聖人之道的，像孔子，就是耳聞而知道的。從孔子以後，直到今天，只有一百多年，距離聖人的時代不遠，距離聖人的故居又是這樣靠近；然而卻已經沒有親見而知道孔子的聖人之道的人了！那麼將來靠耳聞而知道聖人之道的恐怕也沒有了！」

甚⑩也。然而無有乎爾！則亦無有乎爾⑪！」

——〈盡心下・三八〉

注釋

①**【五百有餘歲】**：五百歲出現一位聖人，然時有遲速，不一定皆為五百歲，故言有餘歲。

②**【皋陶】**：音ㄍㄠ　一ㄠˊ，舜賢臣，擔任「士」，職掌司法。

③**【見而知之】**：謂與聖人生於同時，得以親見而識知聖人之道。

④**【聞而知之】**：謂生於聖人之後，不及親見，但能耳聞而識知聖人之道。

⑤**【伊尹】**：名摯。耕於有莘之野，為湯所舉用，相湯伐桀，湯尊以為阿衡。（阿，音ㄜ，倚也；衡，平也；阿衡，意指為湯所倚賴，使施政得以平正。）

⑥**【萊朱】**：湯之賢臣，為湯之左相。

⑦**【太公望】**：本姓姜，名尚，字子牙，因其祖先封於呂，又稱呂尚。文王（時為西伯）出獵，與之遇於渭水之陽，相談大悅，曰：「自吾先君太公曰：『當有聖人適周，周以興。』子真是邪？吾太公望子久矣。」故號為太公望。後佐武王滅商，封於齊。

⑧**【散宜生】**：姓散，名宜生，為文王之賢臣。

⑨**【去聖人之世，若此其未遠】**：言孟子距孔子之時僅百餘歲，時代相去不遠。

⑩**【近聖人之居，若此其甚】**：孔子居魯，孟子處鄒，鄒、魯鄰壤，故言居處甚近。

⑪**【無有乎爾則！亦無有乎爾！】**：言孔子至今時未遠，鄒、魯相去又近，然而已無有見之而知之者，則五百餘歲以後，又豈復有聞而知之者乎？此孟子雖然敢明言已聞聖人之道，但深恐後世不能聞知，隱然有紹述聖人之道，使得世得以聞知之意在。

二、孟子議論性之本善、向善

公都子曰：「告子①曰：『性無善、無不善也。』或曰：『性可以為善，可以為不善。是故文、武興，則民好善；幽、厲②興，則民好暴。』或曰：『有性善，有性不善。是故以堯為君，而有象③；以瞽瞍④為父，而有舜；以紂為兄之子，且以為君，而有微子啟、王子比干。』今曰『性善』，然則彼皆非與？」

孟子曰：「乃若其情，則可以為善矣；乃所謂善也⑤。若夫為不善，非才⑥之罪也。

公都子問孟子道：「告子說：『人性本沒有所謂善或是不善。』又有人說：『人的本性可以為善，也可以為不善。所以周文王、武王在位，人民受其薰陶，就都喜歡行善；周幽王、厲王在位，人民受其影響，就都喜好暴亂。』也有人說：『有的人本性善，有的人本性不善。所以有那樣聖明的堯做君上，卻也有象這樣暴戾的臣下；以那樣愚蠢的瞽瞍做父親，卻有舜這樣賢孝的兒子；以殷紂那樣暴虐的侄子做君上，卻有微子啓這樣好的庶兄和比干這樣忠良的叔父做臣下。』現在夫子說：『人性本是善的』，那麼，他們的說法都不對了嗎？」

孟子說：「只要順著天賦的性情去做，就可以行善了，這就是我所說的善。至於人之所以做

惻隱⑦之心，人皆有之；羞惡⑧之心，人皆有之；恭敬之心，人皆有之；是非⑨之心，人皆有之。惻隱之心，仁也；羞惡之心，義也；恭敬之心，禮也；是非之心，智也。仁、義、禮、智，非由外鑠我⑩也，我固有之也，弗思耳矣。故曰：『求則得之，舍則失之。』或相倍蓰而無算⑪者，不能盡其才者也。

《詩》曰：『天生蒸民，有物有則；民之秉夷，好是懿德⑫。』孔子曰：『為此詩者，其知道⑬乎！』故有物必有則，民之秉夷也，故好是懿德。」

——〈告子上．六〉

不善的事，並不是人性本質的罪過啊！憐憫傷痛的心，是人人都有的；羞恥厭惡的心，是人人都有的；恭謹尊敬的心，是人人都有的；是善非惡的心，是人人都有的。這憐憫傷痛的心，是仁；羞恥惡辱的心，是義；恭謹尊敬的心，是禮；是善非惡的心，是智。仁、義、禮、智並不是由外來的陶鑄，而使我具有的；是我本來就有的，只是不去思索罷了。所以說『要是尋求，就能得到它；要是放棄，就會失掉它。』因此，人的善與不善，往往相差一倍、五倍，甚至無數倍，這都由於他不願思求，未能充分發揮人性本質的緣故。

《詩詩．大雅．烝民篇》說：『天生眾多的人民，並使得天下事物就有著一定的法則，人們所秉執的常性，沒有不愛好這美好的道德。』孔子讀到這幾句詩，便讚美道：『作這詩的人，真是懂得人性的道理啊！』所以說，有事物一定存有法則，人們能秉執常性便自然會愛好這美德。」

注釋

①【告子】：姓告，名不害。兼治儒、墨之學。其論性，認為人性本無善惡，所謂善惡皆由於後天的習染。

②【幽厲】：周幽王、周厲王，皆昏闇暴虐無道之君。

③【象】：舜異母弟。性傲，嘗與父謀害舜。

④【瞽瞍】：舜之父親。性頑，愛其後妻子象，而數欲殺舜。案：無目曰瞽。舜父有目而不能分辨好惡，故時人稱之瞽；配字曰瞍（音ㄙㄡˇ），瞍亦無目之稱。

⑤【乃若其情……善也】：乃，發語辭。若，順也。情，實也，指人性之本然。此句言如能順人性之本然以為人處事，則可以成為道德完美的善人。此即是我所謂性善、向善之意。

⑥【才】：猶材質，指人的本質而言。

⑦【惻隱】：憐憫傷痛。

⑧【羞惡】：羞，恥己之不善。惡，音ㄨˋ，憎人之不善。

⑨【是非】：是，知其善而以為是。非，知其惡而以為非。

⑩【非由外鑠我】：鑠，以火銷鎔金屬。此句言並非因外來的陶鑄，而使我具有此仁義禮智之性。

⑪【**相倍蓰而無算**】：蓰，音ㄒㄧˇ，五倍。無算，無數倍。此言相差一倍、五倍，乃至無數倍。

⑫【**詩曰……好是懿德**】：《詩經．大雅．烝民》之句。蒸民，《詩經》作「烝民」，眾民。有物有則，凡有事物，必有法則。秉，持也。夷，《詩經》作彝，常也。懿德，美德。此詩言天生眾民，凡有事物必有法則，如有耳目，則有聰明之德；有父子，則有慈孝之心；此乃民所秉執之常性，故人無不好此美德。

⑬【**知道**】：知人性之理。

孟子曰：「人皆有不忍人之心①。先王有不忍人之心，斯有不忍人之政矣。以不忍人之心，行不忍人之政，治天下可運之掌上②。

所以謂人皆有不忍人之心者：今人乍(ㄓㄚˋ)③見孺子將入於井，皆有怵(ㄔㄨˋ)惕(ㄊㄧˋ)④惻隱之心；非所以內(ㄋㄚˋ)交⑤於孺子之父母也，非所以要(ㄧㄠ)譽⑥於鄉黨

孟子說：「凡是人都有不忍他人受害的同情心。先王有不忍他人受害的仁心，所以施行不忍他人受害的仁政了。以不忍他人受害的仁心，去施行不忍他人受害的仁政，那麼平治天下，就好像東西在手掌上轉動一般的容易了。

所以說，人人都有不忍他人受害的同情心：現在有人忽然看到一個小孩子快要掉到井裡去，都會有驚駭恐懼憐憫傷痛的心情產生；這種心情完全出於自然，並不是想藉此結交那孩子的父

朋友也，非惡其聲⑦而然也。

由是觀之：無惻隱之心，非人也；無羞惡之心，非人也；無辭讓之心，非人也；無是非之心，非人也。

惻隱之心，仁之端也；羞惡之心，義之端也；辭讓之心，禮之端也；是非之心，智之端⑧也。人之有是四端也，猶其有四體⑨也。有是四端而自謂不能者，自賊⑩者也；謂其君不能者，賊其君者也。

凡有四端於我者，知皆擴而充之⑪矣，若火之始然⑫，泉之始達⑬。苟能充之，足以保四海；苟不充之，不足以事父母。」

——〈公孫丑上・八〉

母；也不是想在鄉族朋友間博得好名聲；更不是怕有不仁的惡名，才這樣做的。

從這裡看來，沒有憐憫傷痛的心，就不能算是人；沒有羞恥惡辱的心，不能算是人；沒有謙辭推讓的心，不能算是人；沒有是非善惡的心，不能算是人。

憐憫傷痛的心，是仁德的發端；羞恥憎惡的心，是義的發端；謙辭推讓的心，是禮的發端；是非善惡的心，是智的發端。人的心中有仁義禮智這四個善端，就像身上有手足四肢一樣，那是生來具有的。有了這四端卻說自己不能行善的，那就是賊害自己的本性的人；袖手看著他的國君不能行善，就是賊害他的國君的人了。

凡是能了解心裡有此四端的人，而且知道盡力的推廣充實，那麼四端就好像火焰開始燃燒，或似泉水開始湧出。假如能夠擴充四端，就足夠保有天下；如果不能加以擴充，就連父母也侍奉不了。」

注釋

①【不忍人之心】：不忍害人，也不忍見他人受害之心；即仁心。
②【運之掌上】：轉動於手掌之上，極言其易也。
③【乍】：音ㄓㄚˋ。忽然。
④【怵惕】：怵，音ㄔㄨˋ。怵惕，驚駭恐懼。
⑤【內交】：內，「納」的本字。內交，結交。
⑥【要譽】：要，音ㄧㄠ，求也。要譽，求得名譽。
⑦【惡其聲】：惡有不仁之聲名。
⑧【端】：緒也，發端、頭緒之意。惻隱之心，仁之端也，以下四句，言惻隱、羞惡、辭讓、是非之心，分別為仁、義、禮、智善性的發端。
⑨【四體】：四肢。
⑩【自賊】：指賊害自己的本性。
⑪【擴而充之】：擴，推廣。充，充滿。擴而充之，謂推廣充實四端。
⑫【然】：「燃」的本字。

⑬【達】：通也。

孟子曰：「人之所不學而能者，其良①能也；所不慮而知者，其良知也。孩提之童②，無不知愛其親者；及其長也，無不知敬其兄也。親親，仁也；敬長，義也。無他③，達④之天下也。」

——〈盡心上·一五〉

孟子說：「人不用學習自然就會的，是他與生具有的良能；不用思慮自然就知道的，是他生來具有的良知。懷抱中的幼兒，沒有不知道愛他的父母的；等到長大了，沒有不知道敬重他的兄長的。親愛父母，就是仁；尊敬兄長，就是義。沒有別的緣故，因為這是普天之下的人都具有仁義良知啊。」

注釋

①【良】：在此指本然的、天賦的。

②【孩提之童】：孩，通「咳」，小兒笑也。提，提抱。孩提之童，指二、三歲之間，知咳笑、可提抱的幼兒。

③【無他】：沒有別的原因。

④【達】：通也。

孟子曰：「魚，我所欲也，熊掌，亦我所欲也；二者不可得兼，舍魚而取熊掌者也。生，亦我所欲也，義，亦我所欲也；二者不可得兼，舍生而取義者也。生亦我所欲，所欲有甚於生者①，故不為苟得②也。死亦我所惡，所惡有甚於死者③，故患有所不辟④也。如使人之所欲莫甚於生，則凡可以得生者，何不用也？使人之所惡莫甚於死者，則凡可以辟患者，何不為也？由是則生，而有不用也；由是則可以辟患，而有不為也。是故所欲有甚於生者，所惡有甚於死者，非獨賢者有是心也，人皆有之，賢者能勿喪⑤耳。一簞食，一豆

孟子說：「魚是我所喜歡的，熊掌也是我所喜歡的；如果兩者不能同時擁有，只好犧牲魚，而取熊掌。生命是我所喜歡的，義也是我所喜歡的；如果兩者不能同時得到，便犧牲生命，而取義。生命本是我喜歡的，但是還有比生命更為我所愛，所以我不做苟且偷生的事；死亡本是我所厭惡的，但是還有比死亡更被我所厭惡，所以有的禍患我不躲避。如果人們所喜歡的沒有超過生命的，那麼，凡是可以求得生存的方法，為什麼不使用呢？如果人們所喜歡的沒有超過生命的，那麼，一切可以求得生存的方法，為什麼不肯把握呢？如果人們所厭惡的沒有超過死亡的，那麼，一切可以避免禍害的事情，有什麼不可做的呢？照這樣做就可以保全性命，有時卻不去做；照這樣做就可以避免禍害，有時卻不肯做，由此可知有比生命值得喜歡的東西，也有比死亡更令人厭惡的東西。不僅僅是賢人有這種存心，而是人人都有，不過賢人始終能夠保持它罷了。一筐飯、一碗湯，得著便活下去，得不著便死

羹⑥，得之則生，弗得則死。嘑爾⑦而與之，行道之人⑧弗受；蹴爾⑨而與之，乞人不屑⑩也。萬鍾⑪則不辨禮義而受之，萬鍾於我何加⑫焉？為宮室之美，妻妾之奉，所識窮乏者得我與⑬？鄉⑭為身死而不受，今為宮室之美為之；鄉為身死而不受，今為妻妾之奉為之；鄉為身死而不受，今為所識窮乏者得我而為之；是亦不可以已⑮乎？此之謂失其本心⑯。」

——〈告子上．一〇〉

去。如果大聲呼喝著給人，就是饑餓的行人也都不會接受；用腳踏踩過再給他，就是乞丐也不屑去要；然而有人對於萬鍾的俸祿卻不問是否合於禮義，竟欣然接受，那萬鍾的厚祿對於我又有何增益呢？是為求住宅的華麗，妻妾的侍奉和我所認識的貧苦人感激我的接濟嗎？過去寧肯死亡而不接受，今天卻為著住宅的華麗而接受了；過去寧肯死亡而不接受，今天卻為著妻妾的侍奉卻接受了；過去寧肯死亡而不接受，今天卻為著我所認識的窮人朋友感激我的周濟而接受了，這些不是可以停止的嗎？這便叫做喪失了本性本心。

注釋

①**【所欲有甚於生者】**：指義。

②**【苟得】**：苟且得生。

③【所惡有甚於死者】：指無義。
④【辟】：通「避」。
⑤【賢者能勿喪】：羞惡之心，人皆有之，但眾人沉迷於利欲而放失之，惟賢者能存之而不喪失。
⑥【一豆羹】：豆，木器，盛羹者。一豆羹，一木碗的羹湯。
⑦【嘑爾】：嘑，通「呼」。嘑爾，大聲呵叱的樣子。
⑧【行道之人】：過路的人，指一般人。
⑨【蹴爾】：蹴，音ㄘㄨˋ，踐踏。蹴爾，踐踏的樣子。
⑩【不屑】：屑，潔也。不屑，不以為潔而輕視之。
⑪【萬鍾】：鍾，古代量器，容六斛四斗。萬鍾，言厚祿也。
⑫【於我何加】：言於我身無所增益。
⑬【所識窮乏者得我與】：識，知也。得，通「德」，當動詞用，感激他人的恩惠。與，通「歟」。為了讓我所認識的窮困者感激我的接濟嗎？
⑭【鄉】：音ㄒㄧㄤˋ，通「曏」，曩者、以前。
⑮【已】：止也。

⑯**【本心】**：此指羞惡之心。

孟子曰：「牛山①之木嘗美矣。以其郊②於大國③也，斧斤伐之，可以為美乎？是其日夜之所息④，雨露之所潤，非無萌蘖⑤之生焉，牛羊又從而牧之，是以若彼濯濯⑥也。人見其濯濯也，以為未嘗有材⑦焉，此豈山之性也哉？

雖存乎人者，豈無仁義之心哉！其所以放其良心⑧者，亦猶斧斤之於木也。旦旦而伐之，可以為美乎？其日夜之所息，平旦之氣⑨，其好惡與人相近⑩也者幾希⑪。則其旦晝之所為，有梏亡⑫之矣。梏之反覆，則其夜氣⑬不足以存；夜氣不足以存，則其違⑭禽獸

孟子說：「牛山上的樹木，從前是很茂美的。因為鄰近首都臨淄，都城的人們就常用斧頭去砍伐它，這麼一來，還能夠保持它的茂美嗎？山上日夜之間生長的，雨露所滋養的，並不是沒有新枝嫩芽生長出來，可是牛羊又跟著上山放牧，所以現在變得那樣子光禿禿的。人們看它光禿禿的，就以為在它從來沒有長過草木，這難道是山的本性嗎？

在某些人身上，難道就沒有仁義之心嗎？他之所以喪失他的善良的心，也正像斧斤之對於樹木一般，如果每天每天地去砍伐它，又怎能夠茂盛呢？一個人在日裡夜裡發出來的善心，在天剛亮時所接觸到的清明之氣，這時在他心裡所激發出來的好惡跟人的本心相近的已是不遠。可是一到第二天白晝，所行所為又把它擾亂消滅了。反覆地擾亂，那麼，連夜間心裡所產生的清明之氣自然無法存在，夜來心裡所發出的清明之氣不能

不遠矣。人見其禽獸也，而以為未嘗有才焉者，是豈人之情也哉？

故苟得其養，無物不長；苟失其養，無物不消。孔子曰：『操⑮則存，舍則亡；出入無時，莫知其鄉⑯。』惟心之謂與。」

——〈告子上．八〉

存在，便和禽獸相距不遠了。別人看到他的作為簡直是禽獸，就以為他不曾有過善良的本質，這那裡是這些人的本性？

所以說，假若得到適當的滋養，沒有東西不生長；失去滋養，沒有東西不消亡。孔子說過：『保持它，就能存在；捨棄它，就會亡失；出出進進沒有一定時候，也不知道它何去何從。』這是指人當隨時修練心性的說法吧！」

注釋

①【**牛山**】：山名，在齊國都城外東南方。

②【**郊**】：邑外。於此句中用作動詞，作「鄰近」解。

③【**大國**】：指齊國都城，在今山東省臨淄縣。

④【**是其日夜之所息**】：是，猶「夫」，發語詞。息，生長。言其日夜之間生長的枝芽。

⑤【**萌櫱**】：萌，嫩芽。櫱，旁出的新芽。

⑥【**濯濯**】：光潔的樣子，在此指山無草木。

⑦【材】：在此指草木。
⑧【放其良心】：放，亡失。良心，本然的善心，即所謂仁義之心。
⑨【平旦之氣】：平旦，平明破曉之時。平旦之氣，指未與物交接時的清明之氣。
⑩【好惡與人相近】：指好惡與人的本心相接近。
⑪【幾希】：幾，音ㄐㄧ，表示推測之意。希，通「稀」。幾希，不多。
⑫【有梏亡】：有，通「又」。梏，音ㄍㄨˋ，攪亂。梏亡，攪亂亡失。
⑬【夜氣】：即平旦之氣，指夜間所生清新之氣。
⑭【違】：猶去也，距離之意。
⑮【操】：保持。
⑯【鄉】：通「向」，去向。

孟子曰：「養心莫善於寡欲①。其為人也寡欲，雖有不存②焉者寡矣；其為人也多欲，雖有存焉者寡矣。」——〈盡心下．三五〉

孟子說：「修養良心善性沒有比減少欲望更好的了。一個人的做人，欲望不多，雖然也有失去本心的時候，但是此種情形很少。一個人如果欲望很多，雖然也有保持本心的時候，但恐怕這種情況很少。」

注釋

①【寡欲】：寡，少也。欲，指耳、目、口、鼻、四肢等的欲望。寡欲，減少欲望。

②【不存】：在此指失其本善之心。

公都子問曰：「鈞①是人也，或為大人，或為小人。何也？」孟子曰：「從其大體②為大人，從其小體③為小人。」曰：「鈞是人也；或從其大體，或從其小體。何也？」曰：「耳目之官④，不思而蔽於物⑤；物交物，則引之而已矣⑥。心之官則思，思則得之⑦，不思則不得也。此天之所與我者⑧，先立乎其大者，則其小者不能奪也，此為大人而已矣。」

——〈告子上・一五〉

公都子問道：「同樣都是人，有些是君子，有的卻是小人。什麼原因？」孟子說：「隨著本心所具的善性行事的是君子；隨其耳、目、口、鼻的欲望發展的就是小人。」問道：「同樣都是人，有人隨著本心所具的善性去行事，有人隨著耳、目、口、鼻的欲望發展，這又是什麼緣故？」答道：「耳朵眼睛這類的器官是不會思考，所以常常為外物所蒙蔽；這種不會思考之物與外在事物相接觸，就被引誘迷途。心這個器官是會思考的，一思考便得知義理，不思考便得不著。這個器官是上天給我們的。因此，要先把大體的心樹立起來，那麼，小體的耳目便不能把義理奪去了，這樣便成君子了。」

注釋

①【鈞】：通「均」，同樣之意。

②【從其大體】：從，隨也。大體，指心。從其大體，跟隨本心所具的善性行事。

③【從其小體】：小體，指耳、目、口、鼻之類。從其小體，跟隨耳、目、口、鼻的欲望發展。

④【官】：器官。各器官皆有所職司，如耳司聽、目司視。

⑤【耳目之官，不思而蔽於物】：耳目等器官的官能不會思想，不能自作主宰，因而易受聲色等外在事物的蒙蔽。

⑥【物交物，則引之而已矣】：耳目不能思而蔽於外物，則亦一物而已，當其於外在之聲色事物相接觸時，即被引誘而去矣。

⑦【思則得之】：心能思想，能自作主宰，故能得其義理。

⑧【此天之所與我者】：耳目和心，此三者都是上天賜與人者。

孟子曰：「仁，人心①也；義，人路②也。舍其路而弗由③，放④其心而不知求，哀哉！人有雞犬放，則知求之；有放心，而不知

孟子說：「仁是人的本心；義是人的正路。捨棄正路而不走，喪失本心而不去尋找，真是可悲啊！一個人，走丟了雞和狗，便曉得去尋找；善良的本心喪失了，卻不曉得尋求。追求學問

求。學問之道無他，求其放心⑤而已矣。」

——〈告子上·一一〉

注釋

①【**人心**】：人的本心。

②【**人路**】：人行事必須遵循的正道。

③【**由**】：行也。

④【**放**】：亡失。

⑤【**求其放心**】：求回放失的本心。

之途徑沒有別的，就是把喪失的本心找回來罷了。」

實力大考驗4

單選題

1. 下列文句的解釋，正確的選項是：

(A)「使其中坦然，不以物傷性」；「以物傷性」意謂玩物喪志。

(B)「翠綸桂餌，反所以失魚，言隱榮華，殆謂此也」；「言隱榮華」強調吉人之辭寡。

(C)「得志，與民由之；不得志，獨行其道」；「與民由之」意謂君子得志之時，便將所得之道，推行於民。

(D)「是故君子戒慎乎其所不睹，恐懼乎其所不聞」；「恐懼乎其所不聞」意謂君子求知若渴，唯恐遺漏該明白的事。【90年大學指考】

2. 下列各句的「數」字，與〈訓儉示康〉「會數而禮勤，物而情厚」的「數」字意義相同的選項是：

(A)其「數」則始乎誦經，終乎讀禮。

(B)「數」罟不入洿池，魚鼈不可勝食也

(C)范增「數」目項王，舉所佩玉玦以示之者三

(D)則勝負之「數」，存亡之理，與秦相較，或未易量　【98年大學指考】

3.關於下引文字，敘述不正確的選項是：

子華使於齊，冉子為其母請粟。子曰：「與之釜。」請益。曰：「與之庾。」冉子與之粟五秉。子曰：「赤之適齊也，乘肥馬、衣輕裘。吾聞之也，君子周急不繼富。」（註：公西赤，字子華；釜、庾、秉都是量的單位。）《論語．雍也》

(A)「請益」是指冉子向孔子請教贈粟的多寡。

(B)孔子認為君子行事，宜雪中送炭，非錦上添花。

(C)「周急不繼富」的「周」字通「賙」字，是救濟的意思。

(D)從「乘肥馬、衣輕裘」，可知子華行裝豪華，並不窮困匱乏。　【96年大學指考】

4.下列「　」內詞語解釋正確的選項是：

(A)君子易事而「難說」也：「難說」意謂難以說明。

(B)一簞食，一「豆羹」，得之則生，弗得則死：「豆羹」意謂豆類作成的羹湯。

(C)前者呼，後者應，傴僂「提攜」往來而不絕者，滁人遊也：「提攜」意謂相互扶持。

(D)我有胡桃一對，……圓滑紅潤，有如玉髓，真是「先人手澤」：「先人手澤」意謂先人遺物。【98年大學指考】

5.關於下引文字，敘述不正確的選項是：

子路，人告之以有過，則喜。禹聞善言，則拜。大舜有大焉，善與人同，舍己從人，樂取於人以為善。自耕稼陶漁以至為帝，無非取於人者。取諸人以為善，是與人為善者也。故君子莫大乎與人為善。《孟子．公孫丑》

(A)「大舜有大焉」，「有」同「又」，意謂舜又比子路和禹更偉大。
(B)「子路，人告之以有過，則喜」，子路喜其得聞己過而改之，是勇於改過的表現。
(C)「自耕稼陶漁以至為帝，無非取於人者」，「耕稼」謂種田，「陶漁」謂以陶器撈魚。
(D)此章言聖賢樂善之誠，並無人我的區隔，所以，別人的善可以用來充實自己，而自己的善也可施予別人。【96年大學指考】

6.《論語．學而》篇中「賢賢易色」一語，歷來注解各有不同，清代學者陳澧《東塾讀書記》提及：「為人孝弟、賢賢易色、事君致身、朋友有信，五倫之事備矣。」若依此說法，則陳澧以為「賢賢易色」當指：【97年大學指考】

(A)尚賢遠佞 (B)長幼有序 (C)行孝色難 (D)夫婦之道

參考答案：

1. C　2. C　3. A　4. D　5. C　6. D

◎詳解：

1.(A)蘇轍〈黃州快哉亭記〉　(B)劉勰〈情采〉　(C)《孟子．滕文公》　(D)《中庸》第一章

(A)「以物傷性」：因為外物而傷害自己天賦靈敏的本性。

2.題幹的「數」：音ㄕㄨㄛˋ，多次、屢次。（司馬光〈訓儉示康〉）

(A)ㄕㄨˋ，方法，通「術」。（荀子〈勸學〉）

(B)ㄘㄨˋ，細密。（《孟子．梁惠王上》〈論治道〉）

(C)ㄕㄨㄛˋ，多次、屢次。（司馬遷〈鴻門之宴〉）

(D)ㄕㄨˋ，命運、定數。（蘇洵〈六國論〉）

3.**白話語譯**：公西子華出使齊國。冉有向孔子請求供養子華的母親所需的糧食。孔子說：「給他六斗四升。」冉有請求再增加一些。孔子說：「再給他二斗四升。」最後冉有卻給了她八百斗米糧。孔子說：「公西赤出使到齊國去的時候，坐著肥馬駕的車輛，穿著輕暖的皮裘。我聽說

君子只會周濟急需幫力的人，不會替富有人家再添財富。」

(A)「請益」：是指擒有向孔子請求增加贈粟的數量。

按，「釜」：六斗四升。

「庾」：二斗四升。

「秉」：十六斛為一秉，一斛十斗。

4. **白話語譯**：若有人當面說出子路的缺點，他就特別高興；大禹聽見別人提出很好的意見，就行禮感謝，虛心接受；大舜又更了不起了，他樂於放下自己的身段，與他人同善，所以從他耕田、作陶、捕魚的卑賤年歲開始，到最後作了天子，他的善都是學習別人的長處。取用學習別人的善，這就叫助人行善，所以君子的美德沒有比助人行善更偉大了。

(C)「陶漁」：作陶、捕魚，均為動詞，而非以陶器撈魚。

5. 古之五倫乃：君臣、父子、夫婦、兄弟、朋友。以陳澧所言：「為人孝弟（父子、兄弟之道）、賢賢易色、事君致身（君臣之道）、朋友有信（朋友之道），五倫之事備矣。」故「賢賢易色」指的應是夫婦之道。「賢賢易色」意謂娶妻之時，重德不重色。

(A)尊崇賢人，遠離佞臣，屬君臣倫。

(B)依從年齡大小，恪守本分，禮讓和諧而井然有序，屬兄弟倫。

(C)孝順父母，以和顏悅色為難，屬父子倫。

6.因果關係是指句子含有「因為……所以……」的語氣。

(A)為直述句，是時間關係。**白話語譯**：李靖急忙拜見，於是眾人圍著坐下。

(B)因——「慎終追遠」；果——「民德歸厚矣」。**白話語譯**：（因為）在位者能盡孝不忘本，（所以）人民受其德化，風俗可歸於淳厚。

(C)**白話語譯**：法官如果審出百姓犯罪的實情要哀憐他們的無知，不沾自喜。

(D)皆無因果關係，是假設語氣。

三、孟子的義利之辨

孟子見梁惠王①。王曰：「叟！不遠千里②而來，亦將有以利吾國乎？」

孟子對曰：「王何必曰『利』？亦有『仁義』而已矣。王曰：『何以利吾國？』大夫曰：『何以利吾家？』士庶人曰：『何以利吾身？』上下交征利③，而國危矣。萬乘之國，弒其君者，必千乘之家；千乘之國，弒其君者，必百乘之家。萬取千焉，千取百焉，不為不多矣，苟為後義而先利，不奪不饜。

孟子拜見梁惠王。王說：「老先生，您不辭千里老遠而來，將有什麼辦法，要使我們梁國得到利益吧！」

孟子回答說：「王何必談『利』呢？只要講『仁義』之道就可以了。假若王說：『怎麼能使我的國家得利？』大夫說：『怎麼能使我的家得利？』士人和一般百姓說：『怎樣能使我本身得利？』上位者和下位的人彼此互相爭取私利，那國家就危險了。擁有萬輛兵車的國家，殺害他的國君的，一定是擁有千輛兵車的公卿之家；擁有千輛兵車的國家，殺害他的國君的，必定是擁有百輛兵車的大夫之家。在一萬輛兵車中，擁有其中的一千輛，一千輛兵車中擁有其中一百輛，不算是不多了，但是如果把義棄置於後不顧，只看

未有『仁』而遺④其親者也；未有『義』而後其君者也。王亦曰『仁義』而已矣，何必曰『利』？」

——〈梁惠王上·一〉

注釋

①**【梁惠王】**：即魏惠王，姓魏，名罃，諡號惠。本侯爵，僭越稱王。魏國本都安邑（今屬山西省安邑縣），以近於秦，後遷都大梁（今河南省開封縣），故號曰梁惠王。

②**【不遠千里】**：不以千里為遠。

③**【上下交征利】**：征，取也。此句謂全國上下相互奪取私利。

④**【遺】**：遺棄。

宋牼（ㄎㄥ）①將之楚，孟子遇於石丘②。曰：「先生將何之？」

曰：「吾聞秦、楚構兵③，我將見楚王，

到眼前的利益，那沒奪取到的，就永不會滿足。從來沒有具仁德修養的人卻遺棄了他的父母，從來沒有能遵守義理的人卻把國君棄置於後不顧的。請國君談談『仁義』就好了，又何必一定要說『利』呢？」

宋牼將到楚國去，孟子在石丘遇到他。問說：「先生準備到那裡去？」

宋牼說：「我聽說秦國、楚國兩國要出兵交戰，我將去見楚王，勸他停止，如果楚王不高

說④而罷之；楚王不悅，我將見秦王，說而罷之。二王我將有所遇⑤焉。」

曰：「軻也，請無問其詳，願聞其指⑥，說之將何如？」

曰：「我將言其不利也。」

曰：「先生之志則大矣，先生之號⑦則不可。先生以利說秦、楚之王，秦、楚之王悅於利以罷三軍之師：是三軍之士樂罷而悅於利也。為人臣者，懷⑧利以事其君；為人子者，懷利以事其父；為人弟者，懷利以事其兄：是君臣、父子、兄弟，終去仁義，懷利以相接⑨；然而不亡者，未之有也。先生以仁義說秦、楚之

興，沒有聽從我的意見，我就去見秦王，勸他停止。這兩個國君中，一定會有一個和我的意見相遇合。」

孟子說：「我不想請問詳細的情形，只想知道你勸說的大旨，你預備怎樣勸說他們？」

宋牼說：「我預備說明兩軍交戰的不利啊！」

孟子說：「先生你的志向很偉大，先生所用以號召的名義卻不高明。先生用『利』去勸說秦楚的國君，秦楚的國君由於貪求利益因而停止三軍的出動，如此三軍將士也為了喜歡利益而樂於罷兵。從此做臣子的，心中存著利的觀念去侍奉君主；做兒子的，內心存著利的觀念侍奉父親；做弟弟的，心中存著利的觀念去侍奉哥哥，這樣，君臣、父子、兄弟之間，到最後就要拋棄了仁義，內心存著利的念頭來來往交接，像這樣還不滅亡的，是從來沒有的啊！先生如果拿仁義去勸說秦楚的國君，秦楚的國君由於喜好仁義因而停止出動三軍將士，如此三軍將士也為了喜歡仁

王，秦、楚之王悅於仁義，而罷三軍之師：是三軍之士樂罷而悅於仁義也。為人臣者，懷仁義以事其君；為人子者，懷仁義以事其父；為人弟者，懷仁義以事其兄：是君臣、父子、兄弟，去利，懷仁義以相接也；然而不王(ㄨㄤˋ)⑩者，未之有也。何必曰利？」——〈告子下．四〉

義而樂於罷兵。從此做臣子的，內心存著仁義的念頭去事奉國君；做兒子的，心中存著仁義的念頭侍奉父親；做弟弟的，心中存著仁義的念頭去侍奉哥哥，這樣，君臣、父子、兄弟之間，完全拋棄私利，內心存著仁義的念頭來交接來往，像這樣還不能稱王於天下的，是從來沒有的事啊！為什麼一定要談利益呢？」

注釋

①**【宋牼】**：宋人，名牼（音ㄎㄥ）。按：《荀子．非十二子篇》有宋鈃（音ㄐㄧㄢ），《莊子．天下篇》亦有宋鈃；主張禁攻寢兵。鈃與牼，古音同。宋牼、宋鈃蓋為一人。

②**【石丘】**：地名，或云宋地。

③**【構兵】**：雙方出兵交戰。構，連也、交也。

④**【說】**：音ㄕㄨㄟˋ，勸說。

⑤**【遇】**：合也。

⑥【**指**】：通「旨」，大旨。

⑦【**號**】：名也；指所用以號召的名義、理由。

⑧【**懷**】：心存某種意念。

⑨【**接**】：指交接來往。

⑩【**王**】：音ㄨㄤˋ，在此作動詞用，謂以行王道而統有天下。

孟子曰：「雞鳴而起，孳孳①為善者，舜之徒也；雞鳴而起，孳孳為利者，蹠②之徒也。欲知舜與蹠之分，無他，利與善之間也。」

——〈盡心上·二五〉

孟子說：「雞一鳴叫便起來，隨即努力行善的，是舜這一類的人；雞一鳴叫便起來，隨即拚命謀求私利的，是盜蹠這一類的人。想要知道舜和盜蹠的區別，沒有別的，只是為謀求私利和行善之間的不同罷了。」

注釋

①【**孳孳**】：勤勉之意。

②【**蹠**】：音ㄓˊ，春秋時的大盜名，亦作「跖」。

四、孟子說涵養

孟子曰：「人不可以無恥①；無恥之恥②，無恥矣③。」——〈盡心上．六〉

孟子說：「一個人不可以沒有羞恥之心，能為自己的『無恥』感到羞恥，就不會再有羞恥的事發生在身上。」

注釋

①【無恥】：無羞恥之心。

②【無恥之恥】：「恥無恥」之倒裝句，謂能為自己的無恥感到羞恥。

③【無恥】：謂不會有羞恥之事。

孟子曰：「恥之於人大矣！為機變之巧者，無所用恥焉①。不恥不若人，何若人有②？」——〈盡心上．七〉

孟子說：「羞恥心對於一個人的關係太大了，那些專門玩弄機巧變詐的人，根本就用不著羞恥心。不以修養不如人是可恥的事，那麼怎能比得上別人？」

注釋

①【**為機變之巧者，無所用恥焉**】：言玩弄機巧變詐者，無所用其羞恥之心。

②【**不恥不若人，何若人有**】：不若人，指修養之不如人。此句言不以修養不如人為可恥，則那能比得上人家？

齊人有一妻一妾而處室①者，其良人②出，則必饜酒肉而後反③。其妻問所與飲食者，則盡富貴④也。其妻告其妾曰：「良人出，則必饜酒肉而後反。問其與飲食者，盡富貴也，而未嘗有顯者來。吾將瞷⑤良人之所之⑥也。」

蚤⑦起，施⑧從良人之所之。遍國中⑨，無與立談者。卒⑩之東郭墦間⑪之祭者，乞其餘；不足，又顧⑫而之他。此其為饜足之道也。

齊國有一個人，有一妻一妾同住在一起，那丈夫每次外出，一定吃飽酒肉才回家。他妻子問他和那些人一道吃喝，說來全都是一些有錢有勢的人。他妻子告訴小妾說：「我們丈夫外出，總是吃飽酒肉然後回來；問他和什麼人吃喝，他說全都是一些有錢有勢的人，可是，我從來沒見過有什麼顯貴人物到我們家裡來，我要暗中看看他究竟到了些什麼地方。」

第二天清早起來，她便躲躲閃閃暗中跟在丈夫後面，走遍了全城，沒有一人站立同她丈夫說話。最後一直走到東郊外的墓地，他走向祭掃墳墓的人，向他們討些殘餘剩菜；吃得不夠，又四

其妻歸，告其妾曰：「良人者，所仰望⑬而終身也。今若此！」與其妾訕其良人而相泣於中庭⑭。而良人未之知也，施施⑮從外來，驕其妻妾。

由君子觀之，則人之所以求富貴利達者，其妻妾不羞也，而不相泣者，幾希矣！

——〈離婁下・三三〉

處張望，跑到別的墳前去乞討。原來這便是他吃飽酒肉的方法。

他妻子回到家裡，便把這情況告訴他的小妾，並且說：「丈夫是我們仰望而終身倚靠的人，現在他竟是這樣子的！」於是和小妾兩人怨罵著他們的丈夫，在庭中相對哭泣著，可是丈夫還不知道，得意洋洋地從外面回來，在自己的妻妾前驕傲地誇耀著。

由君子來看這件事，現在有些人所用來乞求富貴利達的方法，能不使他妻妾引為羞恥而相對哭泣的，是很少的！

注釋

①**【處室】**：同居於一室之中。

②**【良人】**：古代妻稱夫為良人。

③**【反】**：通「返」。

④**【盡富貴】**：盡，皆也。良人詐言與之飲食者，皆富貴之人。

⑤【瞷】：音ㄐㄧㄢˋ，偷看。
⑥【所之】：所往。
⑦【蚤】：通「早」。
⑧【施】：音ㄧˊ，通「迤」，斜曲而行，不使良人察覺。
⑨【國中】：猶「城中」。
⑩【卒】：終也。
⑪【東郭墦間】：墦，音ㄈㄢˊ，墳也。此言城外東郊墳場。
⑫【顧】：左視右盼之意。
⑬【仰望】：仰賴寄望。
⑭【中庭】：即庭中。
⑮【施施】：喜悅自得的樣子。

孟子曰：「存①乎人者，莫良於眸ㄇㄡˊ子②；眸子不能掩其惡。胸中正，則眸子瞭③焉；

孟子說：「觀察人的善惡，沒有比看他眼眸更好的方法；因為眼眸無法掩藏他心中的惡念。當人心意正直，眼珠就自然光亮；人心意不正，

胸中不正，則眸子眊ㄇㄠˋ④焉。聽其言也，觀其眸子，人焉廋ㄙㄡ⑤哉？」——〈離婁上．一五〉

眼珠就昏暗不明。聽了他所說的話，再觀察他的眼珠，這人真正的用心，能藏到哪兒去呢？」

注釋

①【存】：觀察。

②【眸子】：眼珠。

③【瞭】：明也。

④【眊】：音ㄇㄠˋ，蒙蒙不明的樣子。

⑤【廋】：音ㄙㄡ，隱藏。

孟子曰：「愛人不親，反①其仁；治人不治，反其智；禮人不答，反其敬。行有不得②者，皆反求諸己；其身正，而天下歸之。《詩》云：『永言配命，自求多福③。』」

孟子說：「我愛別人，可是別人卻不想親近我，這時就得反省自己的仁心是否還不夠；我管理別人，可是沒管好，那就得反省自己的智慧是否還不夠；我有禮貌地對待別人，可是別人卻不以禮回報，那得反省自己的恭敬是否還不夠。任何行為如果沒得到預期的效果都要反身責求

——〈離婁上・四〉

自己，自己的確端正了，天下的人自會歸順他。《詩經》說過：『永遠配合天命而行事，多福當由自己去求得。』」

注釋

①【反】：反省。

②【行有不得】：行事不能得其所欲者。

③【詩云……自求多福】：《詩經・大雅・文王》之句。永，長也。言，助詞。配，合也。命，天命也。此詩言永遠配合天命而行，多福當由自己去求也。

孟子曰：「西子①蒙不潔②，則人皆掩鼻而過之；雖有惡人③，齋戒沐浴，則可以祀上帝④。」

——〈離婁下・二五〉

孟子說：「如果美麗的西施，身上沾染了污穢人之物，人們都會趕緊地掩住鼻子避開她；反過來說，一個相貌醜陋的人，只要洗淨身上的污垢，摒除心中私欲，自治潔淨，也就可以祭祀上帝。」

注釋

① 【**西子**】：古代美女，即西施。

② 【**蒙不潔**】：沾染污穢之物。

③ 【**惡人**】：在此指貌醜的人。

④ 【**則可以祀上帝**】：貌雖醜，但能齋戒沐浴，自治潔淨，則可以祭祀上帝。比喻行惡之人，苟能誠心改過自新，則亦可以為善。

孟子曰：「舜發於畎(ㄑㄩㄢˇ)畝(ㄇㄨˇ)之中①，傅說(ㄩㄝˋ)舉於版築之間②，膠鬲(ㄍㄜˊ)舉於魚鹽之中③，管夷吾舉於士④，孫叔敖舉於海⑤，百里奚舉於市⑥。故天將降大任⑦於斯人也，必先苦其心志，勞其筋(ㄐㄧㄣ)骨，餓其體膚，空乏(ㄈㄚˊ)⑧其身，行拂(ㄈㄨˊ)亂⑨其所為；所以動心忍性⑩，曾⑪益其所不能。人恆

孟子說：「舜是從田野之中被堯舉用的，傅說在築牆的工作中被殷高舉用，膠鬲是從魚鹽的商販中被舉用的，管夷吾在監獄中被舉用，孫叔敖在海邊被楚莊王舉用，百里奚從市場中被秦穆公舉用。所以天將要把重大任務落在某人身上，一定先要困苦他的心志，勞動他的筋骨，飢餓他的軀體，窮乏他的身家，使他的一切作為受到擾亂而不順意；這樣，便可以激勵他的心志，堅忍他的性情，增加他所欠缺的能力。一個人往往有了過錯，才知道改正；心志困頓不通，思慮上梗

過，然後能改；困於心⑫，衡於慮⑬，而後作⑭；徵於色⑮，發於聲⑯，而後喻。入⑰則無法家拂士⑱，出⑲則無敵國外患者，國恆亡。然後知生於憂患，而死於安樂⑳也。」

——〈告子下．一五〉

塞不順遂，然後才能有所發憤振作；看到別人不滿意的臉色，聽到人家譏責的聲音，然後才能醒悟警惕。一個國家，國內沒有守法度的世臣和輔助的賢士，國外沒有敵對的鄰國和外患的憂懼，往往就容易被滅亡。由此可知，生存是由憂患中奮鬥而來，而死亡則往往由於在安樂中怠忽荒廢而招致。」

注釋

①**【舜發於畎畝之中】**：發，起也。畎，音ㄑㄩㄢˇ，田溝。畝，田壟。畎畝之中，猶言田野之間。舜初耕於歷山，後堯舉用之，並禪與帝位，是由田野之間起而為天子也。

②**【傅說舉於版築之間】**：說，音ㄩㄝˋ。版築，將泥土置於夾版中，用杵舂實以築牆。版築之間，謂於營建工役中。傅說築於傅巖，殷高宗舉以為相。

③**【膠鬲舉於魚鹽之中】**：膠鬲，殷賢人，初隱為商，周文王於鬻販魚鹽之中得其人，舉而進之於紂。

④**【管夷吾舉於士】**：士，士官，古代監獄之稱。管仲輔公子糾失敗，被囚，其友鮑叔牙薦之於

桓公，任以為相。

⑤【**孫叔敖舉於海**】：孫叔敖，姓蔿，名敖，字孫叔，楚人。其父蔿賈被殺，乃竄處淮海之濱，楚莊王舉用為相。

⑥【**百里奚舉於市**】：百里奚，春秋虞人，事虞公為大夫。虞亡適秦，秦穆公舉之於市，任以為相。

⑦【**降大任**】：使之任大事。

⑧【**空乏**】：窮困匱乏。

⑨【**拂亂**】：拂，戾也。拂亂，擾亂而使之不順遂。

⑩【**動心忍性**】：激勵其心，堅忍其性，使能奮發而不屈。

⑪【**曾**】：通「增」。

⑫【**困於心**】：心志困瘁不通。

⑬【**衡於慮**】：衡，通「横」，不順。衡於慮，思慮梗塞不順。

⑭【**作**】：奮起。

⑮【**徵於色**】：徵驗於人之臉色；言為人所忿嫉。

⑯【**發於聲**】：發現於人之聲音；言為人所譏責。

⑰【**入**】：指在國內。

⑱【**法家拂士**】：法家，守法度的世臣。拂，通「弼」。拂士，輔弼的賢士。

⑲【**出**】：指在國外。

⑳【**生於憂患，而死於安樂**】：生存是由憂患中奮鬥得來，而死亡則由於在安樂中怠荒而招致。

孟子曰：「人之有德、慧、術、知①者，恆存乎疢疾②。獨③孤臣孽子④，其操心也危⑤，其慮患也深⑥，故達⑦。」

——〈盡心上・一八〉

孟子說：「人皆具道德、慧見和學術、才智，常常是在災患中磨鍊出來的。惟有被疏遠不受寵幸的臣子和庶出的孽子，由於操持的心志時時畏懼，憂慮禍患也就較一般人來得深切，所以能通達事理。」

注釋

①【**德、慧、術、知**】：道德、慧見、學術、才智。

②【**疢疾**】：疢，音ㄔㄣˋ。疢疾，猶災患也。

③【**獨**】：唯也。

④【**孤臣孽子**】：孤臣，疏遠不被寵幸的臣子；孽子，庶子；皆不得其君親，而常有疢疾者。

⑤【**操心也危**】：操持心志，時存危懼謹慎之意。

⑥【**慮患也深**】：憂慮禍患，至為深遠。

⑦【**達**】：通達事理，即具有德慧術知。

景春①曰：「公孫衍（ㄧㄢˇ）②、張儀③，豈不誠大丈夫哉？一怒而諸侯懼④，安居而天下熄（ㄒㄧ）⑤。」

孟子曰：「是焉得為大丈夫乎？子未學禮乎？丈夫之冠⑥也，父命⑦之；女子之嫁也，母命之；往送之門，戒之曰：『往之女家⑧，必敬必戒，無違夫子⑨。』以順為正⑩者，妾婦之道⑪也。居天下之廣居⑫，立天下之正位⑬，行天下之大道⑭。得志，與民由之⑮；不得志，獨行其道⑯。富貴不能淫⑰，貧賤不能

有一個縱橫家，名叫景春，對孟子說道：「像公孫衍、張儀這種人，難道不真是大丈夫嗎？他們一發怒，就能動亂列國，而使諸侯畏懼；當他們安居在家時，就能停息戰爭，而使天下寧靜。」

孟子說：「這等人那裡算得上是大丈夫呢！你沒有學過禮嗎？《禮記》上說：男子二十歲，舉行加冠禮，父親把做大丈夫的道理告戒他；女子出嫁的時候，母親拿做妻子的道理告戒她，臨去送到門口，又告戒她說：『妳到夫家後，一定要敬重公婆，必定要警戒自己，不可違背丈夫的意思。』這樣看來，把順從當作正道的，不過是做人妾婦的道理。所謂大丈夫，他以仁居心，居的是天下最寬廣的宅所；以禮立身，立的是天下

移⑱，威武不能屈⑲。此之謂大丈夫！」

——〈滕文公下・二〉

最中正的地位；以義行事，行的是天下最寬大的道路。（得志）有了施展抱負的機會，就把所得的道，推行到百姓身上；（不得志）沒有施展抱負的機會，就獨自一個人，行他所得的道。富貴不能蕩亂他的心意，貧賤不能變易他的節操，威權武力不能挫折他的志氣。只有禁得起這三種考驗都不挫折志氣的人，才叫做大丈夫。」

注釋

①**【景春】**：人名，與孟子同時，為縱橫之術者。

②**【公孫衍】**：魏人，初在魏為官，後入秦為相，為戰國時縱橫家。

③**【張儀】**：魏人，相秦惠王，遊說六國，連橫事秦。

④**【一怒而諸侯懼】**：怒則遊說諸侯，使其攻伐，故諸侯懼也。

⑤**【安居而天下熄】**：安居在家，未遊說挑撥，則天下戰火熄滅。

⑥**【冠】**：指冠禮。古代男子二十而冠，始為成人，其禮甚隆。

⑦**【命】**：告戒。

⑧【女家】：女，音ㄖㄨˇ，通「汝」。女家，指夫家。

⑨【夫子】：在此指丈夫。

⑩【以順為正】：女子以順從為正道。

⑪【妾婦之道】：言二子阿諛苟容，竊取權勢，乃妾婦順從之道，非丈夫之行事。

⑫【居天下之廣居】：廣居，指仁。謂以仁居心，所居乃天下最寬廣的住宅。

⑬【立天下之正位】：正位，指禮。謂以禮立身，所立乃天下最中正的位置。

⑭【行天下之大道】：大道，指義。謂以義行事，所行乃天下最寬廣的道路。

⑮【得志與民由之】：得志之時，把所得之道，推行於民。

⑯【獨行其道】：獨自行其所得之道。

⑰【淫】：蕩亂其心意。

⑱【移】：變易其節操。

⑲【屈】：挫折其志氣。

孟子曰：「子路，人告之以有過則喜①；禹聞善言則拜②。大舜有大焉：善與人同③，舍己從人④，樂取於人以為善。自耕稼陶漁⑤，以至為帝，無非取於人者⑥。取諸人以為善，是與人為善⑦者也。故君子莫大乎與人為善。」

——〈公孫丑上．八〉

孟子說：「子路這個人，別人指點出他的過失，他非常歡喜。禹聽到了善言，他就行禮答謝。偉大的舜更是不得了，他視別人的善行就好像自己的善行一樣，拋棄自己的過錯，跟從人家的善行，非常快樂地吸取別人的優點來行善。微賤時，他從事莊稼、做瓦器、當漁夫一直到做天子，沒有一處優點不是從別人那裡吸取來的。吸取別人的優點來行善，這就是幫助別人去行善。所以君子最高的德行就是幫助別人行善。」

注釋

①【喜】：指喜能聞知己過而改之。

②【拜】：行禮答謝。

③【善與人同】：「與人同善」的倒裝，即視他人之善猶如自己之善。

④【舍己從人】：舍己之過，從人之善；即子路之改過，禹之拜善言。

⑤【耕稼陶漁】：舜嘗耕於歷山，陶於河濱，漁於雷澤。

⑥【無非取於人者】：莫不皆取於人之善而從之。

⑦【與人為善】：與，猶許也、幫助。取彼之善，而為之於我，則彼將益勸於為善，是我助其為善也。

孟子曰：「自暴①者，不可與有言②也；自棄③者，不可與有為④也。言非⑤禮義，謂之自暴也；吾身不能居仁由義⑥，謂之自棄也。仁，人之安宅⑦也；義，人之正路⑧也。曠(ㄎㄨㄤˋ)⑨安宅而弗居，舍正路而不由，哀哉！」

——〈離婁上・一〇〉

孟子說：「自己賊害自己的人，不能和他談禮義；自己拋棄自己的人，無法和他實行仁義。一開口就破壞禮義，這便叫做自己殘害自己；自己認為不能以仁居心，不能由義而行，這便叫做自己拋棄自己。仁是人類最安適的住宅；義，是人所行走最大的道路。故意空著安適的住宅不住，捨棄正大的道路不走，真是可悲啊！」

注釋

①【自暴】：自己賊害自己。

②【不可與有言】：自害其身者，不知禮義之為美，而非毀之；雖與之言，必不見信也。

③【自棄】：自己捨棄自己。

④**【不可與有為】**：自棄其身者，知仁義之為美，但溺於怠惰，自謂必不能行；與之有為，必不能勉也。

⑤**【非】**：詆毀。

⑥**【由義】**：行義。

⑦**【安宅】**：可安居的住宅；此用以喻指仁。

⑧**【正路】**：正大的道路；此用以喻指義。

⑨**【曠】**：空也，指閒置不用。

孟子謂宋句(ㄍㄡ)踐(ㄐㄧㄢˋ)曰：「子好(ㄏㄠˋ)遊①乎？吾語(ㄩˋ)②子遊。人知之亦囂囂③，人不知亦囂囂。」曰：「何如斯可以囂囂矣？」曰：「尊德樂義，則可以囂囂矣。故士窮不失義，達不離道。窮不失義，故士得己④焉；達不離道，故民不失望焉。古之人，得志，澤加於民；不得

孟子對宋勾踐說：「你喜歡遊說諸侯嗎？我告訴你遊說的道理。人家知道你，固然可以悠然自得；人家不知道你，也要悠然自得。」宋句踐問：「怎麼樣才可以悠然自得呢？」孟子說：「尊重德行，樂於義理，就可以悠然自得了。所以讀書人窮困時不做不義的事，顯達時不背叛大道。窮困時不做不義的事，所以士人就能保持自己的善性；顯達時不背叛大道，所以人民就不會對他失望。古時候的人，得志時，恩澤加在人民

志，修身見⑤於世。窮則獨善其身，達則兼善天下。」

——〈盡心上·九〉

注釋

①【遊】：遊說。
②【語】：音ㄩˋ，告訴。
③【囂囂】：悠然自得的樣子。
④【得己】：得到自己的本性。
⑤【見】：音ㄒㄧㄢˋ，通「現」。

孟子曰：「君子有三樂，而王天下不與存①焉。父母俱存，兄弟無故②，一樂也；仰不愧於天，俯不怍（ㄗㄨㄛˋ）於人，二樂也；得天下英才③而教育之，三樂也。君子有三樂，而王天

的身上；不得志時，修養己身顯現於世。窮困時就獨自修養己身，顯達時就使天下人同歸於善。」

孟子說：「君子有三件快樂的事，但是稱王於天下，並不包括在其中。父母都健在，兄弟相親相愛沒有變故，是第一件快樂的事；抬頭不愧於天，低頭不愧於人，是第二件快樂的事；能得到天下優秀的人才來教育他們，是第三件快樂的事。君子有三件快樂的事，然而稱王於天下，卻

下不與存焉。」　——〈盡心上・二〇〉——不包括在內。」

注釋

①【**不與存**】：與，音ㄩˋ，參與。不與存，不包括在內。

②【**無故**】：無他變故，謂相親好也。

③【**英才**】：才能過人者。

五、孟子的教育觀

孟子曰：「教亦多術①矣！予不屑（ㄒㄧㄝˋ）之教（ㄐㄧㄠˋ）誨（ㄏㄨㄟˋ）②也者，是亦教誨之而已矣。」

——〈告子下・一六〉

孟子說：「教誨的方法很多！就是我認為這個人品德不高潔而拒絕教誨他，這也是教誨人的一種方法啊！」

注釋

①【多術】：方法很多。

②【予不屑之教誨】：我瞧不起而不教誨他。

孟子曰：「中①也養②不中，才③也養不才，故人樂有賢父兄④也。如中也棄⑤不中，

孟子說：「守中正之道的人須教養不守中正之道的人，具有才能的人須教養沒有才能的人，所以人人都高興有賢能的父兄教導自己。假如有中正之道的父兄卻棄而不教那不守中正之子弟，

才也棄不才，則賢不肖⑥之相去，其間不能以寸⑦。」

——〈離婁下・七〉

有才能的父兄卻棄而不教那沒有才能的子弟，那麼持守中道和有才能的賢父兄，和那不守中道、沒有才能的不賢子弟，彼此的距離，簡直可說不能用寸來衡量，因為跟本相差無幾。」

注釋

①【**中**】：無過無不及的中道；在此指具有此中正之道的人。

②【**養**】：涵養教導。

③【**才**】：才能；在此指具有才能的人。

④【**樂有賢父兄**】：高興於有賢能的父兄教導自己。

⑤【**棄**】：棄而不教。

⑥【**不肖**】：不賢。

⑦【**不能以寸**】：不能用寸來衡量，言相差無幾。

孟子謂戴不勝①曰：「子欲子之王之善②與？我明告子：有楚大夫於此，欲其子之齊語也，則使齊人傅③諸？使楚人傅諸？」曰：「使齊人傅之。」曰：「一齊人傅之，眾楚人咻④之，雖日撻而求其齊⑤也，不可得矣。引而置之莊、嶽⑥之間數年，雖日撻而求其楚，亦不可得矣。子謂薛居州⑦善士⑧也，使之居於王所⑨；在於王所者，長幼卑尊皆薛居州也，王誰與為不善⑩？在王所者，長幼卑尊皆非薛居州也，王誰與為善？一薛居州，獨⑪如宋王何？」

——〈滕文公下・六〉

孟子對宋國大夫戴不勝說：「你要你的君王學好嗎？我明白告訴你，譬如有個楚國的大夫在這裡，想要他的兒子學齊國話，你說請齊國人教他呢？還是請楚國人教他呢？」戴不勝說：「當然請齊人教他。」孟子說：「一位齊人教他，結果卻有許多楚人用楚語在旁喧擾他，縱使天天鞭打他，逼他說齊國話，總是不可能的。如果把他安頓在齊國的繁華熱鬧的莊、嶽街里之間住上幾年，縱使天天鞭打他，要他仍舊說楚國話，也是不可能的。你說薛居州是個善士，讓他隨侍在王的左右，如果在君王左右的人，無論年齡長幼，地位的尊卑，都是同薛居州一樣的善士，那麼，君王還會和誰去做壞事呢？假使在君王左右的人，無論年齡長幼，地位的尊卑，都不是同薛居州一樣的好人。那麼，君王又能和誰去做善事呢？如今只有一位薛居州，勢單力孤，他能對宋國君王起什麼作用呢？」

注釋

①【**戴不勝**】：宋國大夫。

②【**之善**】：之，往也；引申有學習之意。之善，學好。

③【**傅**】：教也。

④【**咻**】：音ㄒㄧㄡ，喧擾之意。

⑤【**日撻而求其齊**】：撻，鞭打。齊，在此作動詞用，指說齊國話。此句言天天打他，要他說齊國話。

⑥【**莊嶽**】：齊國兩個街里名；為齊國首都最繁華熱鬧之處。

⑦【**薛居州**】：宋國大夫。

⑧【**善士**】：指道德修養好的人。

⑨【**居於王所**】：處於王的左右。

⑩【**王誰與為不善**】：「王與誰為不善」的倒裝句。意謂王要和誰一起去做不善的事？

⑪【**獨**】：指單獨一人。

徐子①曰：「仲尼亟③稱於水曰：『水哉！水哉③！』何取於水也？」孟子曰：「原泉混混④，不舍⑤晝夜，盈科⑥而後進，放⑦乎四海；有本者如是⑧。是之取爾⑨！苟為無本，七八月之間雨集⑩，溝澮⑪皆盈；其涸⑫也，可立而待也。故聲聞⑬過情⑭，君子恥之⑮。」

——〈離婁下．一八〉

徐子問孟子說：「孔子屢次稱讚水說：『水呀！水呀！』流水有什麼可取呢？」孟子說：「有根源的泉水，滾滾地湧出來，日夜不停地流著，一定要充滿路上的坑坎才往前進，一直流到大海裡去。學有根本的君子，能自強不息，循序漸進，不到達至善的境界絕不中止，這就是可取。假使沒有根源，就像那七八月間降下的大雨突然聚集起來，田里的大小水溝一下子全都滿了；可是乾涸起來卻非常的快，我們是可以站在旁邊等著看的。所以外面的虛名如果超過了自己的實情，君子就認為可恥了。」

注釋

①**【徐子】**：名辟，孟子弟子。

②**【亟】**：音ㄑㄧˋ，屢次。

③**【水哉水哉】**：贊美水之辭。

④**【原泉混混】**：原泉，有源之水。混混，音ㄍㄨㄣˇㄍㄨㄣˇ，水不斷湧出的樣子。

⑤【**舍**】：止也。

⑥【**盈科**】：盈，滿也。科，坎也。充滿坑坎。

⑦【**放**】：音ㄈㄤˇ，至、到達。

⑧【**有本**】：言水有源，久流不竭。

⑨【**是之取爾**】：是，此也；指水之有本。此句言有取於水者在於此耳。

⑩【**集**】：聚也。

⑪【**溝澮**】：澮，音ㄎㄨㄞˋ。溝、澮，皆田間之水道。

⑫【**涸**】：音ㄏㄜˊ，水乾竭。

⑬【**聲聞**】：名譽。

⑭【**情**】：實也。

⑮【**恥之**】：指恥其有名無實而將不繼。

孟子曰：「孔子，登東山而小魯，登太山而小天下①。故觀於海者難為水②；遊於聖

孟子說：「孔子登上東山，就覺得魯國太小；登上泰山便覺得天下也變小了。所以觀賞過大海的人，就會覺得百川的水難以和大海相比；

人之門者難為言③。觀水有術，必觀其瀾④；日月有明⑤，容光必照⑥焉。流水之為物也，不盈科不行；君子之志於道也，不成章⑦不達⑧。」

——〈盡心上·二四〉

遊學於聖人門下的人，就會覺得各家的言論難以跟聖人之言相提並論。觀賞水是有方法的，一定要看那壯大的波瀾，就曉得水有本源；日月有了發光的本體，凡是可以容納光線的地方，必然無所不照。流水這種東西，不注滿了坑坎，就不會再前進；君子立志訪求道，如果不能蓄積深厚達到文章外現的程度，就無法通達聖人大道。」

注釋

①【孔子，登東山而小魯，登太山而小天下】：東山，魯城東之高山。小魯，以魯為小。太山，即泰山；太山又高於東山。小天下，以天下為小。此句言孔子聖道至高無上，譬如登山，所處益高，其視下益小；所見既大，則其小者自不足觀。

②【難為水】：言百川之水，已難以稱為水，意謂不能與大海相比。

③【遊於聖人之門者難為言】：遊，謂遊學也。難為言，言百家之言，已難以為言，意謂不能與聖人之言相比。

④【觀其瀾】：瀾，大波。觀水之瀾，則知其有本。

⑤**【日月有明】**：日月有光的本體。

⑥**【容光必照】**：容光，可容納光線的小隙縫。此句言凡容光之隙，無所不照。

⑦**【成章】**：蓄積深厚而文章外現。

⑧**【達】**：通達正道。

孟子曰：「無或①乎王②之不智也！雖有天下易生之物也，一日暴③之，十日寒④之，未有能生者也。吾見亦罕矣，吾退而寒之者至矣。吾如有萌⑤焉何哉！今夫弈⑥之為數⑦，小數也；不專心致志，則不得也。弈秋⑧，通國之善弈者也。使弈秋誨二人弈，其一人專心致志，惟弈秋之為聽。一人雖聽之，一心以為有鴻鵠將至，思援⑨弓繳⑩而射之，雖與之俱

孟子說：「不要疑惑齊王的不明智啊！雖然有天下最容易生長的東西，如果只讓它曬一天的陽光，卻陰寒它十天，也就不能生長的了。我能見到齊王的機會很少，當我離開時，那些讒陷阿諛的人，都來搖惑齊王的心。王雖有善心萌芽，我又有什麼用呢！現在拿下圍棋的技能來說，那圍棋只不過是小技藝，但如果不能專一心志，集中意志去研究，便不能得到棋藝的奧妙。奕秋，是全國最會下棋的人。假如請他教兩個人下棋，其中一個人專一心思，集中意志，靜聽奕秋的指導。另一個人表面上雖然也在聽，內心認為會有鴻鵠要飛來，打算拉起弓，用繩子拴上箭，把

學，弗若之矣。為⑪是其智弗若與？曰：非然也。」

——〈告子上．九〉

牠射下來。表面上，雖然和別人共同學習，總不如別人學得好。說是他天賦的智慧不如人嗎？我說：不是的。」

注釋

①【或】：通「惑」，疑惑。

②【王】：指齊宣王。

③【暴】：音ㄆㄨˋ，今作「曝」，曬。

④【寒】：陰寒，在此作動詞用。

⑤【萌】：指萌櫱之生。

⑥【弈】：圍棋。

⑦【數】：技術。

⑧【弈秋】：古之善弈者，名秋。

⑨【援】：引也。

⑩【繳】：音ㄓㄨㄛˊ，生絲繩，可用以繫矢而射。

⑪【為】：與「謂」同義。

孟子曰：「有為者，辟①若掘井；掘井九軔②而不及泉，猶為棄井③也。」

——〈盡心上・二九〉

孟子說：「有作為的人，譬如挖井一樣：雖然挖到六丈三尺深，卻還沒有掘到泉水，就此歇手，那仍然是口無用的廢井！」

注釋

①【辟】：通「譬」。

②【軔】：通「仞」，周制七尺為一仞。

③【棄井】：廢棄無用之井。

孟子謂高子①曰：「山徑②之蹊③間，介然用之④而成路，為閒⑤不用，則茅塞⑥之矣。今茅塞子之心矣。」

——〈盡心下・二一〉

孟子對高子說：「山間可通行的小路，常常有人走動便成了路；如果隔了一段時間不用，那茅草便生長起來又把它塞住了。現在你的仁心好久不用，也像給茅草塞住了。」

注釋

①【高子】：齊人，嘗學於孟子，未明道，去而學於他術。

②【山徑】：徑，通「陘」（音ㄒㄧㄥˊ），阪（音ㄅㄢˇ）也。山徑，山坡，趙注：「山徑，山之嶺。」

③【蹊】：山間始行之荒路。朱注：「蹊，人行處也。」

④【介然用之】：介然，指很短的時間。用，行也。此句言每隔一段很短的時間就去行走，即經常行走之意。

⑤【為閒】：隔一段時間。閒，通「間」。

⑥【茅塞】：茅草生而塞之。

孟子曰：「博學①而詳說②之，將以反說約③也。」

——〈離婁下．一五〉

孟子說：「廣博地學習，詳細的解說，是希望將來融會貫通以後，回過頭來，用它說明那精微的道理。」

注釋

①【博學】：廣博地研究。

②【詳說】：詳細地解說。

③【反說約】：約，精要的原理。此句言於是希望融會貫通以後，回過頭來說明其精要的原理。

孟子曰：「君子深造之以道①，欲其自得之也。自得之，則居③之安；居之安，則資②之深；資之深，則取之左右逢其原⑤。故君子欲其自得之也。」——〈離婁下．一四〉

孟子說：「君子為學循正確的治學方法深入到所研究的學問裡，希望能融會貫通，自然地領悟在心。能夠融會貫通，自然地領悟在心，那麼這道理存在心中，便會安固而不動搖；能夠存在心中，便會安固而不動搖，那麼藉助這個道理來行事，便會深遠而無窮盡；能夠藉助這個道理，深遠而無窮盡，那麼日常取用它的時候，到處都可遇到它的根源，而取之不盡，用之不竭。所以君子為學，必須融會貫通，自然地領悟在心，很自然就得到這個道理的本源啊。」

注釋

①【深造之以道】：造，至也。之，指所學；本章「之」字，皆指所學而言。道，在此指正確的治學方法。此句言循正確的治學方法，深入到所研究的學問裡。

②【自得】：融會貫通，自然地領悟於心。

③【居】：處也。

④【安】：安固而不動搖。

⑤【資】：藉助。

⑥【左右逢其原】：左右，身之兩旁，言至近而非一處也。此句言取用時，隨處可遇到本源，取之不盡，用之不竭。

孟子曰：「君子之所以教（ㄐㄧㄠˋ）者五：有如時雨化之①者，有成德②者，有達財③者，有答問④者，有私淑艾（ㄧˋ）⑤者。此五者，君子之所以教也。」

——〈盡心上．四〇〉

孟子說：「君子用來教誨人的方法有五種：一種是像及時雨化育草木一般，一種是就他本有的德性而教導而有所成就；一種是使他盡量發揮天賦的才能；一種是就他所提的問題給他解答；一種是沒有及門受業的人，私下捨取君子的善言善行而修養自己。這五種，便是君子用來教誨人的方法啊！」

注釋

①【時雨化之】：時雨，及時之雨。此句言良好的教育，使人潛移默化，有如及時雨的化育草木

一般。

②【**成德**】：因其本有的德性而教導之，使有成就。

③【**達財**】：財，通「材」。因其材而教導之，使其能通達而成為有用的人。

④【**答問**】：就所問而解答之，以袪除其疑難。

⑤【**私淑艾**】：淑，善。艾，音一ˋ，通「乂」，治理。此句言不能親自教導，但能以己之言行，使學者以為善，而取來修養其品德。

孟子曰：「羿①之教人射，必志於彀②，學者亦必志於彀。大匠③誨人，必以規矩，學者亦必以規矩。」

——〈告子·二〇〉

孟子說：「后羿教人射箭，一定要求學習的人能把弓拉滿，才能每射必中，學習的人，也一定要期望自己能把弓拉滿。做工藝的師傅教人做木工，一定要按照圓規矩尺，學習的人也一定要用圓規矩尺來做才可以。」

注釋

①【**羿**】：夏代有窮國國君，善於射。

②【**志於彀**】：志，猶期也。彀，音ㄍㄡˋ，弓滿也。此句言期望學習者把弓拉滿。

③【**大匠**】：手藝精湛的工匠。

實力大考驗5

多重選

1. 我國理想的「生命之美」，往往不在感官的愉悅或際遇的騰達，而在追求一種超出外在現實限制，屬於內心坦然自在的安適。下列文句，表現此種生命情趣的選項是：

(A)飯疏食，飲水，曲肱而枕之，樂亦在其中矣。

(B)結廬在人境，而無車馬喧。問君何能爾，心遠地自偏。

(C)不以物傷性，不以謫為患，無適而不自快，無入而不自得。

(D)文武爭馳，君臣無事，可以盡豫遊之樂，可以養松喬之壽。

(E)自耕稼陶漁，以至為帝，無非取於人者。取諸人以為善，是與人為善者也。

【90年大學入學考】

2. 文言文中的「者」，有作代名詞用，如「古之學『者』必有師」；有作語助詞用，如「師『者』，所以傳道、受業、解惑也」。下列文句的「者」，屬於「代名詞」的選項是：

(A)政「者」，正也，子率以正，孰敢不正。
(B)聞舟船中夜彈琵琶「者」，聽其音，錚錚然。
(C)不仁「者」，不可以久處約，不可以長處樂。
(D)夫史「者」，民族之精神，而人群之龜鑑也。
(E)夫持法太急「者」，其鋒不可犯，其末可乘。

【92年大學入學考】

3.儒家認為一個人的外在行止不唯與其內在修養相符相應、相生相成，抑且是禮義之道的開端，所以儒家極重視外在行止的講求。下列文句表現儒家此種觀點的選項是：
(A)外貌斯須不莊不敬，而易慢之心入之矣。
(B)禮義之始，在於正容體，齊顏色，順辭令。
(C)學有所得，不必在談經論道間，當於行事動容周旋中禮者得之。
(D)臨民之時，容止可觀，進退可度，語言和謹，處事安詳，則不失其禮體矣。
(E)君子所貴乎道者三：動容貌，斯遠暴慢矣；正顏色，斯近信矣；出辭氣，斯遠鄙倍矣

【94年大學入學考】

4.孔子認為，良好的道德修養具有普世價值，不受族群、地域的局限。下列《論語》文句，強調此一道理的選項是：

(A)天下有道則見，無道則隱。

(B)言忠信，行篤敬，雖蠻貊之邦行矣。

(C)十室之邑，必有忠信如丘者焉，不如丘之好學也。

(D)君子敬而無失，與人恭而有禮，四海之內皆兄弟也。

(E)孔子於鄉黨，恂恂如也，似不能言者；其在宗廟朝廷，便便言，唯謹爾。【96年大學入學考】

5.下列引用《論語》文句詮釋經典名篇的敘述，正確的選項是：

(A)諸葛亮於〈出師表〉中，充分展現「其行己也恭，其事上也敬」的行事態度。

(B)蘇轍於〈上樞密韓太尉書〉中，表述基於「仕而優則學」的體悟，進京求師。

(C)韓愈〈師說〉中舉孔子師郯子、萇弘、師襄、老聃等人為例，寓有「三人行，必有我師焉」之意。

(D)蘇軾〈赤壁賦〉「哀吾生之須臾，羨長江之無窮」的心理，等同於「未知生，焉知死」的生死觀。

(E)〈燭之武退秦師〉中，燭之武深知「及其壯也，血氣方剛，戒之在鬥；及其老也，血氣既衰，戒之在得」的道理，故向鄭伯委婉推辭曰：「臣之壯也，猶不如人；今老矣，無能為也已。」【99年大學學測】

6.下列文句「　」內的詞語，前後詞性相同的選項是：

(A)《論語．子罕》：吾誰「欺」？「欺」天乎。

(B)《論語．季氏》：「樂」節禮「樂」，樂道人之善，樂多賢友。

(C)《孟子．萬章》：天之生此民也，使先知覺後知，使先「覺」覺後「覺」也。

(D)《論語．學而》：夫子至於是邦也，必聞其政。求之「與」？抑「與」之與。

(E)《孟子．梁惠王》：是不為也，非不能也。故「王」之不「王」，非挾太山以超北海之類也。

【98年大學學測】

7.儒家思想，一脈相傳。下列前後文句意義相近的選項是：

(A)己所不欲，勿施於人。／施諸己而不願，亦勿施於人。

(B)以不教民戰，是謂棄之。／不教民而用之，謂殃民。

(C)仁者先難而後獲。／勞苦之事則爭先之，饒樂之事則能讓。

(D)言必信，行必果，硜硜然小人哉。／大人者，言不必信，行不必果。

(E)始作俑者，其無後乎。／率獸而食人，惡在其為民父母也。

【100年大學學測】

參考答案：

1. ABC　2. BCE　3. ABCDE　4. BD　5. AC　6. AC
7. ABCDE（E可選或不選）

◎詳解：

1. (D)簡能而任、擇善而從、分層負責自能無為而治、不言而化。本句乃論「為政之道」，故為錯誤的選項。

(E)《孟子．公孫丑》上。孟子贊譽大舜的偉大，說大舜從他微賤時，在歷山耕田、在河濱燒窯、雷澤打魚起，一直當到帝王止，他一生的善行，沒有不是從別人那裡採取來的。他採取別人的善，而由自己身體力行，就這是幫助別人為善。本選項是孟子勉人「與人為善」，故與題意不合。

2. (A)語助詞，《論語．顏淵》。（季康子問政，孔子回答）：「政啊！就是正，你的言行能守正道，再用正道督率臣民，又有誰敢不正呢？」

(B)代名詞，指彈琵琶的人。出自白居易〈琵琶行〉（樂府詩）。「聽到舟船中有在暗夜中彈琵琶琶的人，聽那琵琶聲，發出錚錚的聲響，（有京城的韻味）」

(C)代名詞，指不仁的人。《論語．里仁》。不仁的人不可能長久處在貧賤窮困的環境中，也不可能處在富貴安樂的環境中。

(D)語助詞。連橫〈臺灣通史序〉。歷史，是民族精神的凝聚，是人類社會的借鏡。

(E)代名詞，指施行殘暴統治的秦國或秦君。蘇軾〈留侯論〉。秦國所施行的是嚴刑峻法，它的鋒芒不可觸犯，卻可待其疲弊時加以利用。

4.

(A)〈泰伯〉。文旨係強調「君子在治世與亂世中的安身立命之道」。

(B)〈衛靈公〉。文旨係強調「良好的道德修養具有普世價值，不受族群、地域的局限」。

(C)〈公冶長〉。文旨係強調「即便在鄉野間也能找到與孔子一樣具有忠信精神的人，差別只在於孔子的好學精神是其他人所無法比擬的」。

(D)〈顏淵〉。文旨係強調「良好的道德修養具有普世價值，不受族群、地域的局限，且可讓天下人如同兄弟般相互對待」。

(E)〈鄉黨〉。文旨係強調「孔子與鄉里族人及朝廷大臣交往時，懂得適度地表達，且均能謹守恭敬之道」。

5.

(A)他的行為謙恭，事奉長上敬重。《論語．公冶長》。諸葛亮在〈出師表〉中表明自己的職分

為「興復漢室，還於舊都」，雖為老臣，但語必稱先主，對後主劉禪十分敬重。

(B)《論語》：任官有了成就就更要充實學問。《論語．子張》。蘇轍作〈上樞密韓太尉書〉時已考上進士，但尚未出仕，欲求見韓琦而寫此文，是學習有所成就後欲取得任官資格，乃「學而優則仕」。故本選項錯誤。

(C)《論語》：多人走在一起，當中一定有值得我學習的對象。《論語．述而》。韓愈〈師說〉舉聖人無常師來說明從師問學的重要。故本選項正確。

(D)《論語》：不知道生的道理，怎麼了解死後的道理呢？《論語．先進》。孔子回答子路問話，強調重視現實人生的觀點，不以死後不可稽考之事掛懷。蘇軾〈赤壁賦〉中洞簫客「哀傷我生命的短暫，羨慕長江存在時間的長久無盡」是感嘆自己生命的短暫，流露悲哀情感，掛懷於死亡，和孔子的精神不同，故本選項錯誤。

(E)《論語》：壯年的時候，精神氣力正剛強，應該戒除好勇鬥狠；等到老的時候，精神氣力都衰微了，應當避免貪多務得。《論語．季氏》。孔子強調每一個生命階段都該提醒自己避免觸犯的錯誤。《左傳．燭之武退秦師》中，燭之武說：「我壯年的時候，都不如人了；現在老了，更沒有辦法有所作為了。」事實上是委婉地表達自己對君王不及早重用自己的不滿，和《論語》意涵無關，故本選項錯誤。

6.
(A)欺騙，動詞：我欺騙誰？欺騙上天嗎？
(B)音ㄧㄠˋ，愛好，動詞。／音ㄩㄝˋ，名詞。愛好以禮樂調節自己，愛好稱揚別人的優點，愛好多結交賢能的朋友。
(C)覺悟的人，名詞。上天降生這些人民，派先知道、先覺悟的人，去喚醒後知道、後覺悟的人。
(D)音ㄩˊ，通「歟」，句末疑問助詞。／音ㄩˇ，給予，動詞。孔夫子每到一個國家，一定能參與該國的政事。這是他求來的呢？還是人家給予他的呢？
(E)音ㄨㄤˊ，君王，名詞。／音ㄨㄤˋ，稱王，動詞。這叫做不去做，而不是不能做。所以君王您不能稱王於天下，不是懷夾泰山跨越北海那種不能做的事。

7.
(A)談「恕」道，亦即將心比心。自己不希望的事，就不要施加到別人身上。《論語．衛靈公》。／如果施加到自己卻不願意的話，就不要施加到別人身上。《禮記．中庸》。
(B)談人民要受過戰爭的心理和生理等教養才能上戰場，否則就是讓人民上戰場送死，不是仁政。用沒受過教養的人民來打仗，就叫作放棄人民。《論語．子路》。／不教導人民打仗就用兵，叫作施禍於民。《孟子．告子下》。
(C)談仁者要先憂後樂。仁者搶先做困難的事，後享受甜美成果。《論語．雍也》。／勞苦之事搶在人之先而做，饒裕快樂之事退而讓人民享受。《荀子．修身》。

(D)談固執地說到做到只是小人行止，是最次一等的士，真正的大人（君子）是凡事依正義而行，有所權衡取捨。**語譯**：說話一定守信，做事一定堅決到底，硬梆梆地像顆小石顆，不問是非地固執己見，當然是小人！《論語．子路》／真正有大器度的君子，說話不一定守信，做事不一定堅持到底（，而是依正義而行）。《孟子．離婁下》。

(E)談為民父母官如果重物輕人，貪於享受，就像奪取人口中的食物給動物吃一樣惡劣。兩句話出自同一出處，但意義有深淺之別，「始作俑者」也轉化成首開惡例之人，和「率獸食人」有意義上微小的差別，所以本選項可選可不選。語譯：一開始做木俑殉葬的人，大概會絕子絕孫吧！《孟子．梁惠王上》。／率領野獸來吃人，怎麼能當上人民的父母官呢？《孟子．梁惠王上》。

六、孟子的政治理念

孟子曰：「君子之於物①也，愛②之而弗仁；於民也，仁之而弗親。親親而仁民，仁民而愛物。」
——〈盡心上・四五〉

孟子說：「君子對待禽獸草木，可以以愛物之心待之，但是不必以待人的仁心待之。君子對待人民要以仁心待之，但是不需要對待愛親人親情心來愛之。因為施行仁心是有等差的，我們要敬愛愛護自己的親人，再推及以仁心對待人民，再由仁愛人民的心來對待禽獸草木，此乃為行仁之原則。」

注釋

①【物】：泛指禽獸草木。

②【愛】：取之有時，發揮地有節度稱之為「愛」。

孟子曰：「民為貴，社稷①次之，君為輕。是故得乎丘民②而為天子，得乎天子為諸侯，得乎諸侯為大夫。諸侯危社稷，則變置③。犧牲既成④，粢盛⑤既潔，祭祀以時，然而旱乾水溢，則變置社稷。」

——〈盡心下・一四〉

孟子說：「人民是最貴重的，社稷在其次，國君是最不重要的。所以，能夠得到萬民的擁護，就可以做天子；能夠得到天子的賞識，就可以做諸侯；能夠得到諸侯的賞識，就可以做大夫。如果諸侯的所作所為危害到了國家，就要更立一位新的諸侯。假使祭祀社稷的牛羊豬三牲都很肥碩，黍稷盛在祭器裡的也都已經清潔，而祭祀又按時舉行，但是社稷之神，卻不能保佑人民，仍然有乾旱水淹的災荒，就可以更立新的社稷。」

注釋

①【**社稷**】：社，土神。稷，穀神。建國則立壇壝（音ㄨㄟˊ，圍有矮牆的牆。）以祭祀社、稷，故常以社稷為國家的代稱。

②【**丘民**】：田野之民，引申為眾民。

③【**變置**】：在此指更立賢君。蓋諸侯無道，將危害社稷，故當更立賢君。

④【**犧牲既成**】：犧牲，牛羊豕之屬以祀神者。成，飼養之期已足，已成肥碩之形。

⑤【粢盛】：粢，音ㄗ，黍稷。盛，音ㄔㄥˊ，盛在祭器裡。粢盛，黍稷等祭品。

孟子曰：「桀、紂（ㄓㄡˋ）之失天下也，失其民也。失其民者，失其心也。得天下有道①：得其民，斯得天下矣。得其民有道：得其心，斯得民矣。得其心有道：所欲與②之聚之；所惡勿施爾也。

民之歸仁③也，猶水之就下，獸之走壙（ㄎㄨㄤˋ）④也。故為（ㄨㄟˋ）淵敺（ㄑㄩ）魚⑤者，獺（ㄊㄚˋ）⑥也；為叢敺（ㄑㄩ）爵（ㄑㄩㄝˋ）⑦者，鸇（ㄓㄢ）⑧也；為湯、武敺民者，桀與紂也。今天下之君有好仁者，則諸侯皆為之敺矣；雖欲無王，不可得已。

孟子說：「夏桀、商紂之所以失去天下，是因為失去了人民的擁戴；失去人民的擁戴，是因為失去民心。這樣看起來，要得天下是有方法的：能得到人民，便能得到天下。想要得到人民也有方法的：能得到民心，就會得到人民。想要得到民心的擁戴也有方法的：人民所需求的，都為他們準備，人民所厭惡的，不施加到他們身上。

人民歸附仁君，就如同水向低處流，獸類奔向曠野一樣。所以驅趕魚游向深水的，是那吃魚的水獺；驅趕鳥飛向叢林的，是那愛吃雀的鷹鸇；驅民往商湯周武王那裡去的，是那殘害人民的夏桀和商紂。現在天下的君主，如果有一個喜好施行仁政的，那麼各國諸侯都會替他驅人民來歸服；縱使是他不願意得到天下，也推辭不了。

現在那些想得天下的人，就如生了七年的老

今之欲王者，猶七年之病，求三年之艾⑨也。苟為⑩不畜⑪，終身不得。苟不志於仁，終身憂辱，以陷於死亡。詩云：『其何能淑？載胥及溺⑫。』此之謂也。」

——〈離婁上・九〉

病，還在尋找那收藏三年的陳艾去炙治一樣。如果不從現在就儲存起來，三年的陳艾便一輩子得不到。假使不及時立志、施行仁政，便一輩子生活在憂愁恥辱中，以至於陷入身死國亡的悲慘結局。《詩經・大雅・桑柔篇》說：『如今諸侯的作為，如何會有好結果？則君臣只有相與陷溺於亂亡而已。』說的就是這情形。」

注釋

①【道】：在此指方法。

②【與】：猶為（音ㄨㄟˋ）也，替的意思。

③【歸仁】：歸附仁君。

④【壙】：廣大空曠的原野。

⑤【為淵敺魚】：淵，深水。敺，古「驅」字。為淵敺魚，喻暴君虐民，民皆思仁君而歸之。

⑥【獺】：音ㄊㄚˋ，水獺，穴居河濱，捕魚而食。

⑦【為叢敺爵】：叢，茂林。爵，音ㄑㄩㄝˋ，通「雀」。

⑧**【鸇】**：音ㄓㄢ，鷹類，性兇猛，擊燕雀而食之。
⑨**【猶七年之病，求三年之艾】**：艾，草名，其葉可用以灸治疾病，久乾後更有功效。七年之病，指拖延很久，情況嚴重的疾病，用以比喻不良之政。三年之艾，儲藏很久，療效良好的艾草，用以比喻施政良方。
⑩**【苟為】**：猶言「假使是」。
⑪**【畜】**：通「蓄」，儲存。
⑫**【詩云……載胥及溺】**：《詩經．大雅．桑柔》之句。淑，善也。載，則也。胥，相也。溺，陷也。此詩言如今諸侯之所為，如何能有善政？則君臣只有相與陷溺於亂亡而已。

孟子曰：「仁則榮①，不仁則辱②。今惡ㄨˋ辱而居不仁，是猶惡溼而居下③也。

如惡ㄨˋ之，莫如貴德而尊士④；賢者在位⑤，能者在職⑥。國家閒暇⑦，及是時，明其政刑，雖大國必畏之矣！詩⑧云：『迨ㄉㄞˋ⑨天

孟子說：「國君施行仁政就會使國家興隆，民生安足而得到光榮，不施行仁政，就會蒙受恥辱。現在的國君只知道憎惡恥辱卻又居心不仁，就好像明明憎惡潮溼卻又偏偏住在低下卑溼的地方。如果國君憎惡恥辱，不如崇尚道德，尊敬賢士，讓有賢德的人處於高位，讓有才能的人擔任公職。國家太平無事時，趁這時候，修明政教和

之未陰雨，徹彼桑土⑩，綢繆牖戶⑪，今此下民⑫，或敢侮予⑬。』孔子曰：『為此詩者，其知道⑭乎！能治其國家，誰敢侮之！』

今國家閒暇，及是時，般樂怠敖⑮，是自求禍也。禍福無不自己求之者！詩云：『永言配命，自求多福。』太甲⑯曰：『天作孽⑰，猶可違⑱；自作孽，不可活⑲。』此之謂也。」

——〈公孫丑上．一二〉

刑罰，即使是大國也一定要害怕他。《詩經．豳風．鴟鴞》篇上說：『鳥兒趁著天還沒有陰雨的時候，剝取那桑樹根的表皮，來纏結修補巢上的通氣孔穴，今後在此樹下的人們，還有誰敢欺侮我。』孔子說：『作這篇詩的人，他是知道防患未然的道理吧！能及早預防禍患，治理他的國家，誰還敢欺侮他呢！』

現在的國君，每逢國家太平無事，就趁這時候任情作樂，怠惰遨遊，這是自招禍患的行為。禍患和幸福，沒有不是自己招來的的。《詩經．大雅．文王》篇說：『永久配合天命，自己去尋求更多的幸福。』《書經．太甲》篇說：『上天造成的災禍，還可以逃避；自己造成的災禍，那就活不成了。』正是這個意思。」

注釋

①【仁則榮】：施行仁政則國家興隆，民生安足，得其光榮。

②【辱】：指國家衰亡，蒙其恥辱。

③【居下】：處於卑溼之地。

④【貴德而尊士】：崇尚道德及尊敬賢士。

⑤【賢者在位】：有賢德者居於高位。

⑥【能者在職】：有才能者擔任官職。

⑦【閒暇】：指太平無事之時。

⑧【詩】：《詩經．豳風．鴟鴞》篇。豳，音ㄅㄧㄣ。鴟鴞，音ㄔ ㄒㄧㄠ，似鷹而較小者。

⑨【迨】：及也，猶言「趁著」。

⑩【徹彼桑土】：徹，通「撤」，剝取。土，音ㄉㄨˋ，通「杜」，根也。桑土，指桑根的皮。

⑪【綢繆牖戶】：繆，音ㄇㄡˊ。綢繆，纏結修補，使其牢固。牖戶，指鳥巢之通氣孔及出入洞。

⑫【今此下民】：謂今後在此樹下的這些人。

⑬【或敢侮予】：或，誰也。予，鳥自稱。此句言備患如此精密，在下之人，還有誰敢欺侮我呢？

⑭【知道】：知道防患未然之道。《詩經》以鳥之未雨綢繆，比喻君之治國，亦當思患而預防之。

⑮【般樂怠敖】：般，音ㄆㄢˊ，大也。敖，通「遨」，出遊也。此句說言任情作樂，怠惰遨遊。

⑯【太甲】：《書經》篇名。按：太甲為商湯嫡孫，商朝第四位帝王。即位後，因荒淫無道，被

伊尹放逐，三年後，以能悔過，伊尹乃迎歸復位，並作〈太甲〉以戒之。

⑰【**孽**】：災禍。

⑱【**違**】：逃避。

⑲【**活**】：生也。

齊宣王問曰：「湯放①桀，武王伐紂，有諸？」

孟子對曰：「於傳（ㄓㄨㄢˋ）有之。」

曰：「臣弒其君，可乎？」

曰：「賊仁者，謂之賊②；賊義者，謂之殘③。殘賊之人，謂之一夫④。聞誅一夫紂矣，未聞弒君也。」——〈梁惠王下．八〉

齊宣王問孟子道：「商湯驅逐夏桀，武王討伐殷紂，真有這種事嗎？」

孟子答道：「在古書上是有這種記載。」

宣王說：「做臣子的殺死君主，可以嗎？」

孟子說：「賊害仁德的人，叫做賊；賊害義理的人，叫做殘。賊仁害義的人，就叫他做獨夫。我只聽說武王殺了獨夫商紂，沒聽說武王殺死君上啊。」

注釋

①【放】：驅逐。
②【賊仁者謂之賊】：害仁者，凶暴浮虐，滅絕天理，故謂之賊。
③【賊義者謂之殘】：害義者，顛倒錯亂，傷敗倫常，故謂之殘。
④【一夫】：猶言獨夫，即不仁不義，眾叛親離的人。

梁惠王曰：「寡人之於國也，盡心焉耳矣①：河內凶②，則移其民於河東③，移其粟於河內；河東凶亦然。察鄰國之政，無如寡人之用心者。鄰國之民不加少④，寡人之民不加多⑤，何也？」

孟子對曰：「王好戰，請以戰喻：填然⑥鼓之⑦，兵刃既接⑧，棄甲曳兵而走⑨，或百步

梁惠王說：「我對於國政，可算是用盡心力了：譬如河內發生饑荒，就把那裡少壯的人民遷移到河東去就食，又把河東地方一部分的米穀，援運到河內來賑濟那裡不能遷移的老弱；河東地方遇到荒年，也採同樣辦法。察看鄰國的政事，沒有一個像我這樣竭盡心力的。可是鄰國的人民並沒有更加減少，而我的人民也並沒有更加增多，這是什麼緣故呢？」

孟子答道：「王喜好戰爭，就請拿戰爭來比喻吧：當戰鼓鼕鼕地擂起，並揮令軍隊進攻時，雙方的兵刃一經接觸，那戰敗的一方，丟掉盔

而後止，或五十步而後止；以五十步笑百步，則何如？」

曰：「不可，直⑩不百步耳，是亦走也。」

曰：「王如知此，則無望民之多於鄰國也。不違農時⑪，穀不可勝食⑫也；數罟⑬不入洿池，魚鼈不可勝食也；斧斤以時⑭入山林，材木不可勝用也。穀與魚鼈不可勝食，材木不可勝用，是使民養生喪死⑮無憾也。養生喪死無憾，王道之始也。

五畝之宅，樹之以桑，五十者可以衣帛矣！雞豚狗彘之畜，無失其時⑯，七十者可以

甲，拖著兵器就逃走。有的逃了一百步然後停住，有的逃了五十步才停住；這逃五十步的人，卻取笑那逃一百步的人，王以為怎麼樣呢？」

惠王說：「當然不可以，逃五十步的人只不過沒有逃到一百步罷了，究竟還是一樣的逃走啊。」

孟子說道：「王如果知道這個道理，就不必奢望梁國的百姓會比鄰國多。只要不耽誤農民耕耘收穫的季節，使五穀積得多，自然就吃不完了；細密的網罟，不放到深水池子裡去捕魚，魚鼈生得多自然就可以吃不完了；帶著斧頭斫刀，必要按著秋冬草木零落的適當時節，到山裡去採伐，材木自然就用不完了。五穀和魚鼈吃不完，材木也用不完，這就能使百姓養生送死的需要都沒有缺憾。能使百姓養生送死的需要都沒有缺憾，便是以王道治國的開始啊！

然後再進一步，使每戶農家分得五畝大的住宅空地上，種些桑樹來養蠶，那麼五十歲的老人就可以穿絲綢衣服；雞狗大小豬隻的飼養，不要

食肉矣！百畝之田⑰，勿奪其時⑱，數口之家可以無飢矣！謹庠序之教⑲，申⑳之以孝悌之義，頒白者㉑不負戴㉒於道路矣！七十者衣帛食肉，黎民不飢不寒，然而不王者，未之有也！

狗彘食人食而不知檢㉓，塗有餓莩而不知發㉔。人死，則曰：『非我也，歲㉕也。』是何異於刺人而殺之，曰：『非我也，兵也。』王無罪歲㉖，斯天下之民至焉。」

——〈梁惠王上．三〉

耽誤了牠們滋生繁育的時期，七十歲老人就可以吃到肉類了；每家配給一百畝田地，在他們耕耘季節中不要徵調差役而奪去他們耕耘收穫的時令，那麼有幾口人的家庭也可以不愁飢餓了；然後謹慎地辦理學校教育，反覆教導他們那孝順父母恭敬兄長的道理，頭髮半白的老人也就不致於肩上背著、頭上頂著重物在路上行走了。既然七十歲的老年人可以穿綢衣、吃肉，其他眾民也不挨餓、受凍，像這樣還不能得天下的，是從不會有的事啊！

當五穀豐登，糧食過剩時，常拿人民吃的食物去餵飼養的狗和豬，而不曉得節制；路上有餓死的人，也不曉得把倉廩的米穀發出來賑濟，等到人民餓死了，還說：『不是我使他們餓死的，是年歲不好啊！』這就是無異於拿了兵器把人刺死，還說：『不是我殺死的，是兵器殺死他的啊！』王負起責任不要歸罪到凶歲上去，那麼天下的百姓就自然都來歸附了。」

注釋

①【**盡心焉耳矣**】：盡心，猶言盡力。焉耳，與「焉爾」同，猶於是也。此句言於救荒之事，已竭盡心力矣。

②【**河內凶**】：河內，魏地。今河南省黃河以北地，舊時通稱河內。魏之河內，包括今河南省沁陽、濟源等縣。凶，荒年。

③【**河東**】：魏地。黃河流經山西省境，自北而南，故舊時通稱山西省境內黃河以東地曰河東。魏之河東，包括今山西省安邑等縣。

④【**加少**】：更加減少。

⑤【**加多**】：更加增多。

⑥【**填然**】：形容鼓音，猶今言「鼕鼕地」。

⑦【**鼓之**】：謂擊鼓指揮兵士進攻。古時戰爭，擊鼓則兵進，鳴金則兵退。

⑧【**兵刃既接**】：兵刃，泛指兵械刀刃等兵器。接，接觸。此句言雙方已經交戰。

⑨【**棄甲曳兵而走**】：甲，盔甲。曳，拖也。兵，兵器。走，敗逃。此句形容敗退之情形。

⑩【**直**】：但也、只也。

⑪【**不違農時**】：農時，謂春耕、夏耘、秋收之時。不違農時，言不剝奪而耽誤到農民耕作之

時。

⑫【不可勝食】：勝，音ㄕㄥ，盡也。不可勝食，言五穀豐收，食之不盡也。

⑬【數罟】：音ㄘㄨˋ ㄍㄨˇ，細密的魚網。

⑭【時】：在此指草木零落之時。

⑮【喪死】：葬送死者。

⑯【無失其時】：不要誤失家畜孵化繁殖的時期。

⑰【百畝之田】：一夫一婦受田百畝。

⑱【勿奪其時】：不要因徵調徭役剝奪其耕耘收穫的時節。

⑲【謹庠序之教】：謹，嚴也。庠序，皆鄉學名；周朝制度，黨（五百家）有庠，遂（一萬二千五百家）有序。此句言嚴謹地辦理學校教育，修好教化。

⑳【申】：反覆叮嚀。

㉑【頒白者】：頒，通「斑」。頒白者，頭髮半白半黑的老人。

㉒【負戴】：負，以背背物。戴，以頭頂物。

㉓【檢】：節制。

㉔【塗有餓莩而不知發】：塗，通「途」，路。莩，音ㄆㄧㄠˇ，通「殍」。餓莩，餓死的死屍。

發，發倉廩以賑濟。此句言路上有餓死的人，卻還不知道發倉賑濟飢民。

㉕【**歲**】：在此指凶歲。

㉖【**罪歲**】：歸罪於凶歲。

齊宣王①問曰：「齊桓、晉文之事②，可得聞乎？」

孟子對曰：「仲尼之徒，無道③桓、文之事者，是以後世無傳焉，臣未之聞也。無以④，則王乎？」

曰：「德何如，則可以王⑤矣？」

曰：「保民⑥而王，莫之能禦⑦也。」

曰：「若寡人者，可以保民乎哉？」

曰：「可。」曰：「何由知吾可也？」

齊宣王問孟子說：「有關於齊桓公、晉文公稱霸諸侯的事，可以講給我聽嗎？」

孟子答道：「孔子的門徒，不談桓、文稱霸諸侯的事，所以後代儒家沒有傳述下來，我不曾聽見過。不得已一定要我說的話，那就只有談談稱王天下的道理了？」

宣王問：「德行要到怎麼樣，才可以稱王天下呢？」

孟子說：「能施行愛護百姓的仁政，就可以稱王天下了，並且是沒有人能阻止得住的。」

宣王問：「像我這樣子，可以施行愛護人民的仁政嗎？」

孟子說：「可以。」

宣王問：「從那裡知道我可以呢？」

曰：「臣聞之胡齕⑧曰：『王坐於堂上，有牽牛而過堂下者，王見之，曰：『牛何之？』對曰：『將以釁鐘⑨。』王曰：『舍之！吾不忍其觳觫⑩，若⑪無罪而就死地。』對曰：『然則廢釁鐘與？』曰：『何可廢也？以羊易之。』不識有諸？」

曰：「有之。」

曰：「是心足以王矣！百姓皆以王為愛⑫也；臣固知王之不忍⑬也。」

王曰：「然，誠有百姓者，齊國雖褊小，吾何愛一牛！即不忍其觳觫，若無罪而就死地，故以羊易之也。」

孟子說：「我聽見王的臣子胡齕說過：王坐在大堂之上，有人牽著一頭牛從大堂之下經過。王看到了，就問他說：『把牛牽到那裡呢？』那人答道：『要牽去宰殺取血，祭祀新鑄成的鐘，拿牠的血來塗抹鐘上的孔隙。』王說：『捨棄牠吧！我不忍心看牠恐懼發抖的樣子，如此沒有犯罪卻要牠死。』那人答道：『那麼要廢止祭鐘的儀式嗎？』王說：『怎麼可以廢止呢？用羊去換牠。』不知道有沒有這件事？」

宣王說：「有的。」

孟子說：「有了這種仁心，就足以王有天下了。可是一般百姓卻都認為王吝惜那頭牛；我早知道君王是不忍心看這頭牛送去宰殺的啊。」

宣王說：「是的，真有百姓認為我會吝惜一頭牛，齊國地方雖狹小，我何至於吝惜一頭牛！就是因為不忍心看牠恐懼發抖的樣子，好像沒有罪的人卻要去受死刑，所以叫人拿羊去替換牠。」

孟子說：「王不必責怪百姓誤會君王吝惜這

曰：「王無異⑭於百姓之以王為愛也。以小易大，彼惡知之！王若隱⑮其無罪而就死地，則牛羊何擇⑯焉？」

王笑曰：「是誠何心哉？我非愛其財而易之以羊也？宜乎百姓之謂我愛也！」

曰：「無傷⑰也，是乃仁術⑱也；見牛未見羊也。君子之於禽獸也，見其生，不忍見其死；聞其聲，不忍食其肉；是以君子遠庖（ㄆㄠˊ）廚⑲也。」

王說⑳曰：「詩云㉑：『他人有心，予忖（ㄘㄨㄣˇ）度（ㄉㄨㄛˋ）㉒之。』夫子之謂也。夫我乃行之，反而求之，不得吾心；夫子言之，於我心有戚戚焉㉓。此心之所以合於王者，何也？」

一頭牛，拿小的羊來替換大的牛，他們怎知是君王不忍心見牛恐懼發抖的樣子呢！君王若是憐憫牠沒有犯罪而要牠死，那麼牛和羊又有什麼分別呢？」

宣王聽了不覺失笑道：「這真是什麼存心呀？我並不是吝惜那頭牛的價錢大，才拿值錢少的羊去換牠。如此說來，難怪百姓說我吝嗇！」

孟子說：「沒有關係，這正是為仁的心術：因為王只看到牛沒看到羊。君子對於禽獸，看見牠活著，就不忍看到牠死；聽到牠臨死哀號的聲音，就不忍心吃牠的肉；所以君子遠離宰殺牲畜的廚房。」

宣王說：「《詩經．小雅．巧言》篇說：『別人有心事，我能思量推測出來。』正如夫子所說的了。我如此做，本來出於無心，可是現在反過來一想，竟也想不出當時是什麼心理；現在一經夫子說明白，恰合我意，使我怦然心動。這種心又怎麼合於王道的呢？」

孟子答說：「假如有人向王報告說：『我的

曰：「有復㉔於王者曰：『吾力足以舉百鈞㉕，而不足以舉一羽；明足以察秋毫之末㉖，而不見輿ㄩˊ薪㉗。』則王許㉘之乎？」

曰：「否！」

「今恩足以及禽獸，而功不至於百姓者，獨何與？然則一羽之不舉，為不用力焉；輿薪之不見，為不用明焉；百姓之不見保，為不用恩焉。故王之不王，不為也，非不能也。」

曰：「不為者與不能者之形㉙，何以異？」

曰：「挾太山以超北海㉚，語人曰：『我不能。』是誠不能也。為長者折枝㉛，語人曰：『我不能。』是不為也，非不能也。故王

體力能夠舉起三千斤重的東西，卻不能夠拿起一片羽毛；眼光能夠察看秋天鳥獸新生的毛端，卻看不見一車的柴薪。』這話王肯聽信嗎？」

宣王說：「不相信。」

孟子說：「現在王的恩惠足以推及到禽獸，功德卻不能加到百姓身上，究竟是什麼緣故呢？由此看來，一片羽毛舉不起來，是因為不肯用力；一車薪草看不見，是因為不肯用眼力；百姓不能受到愛護，是因為王不肯施加恩惠。所以王不能完成王業，是自己不肯做，並不是自己沒有能力去做。」

宣王說：「不肯做和不能做兩種情形，有什麼分別呢？」

孟子說：「假使要你挾著泰山躍過北海，告訴人說：『我做不到。』這是真的不能做。可是要你替長輩折取樹枝，你卻告訴人說：『我做不到。』這就是不肯做，並不是不能做。所以王不能王天下，並不是像挾著泰山躍過北海一類；王不能王天下，是替長輩折取樹枝一類。王只要先

之不王，非挾太山以超北海之類也；王之不王，是折枝之類也。老吾老，以及人之老㉜；幼吾幼，以及人之幼㉝；天下可運於掌㉞。詩㉟云：『刑於寡妻㊱，至于兄弟，以御㊲于家邦。』言舉斯心，加諸彼㊳而已！故推恩足以保四海；不推恩無以保妻子。古之人㊴所以大過人㊵者，無他焉，善推其所為而已矣。今恩足以及禽獸，而功不至於百姓者，獨何與？權㊶，然後知輕重；度㊷，然後知長短，物皆然，心為甚㊸。王請度之！抑王興甲兵㊹，危士臣，構怨㊺於諸侯，然後快於心與？」

王曰：「否！吾何快於是！將以求吾所大

尊敬自己的父兄，以此心意推廣到尊敬別人的父兄；先慈愛自己的子弟，以此心推廣到慈愛別人的子弟；治理天下就如同把輕巧東西運轉在手掌上了。《詩經．大雅．思齊》篇說：『先做妻子的模範，再推及到兄弟身上，更進而擴大教化去治理一家、一國。』這就是說，以這樣的仁心，加到別人身上罷了！所以推廣恩惠，就可以保有天下；不能推廣恩惠，連妻子也保不住。古代的聖王，能夠大大勝過常人的原因，沒有別的，只是善於推廣他依據仁心所做的善事罷了。現在王的恩惠能夠推及禽獸，功德卻不能加到百姓身上，這是什麼緣故呢？東西用秤稱過，然後才知道它的輕重；用尺量過，然後才知道它的長短；一切的事實都是如此，而人心更是事理的權度。請君王細細地思量！也許王還想興動甲兵，危害將士，結怨列國諸侯，然後心裡才感到痛快？」

宣王說：「不！我何嘗以此為樂！不過打算拿它來求得我最大的願望罷了。」

孟子說：「王最大的願望，可以說給我聽

欲㊻也。」

曰：「王之所大欲，可得聞與？」王笑而不言。

曰：「為肥甘㊼不足以口與？輕煖㊽不足於體與？抑㊾為采色不足視於目與？聲音不足聽於耳與？便嬖㊿不足使令於前與？王之諸臣，皆足以供之，而王豈為是哉？」

曰：「否！吾不為是也！」

曰：「然則王之所大欲可知已：欲辟土地(51)，朝秦、楚(52)，蒞(53)中國，而撫四夷也。以若所為(54)，求若所欲，猶緣木而求魚也(55)。」

王曰：「若是其甚與？」

嗎？」宣王笑著不肯說。

孟子問他：「是為了肥美甘口的食物，不夠口腹的享受嗎？輕軟保暖的衣服，不夠身體的穿著嗎？還是為了華采美色不夠眼睛觀賞？歌聲樂音不夠耳朵聞聽？便佞寵信的人不夠供己差使？王的許多臣子，都可以足夠供應了，難道王是為了這些嗎？」

宣王說：「不！我不是為了這些！」

孟子說：「這樣說來，那麼王最大的願望可想而知了：想要開闢疆土，使秦、楚來朝，統治中國，而安撫四方的蠻夷。但以如此的作為，求達這樣的願望，就像爬到樹上求取水中的魚一樣，是不可能的。」

宣王說：「如果如此，會有這麼嚴重嗎？」

孟子說：「恐怕還要更嚴重呢！爬到樹上去求魚，雖然得不到魚，卻沒有未來的災禍；以你如此的作為，求取這樣的願望，縱使用盡心力，到後來必定會有災禍。」

宣王說：「可以說給我聽嗎？」

曰：「殆有甚焉56！緣木求魚，雖不得魚，無後災；以若所為，求若所欲，盡心力而為之，後必有災57。」

曰：「可得聞與？」曰：「鄒人與楚人戰，則王以為孰勝？」

曰：「楚人勝。」

曰：「然則小固不可以敵大，寡固不可以敵眾，弱固不可以敵彊。海內之地，方千里者九58，齊集有其一59。以一服八，何以異於鄒敵楚哉？蓋亦反其本60矣！今王發政施仁，使天下仕者皆欲立於王之朝，耕者皆欲耕於王之野，商賈皆欲藏於王之市，行旅皆欲出於王之

孟子說：「譬如鄒國人和楚國人交戰，王認為那一邊會贏？」

宣王說：「楚國會贏。」

孟子說：「這樣說來，小國固然不能抵抗大國，人數少的固然不能抵抗人數多的，兵力弱的固然不能抵抗兵力強的。現在天下的土地，千里見方面積的有九分，齊國四方兼併的結果，恰有九分之一。以一分去征服另外的八分，這和鄒國抵抗楚國有什麼不同呢？為何不回到王道的根本上去做呢！現在只要發布善政，施展仁恩，使天下做官的都願站在王的朝廷上，耕田的都願在王的原野上耕種，做生意的商賈都願意把貨物儲藏在王的市場上，行人旅客都願意出入在王的道路上，天下疾恨自己國君的人，都願意投奔到王的面前來訴苦。四方的人民如此的歸服，誰能阻止得住呢？」

宣王說：「我心思昏亂，恐怕不能做到這種地步！希望你輔助我的志向，明白地教導我。我雖然不聰明，讓我依照你的話試試。」

塗，天下之欲疾其君者，皆欲赴愬於王[61]。其若是，孰能禦之！」

王曰：「吾惛[62]，不能進於是矣！願夫子輔吾志，明以教我。我雖不敏，請嘗試之。」

曰：「無恆產[63]而有恆心[64]者，惟士為能。若民，則無恆產，因無恆心；苟無恆心，放辟邪侈[65]，無不為已。及陷於罪，然後從而刑之，是罔民[66]也。焉有仁人在位，罔民而可為也！是故，明君制民之產，必使仰足以事父母，俯足以畜妻子；樂歲[67]終身飽，凶年免於死亡。然後驅而之善，故民之從之也輕[68]。今也制民之產，仰不足以事父母，俯不足以畜妻

孟子說：「沒有可長久營生的產業，而有長久向善的心志，只有讀書明理的人才能這樣。像一般百姓，假使沒有可長久營生的產業，也就沒有長久向善的心志；如果沒有長久向善的心志，放肆、乖僻、奸邪、淫侈，也就無所不為。等到犯了罪，然後按著他的罪行，拿刑罰處置他，這等於是張著羅網去陷害百姓。那有仁德的國君在位，卻張著羅網去做陷害百姓的事情！所以賢明的國君制定百姓的產業，一定使他們上足以侍奉父母，下足以養育妻兒；豐年經常吃得溫飽，就是年成饑荒也可以免於飢餓死亡。然後督促他們向善，所以百姓聽從教化就容易了。現在的國君，制定百姓的產業，使他們上不足以侍奉父母，下不足以養育妻兒；豐年經常受苦，年成饑荒更免不了餓死的厄運；如此他們只顧拯救自己免於死亡，都恐怕時間不夠了，那裡還有空閒去修行禮義呢？王既然想要實行王道政治，為何不回到王道的根本上去做呢！」

子；樂歲終身苦，凶年不免於死亡；此惟救死而恐不贍（ㄕㄢˋ）㊾，奚暇治禮義哉？王欲行之，則盍（ㄏㄜˊ）反其本矣！」

——〈梁惠王上．七〉

注釋

①【齊宣王】：齊國國君，姓田，名辟疆，諡號宣。

②【齊桓晉文之事】：謂齊桓公、晉文公稱霸諸侯的事。

③【無道】：不談論。

④【無以】：以，通「已」。無以，即不得已之意。

⑤【王】：指王天下之道。

⑥【保民】：愛護人民。

⑦【禦】：阻止。

⑧【胡齕】：齕，音ㄏㄜˊ。胡齕，齊王近臣。

⑨【釁鐘】：新鑄鐘成，殺牲取血，塗其孔隙而祭。

⑩【觳觫】：音ㄏㄨˊ ㄙㄨˋ，恐懼戰慄的樣子。
⑪【若】：猶云「如此」。
⑫【愛】：吝惜。
⑬【不忍】：即所謂「惻隱之心，仁之端也」。
⑭【異】：怪也。
⑮【隱】：憐憫。
⑯【擇】：分別。
⑰【無傷】：沒有關係，無妨。
⑱【仁術】：為仁的心術。
⑲【君子遠庖廚】：遠，音ㄩㄢˋ，遠離。庖廚為宰殺牲畜之處，君子遠之，不見其死，不聞其聲，可以培養不忍之心，擴充為仁的心術。
⑳【說】：通「悅」。
㉑【詩云】：《詩經．小雅．巧言》之句。
㉒【忖度】：思量推測。
㉓【戚戚焉】：心動的樣子，即心有同感。

㉔【**復**】：報告。

㉕【**百鈞**】：古以三十斤為一鈞。百鈞，極言至重難舉。

㉖【**秋毫之末**】：鳥獸到秋季，為了禦寒過冬而新生毫毛；新生的毫毛本就微小，其末端尤為纖細。秋毫之末，極言其細小而難見。

㉗【**輿薪**】：以車載薪；極言其大而易見。

㉘【**許**】：聽信。

㉙【**形**】：情形。

㉚【**挾太山以超北海**】：超，躍而過之。北海，指渤海，以其在齊國之北，故云。此句言挾著泰山躍過渤海，以喻不可能之事。

㉛【**為長者折枝**】：折枝，折取草木之枝。此句言替長輩折取樹枝，以喻不難之事。

㉜【**老吾老，以及人之老**】：上「老」字，當動詞用，作尊敬解。此句言尊敬自己的父兄，以此心意推廣到尊敬別人的父兄。

㉝【**幼吾幼，以及人之幼**】：上「幼」字，當動詞用，作慈愛解。此句言慈愛自己的子弟，以此心意推廣到慈愛別人的子弟。

㉞【**運於掌**】：運轉於手掌上，極言其容易。

㉟【**詩**】：《詩經．大雅．思齊》之句。
㊱【**刑於寡妻**】：刑，通「型」，法也，在此作動詞用。寡妻，諸侯謙稱自己為寡人，其妻為寡妻。此句言做妻子的模範。
㊲【**御**】：音ㄧㄚˋ，治也。
㊳【**舉斯心加諸彼**】：謂以此不忍之仁心，加之於別人身上。
㊴【**古之人**】：指古代的聖王。
㊵【**大過人**】：大大勝過常人。
㊶【**權**】：秤錘，此處作動詞用，以秤稱物。
㊷【**度**】：音ㄉㄨㄛˊ，以尺量物。
㊸【**物皆然心為甚**】：物之輕重長短，須權度而後可知；人心則是事理的權度，行事時更須度量其輕重長短。
㊹【**抑**】：疑詞，相當口語的「或許」、「難道」。
㊺【**構怨**】：結怨。
㊻【**大欲**】：最大的願望。
㊼【**肥甘**】：肥美甘於口的食物。

⑱【**輕煖**】：輕軟保暖的衣服。
⑲【**抑**】：抉擇連詞，相當口語的「還是」。
⑳【**便嬖**】：音ㄆㄧㄢˊ ㄆㄧˋ，便佞寵幸的親近者。
㉑【**辟土地**】：辟，通「闢」。辟土地，開闢疆土。
㉒【**朝秦楚**】：使秦、楚來朝。
㉓【**莅**】：君臨、統治之意。
㉔【**以若所為**】：若，如此也。所為，指興兵結怨之事。
㉕【**緣木而求魚**】：緣，攀登。緣木而求魚，爬到樹上求取水中之魚；言必不可得。
㉖【**殆有甚焉**】：殆，相當於口語的「恐怕」。有，猶「又」。此句言恐怕將會更嚴重。
㉗【**後必有災**】：言盡心戰鬥，其後必有殘民破國之災。
㉘【**海內之地，方千里者九**】：海內，四海之內，指天下。古者內有九州，外有四海；九州，州方千里。
㉙【**齊集有其一**】：言集合齊地，共方千里，是有天下九分之一。
㊵【**蓋亦反其本**】：蓋，音ㄏㄜˊ，通「盍」，何不。亦，語助詞。反其本，即下文所言發政施仁諸事。

⑥¹【**天下之欲疾其君者，皆欲赴愬於王**】：疾，憎惡也。愬，通「訴」。此句言天下疾恨其君者，皆欲奔赴於王而訴苦。

⑥²【**惛**】：通「昏」，謂心思昏亂。

⑥³【**恆產**】：可常久營生的產業。

⑥⁴【**恆心**】：人所常有的善心。

⑥⁵【**放辟邪侈**】：放肆、乖僻、奸邪、淫侈。

⑥⁶【**罔民**】：罔，網之本字，網羅也，在此作動詞用。罔民，言陷民於罪，猶張網羅以捕魚鳥者，欺其不見而獵取之。

⑥⁷【**樂歲**】：豐年。

⑥⁸【**輕**】：易也。

⑥⁹【**不贍**】：贍，足也。不贍，在此指時間不足。

莊暴①見孟子曰：「暴見於王②，王語暴以好樂，暴未有以對也。」曰：「好樂何

齊國的大夫莊暴來見孟子說道：「我莊暴晉見齊王時，王告訴暴說他愛好音樂，暴在當時不知如何回答。」接著暴就問孟子說：「王愛好音

如？」

孟子曰：「王之好樂甚，則齊國其庶幾③乎！」

他日，見於王曰：「王嘗語莊子④以好樂，有諸？」

王變乎色，曰：「寡人非能好先王之樂也，直好世俗之樂耳！」

曰：「王之好樂甚，則齊其庶幾乎！今之樂⑤，由古之樂⑥也。」

曰：「可得聞與？」

曰：「獨樂樂⑦，與人樂樂，孰樂？」

曰：「不若與人。」

樂，對於政治有什麼影響？」

孟子回答說：「大王愛好音樂，那麼齊國大概就可以平治了。」

過了些日子，孟子去見齊宣王，問道：「王曾經告訴莊暴說愛好音樂，有這回事嗎？」

宣王心裡很慚愧，臉色立刻變了，分辯道：「並不是愛好先王高尚的音樂，只是喜好現在世俗的音樂罷了！」

孟子說：「王很愛好音樂，那麼齊國大概有平治的希望了！現在的音樂和古代的音樂其實是一樣的。」

宣王說：「這個道理可以講給我聽嗎？」

孟子說：「一個人獨自聽音樂取樂，比和別人共同聽音樂取樂，那一種比較快樂呢？」

宣王說：「不如和別人共同聽樂來得快樂！」

孟子又說：「和少數人獨自聽音樂取樂，比和多數人共同聽樂的快樂，又是那一種比較快樂呢？」

曰：「與少樂樂，與眾樂樂，孰樂？」

曰：「不若與眾。」

「臣請為王言樂。今王鼓樂⑧於此，百姓聞王鐘鼓之聲，管籥⑨之音，舉疾首蹙頞⑩而相告曰：『吾王之好鼓樂，夫何使我至於此極⑪也！父子不相見，兄弟妻子離散。』今王田獵於此，百姓聞王車馬之音，見羽旄⑫之美，舉疾首蹙頞而相告曰：『吾王之好田獵，夫何使我至於此極也！父子不相見，兄弟妻子離散。』此無他，不與民同樂也。」

「今王鼓樂於此，百姓聞王鐘鼓之聲、管籥之音，舉欣欣然有喜色而相告曰：『吾王庶

宣王說：「不如和多數人共同聽樂來得快樂！」

孟子說：「那麼就給君王講講聽音樂的道理吧。假設現在王在這裡作樂，百姓聽到王鐘鼓笙簫的聲音，大家都垂頭喪氣，愁眉苦臉地互相訴說：『我們的君王自己這樣的喜好作樂，為什麼使我們淪落到如此窮困的地步呢？父子不能相見，兄弟妻子東離西散！』再假定現在王在這裡打獵，百姓聽到王車輪馬蹄的聲音，看到王旌旗的華美，大家都垂頭喪氣，愁眉苦臉地互相訴說：『我們的君王，自己這樣喜好打獵，為什麼使我們陷於如此窮困的地步呢？父子不能相見，兄弟妻子東離西散！』這沒有別的原因，就是因為王不能和百姓一同享樂的緣故。」

「反過來說，假使現在王在這裡奏樂，百姓聽到王敲鐘擊鼓的聲響、嘘管吹簫的樂音，全都高高興興地臉上有了歡喜的神色，互相告訴說：『我們君王大概很健康啊！不然，怎麼能奏樂呢？』再如，現在王在這裡打獵，百姓聽到王車

幾無疾病與！何以能鼓樂也？』今王田獵於此，百姓聞王車馬之音，見羽旄之美，舉欣欣然有喜色而相告曰：『吾王庶幾無疾病與！何以能田獵也？』此無他，與民同樂也。」

「今王與百姓同樂，則王矣。」

——〈梁惠王下．一〉

輪馬蹄的聲音，看到羽旄旌旗的美麗，全都高高興興地臉上有了歡喜的神色，互相告訴說：『我們君王大概很健康啊！不然，怎麼能打獵呢？』這沒有別的，只因為王能和百姓一同享樂啊！」

「現在只要王和百姓一同享樂，就能完成王業擁有天下了。」

注釋

①**【莊暴】**：齊國大臣。

②**【見於王】**：見，音ㄒㄧㄢˋ，晉見。王，在此指齊宣王。

③**【庶幾】**：庶、幾皆「近」之意；相當於口語的「大概」。此言近於治，猶言大概可以平治了。

④**【莊子】**：即莊暴。

⑤**【今之樂】**：指世俗之樂。

⑥【由古之樂】：由，通「猶」，如同。古之樂，先王之樂。

⑦【獨樂樂】：獨自聽音樂取樂。上「樂」，音ㄩㄝˋ；下「樂」，音ㄌㄜˋ。

⑧【鼓樂】：猶言奏樂。

⑨【管籥】：皆樂器也，如今笙、簫之類。

⑩【舉疾首蹙頞】：舉，皆、全也。疾首，頭痛也。蹙，音ㄘㄨˋ，皺縮。頞，音ㄜˋ，鼻梁。蹙頞，形容愁苦的樣子。

⑪【極】：窮困之至。

⑫【羽旄】：這裡指旌旗而言。旌旗常以雉羽、犛牛尾做為裝飾。

鄒與魯鬨①。穆公②問曰：「吾有司死者三十三人，而民莫之死也。誅之，則不可勝誅；不誅，則疾視③其長上④之死而不救，如之何則可也？」

孟子對曰：「凶年饑歲，君之民，老弱轉

鄒國與魯國交戰。鄒穆公問孟子說：「我的官員陣亡的有三十三人之多，百姓卻沒有一個肯為他們效命而死。要殺他們，真是殺不勝殺；不殺他們，他們卻怒目看著他們的長官戰死，而不肯前去援救，該怎麼處置他們才好呢？」

孟子回答說：「在災荒饑饉的年歲，君王的人民，年老和體弱的輾轉而死在溝坑裡，強壯的逃散到四方，有幾千人之多；可是君上的穀倉中

乎溝壑（ㄏㄨㄛˋ），壯者散而之四方者，幾千人矣；而君之倉（ㄘㄤ）廩（ㄌㄧㄣˇ）實，府庫充；有司莫以告，是上慢而殘下⑤也。曾子曰：『戒之，戒之！出乎爾者，反乎爾者⑥也。』夫民今而後得反之也；君無尤⑦焉！君行仁政，斯民親其上，死其長（ㄓㄤˇ）⑧矣。」

——〈梁惠王下・一二〉

裝滿著糧食，府庫中財貨充足；官員沒有把災情報告君上，這是對上怠忽職守，對下殘害人民。曾子曾經說過：『小心啊，小心啊！從自己身上做出來的，也一定會還報到自己身上。』如今百姓得到報復官員的機會了；君王您不要責怪他們！倘若君能施行仁政，這些百姓自然會敬愛他們的長上，為長上效命而死。」

注釋

①**【鬨】**：鬨，音ㄏㄨㄥˋ，打鬥聲；此指交戰。

②**【穆公】**：鄒君。

③**【疾視】**：怒目而視。

④**【長上】**：在此指有司。

⑤**【上慢而殘下】**：慢，怠忽。此句言有司坐視民饑，無一報告君上，請發倉賑濟之，是對上怠忽職守，對下殘害民生。

⑥【**出乎爾者，反乎爾者**】：反，還報也。出爾反爾，言出之於己所待人者，人亦以此還報於己。按：後人將「出爾反爾」表示一個人不守信諾，反覆無常。

⑦【**尤**】：責怪。

⑧【**死其長**】：為長上效命而死。

梁惠王曰：「晉國①，天下莫強焉，叟之所知也。及寡人之身，東敗於齊，長子死焉②；西喪地於秦③七百里；南辱於楚④。寡人恥之，願比死者一洒⑤之。如之何則可？」

孟子對曰：「地方百里，而可以王。王如施仁政於民，省刑罰⑥，薄稅斂⑦，深耕易耨⑧；壯者以暇日修其孝悌忠信，入以事其父兄，出以事其長上；可使制梃⑨以撻秦、楚之

梁惠王向孟子說：「晉國在天下是沒有比它更強大的了。這是您老先生所知道的。現在傳到我身上，在東方被齊國戰敗於馬陵（惠王三十年），我的大兒子（太子申）就在這場戰役裡被虜而死；在西南被秦國詐襲（惠王三十一年），割去了河西七百里廣大的土地；在南面又被楚國（懷王六年）戰敗於襄陵（惠王後元十二年），受了很大的侮辱。對於這接二連三的喪師失地，我深深地感到羞恥，極願替那些為國戰死的人洗雪恥辱。要怎樣才能做到呢？」

孟子答道：「土地只要有一百方里大，就可以稱王天下。王如果能對人民施行仁政，譬如減輕刑罰，薄收賦稅，教農民努力生產，深

堅甲利兵矣。彼⑩奪其民時，使不得耕耨以養其父母；父母凍餓，兄弟妻子離散。彼陷溺其民⑪，王往而征之，夫誰與王敵！故曰：『仁者無敵。』王請勿疑。」——〈梁惠王・五〉

耕勤耘。同時督促少壯的人，利用空閒時日，講求孝悌忠信的道理。使他們在家裡能善事自己的父兄，在外面可以侍奉他們的長上。這麼一來，即使要他們拿著木棍子，也可以打倒秦、楚的堅甲利兵了。因為秦楚等國嚴刑峻罰，苛徵暴斂，強奪了人民的農作時間，使他們不能安心耕田耘草，奉養他們的父母；致使父母挨餓受凍，兄弟和妻子都流離失散。這些國君施暴政而虐民，如同把人民陷於深井，溺於水中。人民怨恨到了極點，王在這種情形下，前往征討，還有誰和王為敵呢？古語說：『行仁政的人，是沒有敵手的。』請王趕快施行仁政不用懷疑！」

注釋

①**【晉國】**：魏本晉大夫，魏斯與韓虔、趙籍三家共分晉地，各自立國，是為三晉。三家分晉，魏得晉之故都，故魏惠王猶自謂為晉國。

②**【東敗於齊，長子死焉】**：惠王三十年，魏伐趙，趙告急於齊，齊宣王用孫臏計，救趙擊魏。魏使龐涓將，而令太子申為上將軍，與齊人戰，敗於馬陵。齊擄太子申，殺龐涓。

③【**西喪地於秦**】：喪，音ㄙㄤˋ，失也。惠王三十一年，秦、趙、齊共伐魏，破之。魏割西河之地與秦求和。

④【**南辱於楚**】：惠王後十二年，當楚懷王六年，楚攻魏，破之於襄陵，得八邑。

⑤【**願比死者一洒之**】：比，音ㄅㄧˋ，代也。洒，音ㄒㄧˇ，通「洗」。言欲為死者洗雪恥辱。

⑥【**省刑罰**】：省，簡也。省刑罰，減輕刑罰。

⑦【**薄稅斂**】：少征賦稅。

⑧【**深耕易耨**】：易，治也。耨，音ㄋㄡˋ，耘也。言耕土須深，除草要勤，以努力生產。

⑨【**制梃**】：制，通「掣」，揭舉。梃，木杖。制梃，舉著木棍。

⑩【**彼**】：指秦、齊、楚等敵國。

⑪【**陷溺其民**】：暴政虐民，如使陷於阱，溺於水。

七、孟子尚論古人

孟子謂萬章①曰：「一鄉之善士②，斯友一鄉之善士；一國之善士，斯友一國之善士；天下之善士，斯友天下之善士。以友天下之善士為未足，又尚論③古之人。頌④其詩，讀其書，不知其人可乎？是以論其世也；是尚友也。」

——〈萬章下．八〉

孟子對萬章說：「一鄉之中修德有成的人，就結交和一鄉裡面有善行的人；一國之中修德有成的人，就結交和一國裡面有善行的人；全天下最有善行的人，就結交全天下所有的善人。如果結交天下的善人還不滿足，就再進而向上考論古人。朗誦古人的詩，研讀古人的書，而不知古人的生平行事可以嗎？所以又要考論古人的身世，這就是和古人交友了。」

注釋

①【萬章】：姓萬，名章，齊人，孟子弟子。

②【一鄉之善士】：一鄉之中，修德有成的人。

③【尚論】：上也，言進而上也。

④【頌】：通「誦」。

孟子曰：「禹惡旨酒①，而好善言；湯執中②，立賢無方③；文王視民如傷④，望道而未之見⑤；武王不泄邇，不忘遠⑥。周公思兼三王以施四事。其有不合者，仰而思之，夜以繼日；幸而得之，坐以待旦⑦。」

——〈離婁下．二〇〉

孟子說：「夏禹憎惡美酒，卻愛聽取美言；商湯執守中正之道，無過無不及，遇到賢人就舉用他，不論他出身是什麼；周文王把已安足的人民看做尚有創傷一樣，不敢擾動他們；大道已在眼前，他卻望之如同尚未看到（仍舊向前繼續追尋）；周武王不輕狎身邊的近臣，不遺忘遠方在外的諸侯。周公想兼有夏、商、周三代聖王的美德，實行禹、湯、文、武四位聖王所做的善事。假如自己做的有與聖王不合的地方，就抬起頭仔細地想，白天想不通夜晚就接著想下去，幸而得到了答案，就坐著等待天亮，希望趕快去實行。」

注釋

①【旨酒】：美酒。

②【執中】：執守中正之道，無過無不及。

③【立賢無方】：方，猶類也。此句言遇賢人則信用之，不論其出身為何。
④【視民如傷】：民已安足，而視之如尚有傷；極言文王愛民之深。
⑤【望道而未之見】：而，如也。此句言大道已近矣，而望之如同未見；言求道之迫切。
⑥【不泄邇，不忘遠】：泄，通「褻」，狎暱、親近。邇，近也。不親狎身邊之近臣，不遺忘在外之諸侯。
⑦【坐以待旦】：坐著等待天亮，言其急於施行。

禹、稷當平世①，三過其門而不入，孔子賢之。顏子當亂世②，居於陋巷，一簞食，一瓢飲，人不堪其憂，顏子不改其樂，孔子賢之。

孟子曰：「禹、稷、顏回同道③。禹思天下有溺者，由己溺之也；稷思天下有飢者，由

夏禹和后稷處在唐虞承平有道的盛世，一個忙著治洪水，忙得三次走過自己的家門，卻都沒有進去。一個教民農耕，急著幫助人民增加生產，孔子極稱讚他們的賢德。顏回處在春秋衰亂無道的時代，居住在狹窄的巷弄裡，吃的只是一小竹簍的粗飯，喝的只是一瓢清水，別人都受不了那種愁苦，可是顏回仍然灑脫自然，不改變他那自得的樂趣，孔子也稱讚他。

孟子評論說：「禹、稷、顏回處世原則是一樣的。夏禹認為天下百姓如有人淹在水裡，就如

己飢之也；是以如是其急也。禹、稷、顏子，易地則皆然④。今有同室之人鬥者，救之，雖被髮纓冠⑤而救之可也。鄉鄰有鬥者，被髮纓冠而往救之，則惑⑥也，雖閉戶可也。」

——〈離婁下・二九〉

同自己淹溺了他們；后稷認為天下蒼生如有饑餓的人，就如同自己使他們饑餓一般；所以禹、稷才為國的事而憂急到這樣的地步。禹、稷和顏回要是互換了所處的地位，也都會這樣依照自己的地位行事。好比現在有同住一室的人發生了鬥毆，即使披頭散髮，連帽帶都來不及繫好，那麼忽忙趕去勸阻是可以的。要是鄉鄰有人鬥毆，也同樣披散著頭髮，帽帶不繫好，就急匆匆的救援，就是不明事理，在那種情況下，就是關起門來，不加聞問也是可以的。」

注釋

①【**平世**】：承平有道的時代。

②【**亂世**】：衰亂無道的時代。

③【**同道**】：同致力於聖賢進則救民，退則修己之道。

④【**禹、稷、顏子，易地則皆然**】：使禹、稷居顏子之地，則亦能樂顏子之樂；使顏子居禹、稷之任，亦能憂禹、稷之憂。

⑤【**被髮纓冠**】：被髮，披散著頭髮，指無暇束髮。纓，帽帶，繫於頸上以固定帽子。纓冠，急於戴冠，不及結纓，而連冠帶纓一起頂在頭上。此句言急於往救而不及整理衣冠。

⑥【**則惑也**】：惑，不明事理。

孟子曰：「伯夷，目不視惡色①，耳不聽惡聲②。非其君③不事，非其民④不使。治則進，亂則退。橫政之所出⑤，橫民之所止⑥，不忍居也。

思與鄉人處，如以朝衣朝冠坐於塗炭⑦也。當紂之時，居北海之濱，以待天下之清也。故聞伯夷之風者，頑夫廉⑧，懦夫有立志⑨。

伊尹曰：『何事非君⑩，何使非民⑪？』治亦進，亂亦進。曰：『天之生斯民也，使先

孟子說：「伯夷眼睛不看淫邪之色，耳朵不聽淫靡之聲。不是他心中仁德的賢君不侍奉，不是他心中良善的人民不治理。天下太平就出來做事，天下危亂就退隱。暴政發生的國家，亂民聚居的地方，都不忍心居住。他認為和無知的人們處在一起，就像穿了朝服、載了朝冠坐在泥坑炭堆上。在紂王的時候，隱居在北海的邊上，等著天下的清平。所以受到伯夷風範影響的人，就是再頑貪無知，也會變得廉潔，懦弱不振的人，也能知道立志向上。

伊尹說：『什麼樣的君主不可以侍奉？什麼樣的人民不可以治理？』天下太平了固然出來做事，天下衰亂了也要出來做事。他說：『上天生下這些人民，是想讓先知事理的人來喚醒後知事

知覺後知⑫，使先覺覺後覺⑬。予，天民⑭之先覺者也；予將以此道覺此民也。』思天下之民，匹夫匹婦有不與被堯、舜之澤者，若己推而內⑮之溝中，其自任以天下之重⑯也。

柳下惠，不羞汙君⑰，不辭小官。進不隱賢，必以其道⑱。遺佚⑲而不怨，阨窮而不憫⑳。與鄉人處，由由然㉑不忍去也。『爾為爾，我為我，雖袒裼裸裎㉒於我側，爾焉能浼㉓我哉？』故聞柳下惠之風者，鄙夫寬㉔，薄夫敦㉕。

孔子之去齊㉖，接淅而行㉗。去魯，曰：『遲遲吾行㉘也。』去父母國㉙之道也。可以

理的人，使先覺悟道理的人來喚醒後覺悟道理的人，我就是人民中先理解道理的，所以我要把我所理解的道理去喚醒這些人民。』他認為天下的人民，只要有人未蒙受像堯舜一般恩澤的人，就如同是自己推他陷入水溝之中一樣，他是以拯救天下的重任當做自己的職責。

柳下惠，不以侍奉昏君為恥，也不推辭卑微的小官。出仕時不隱藏自己的才能，必依正道而行。被國君遺棄了，也不怨恨，困窮時不憂愁。和無知的鄉人相處，也能悠然自得，好像捨不得離開似的。『你是你，我是我，就是你赤身裸體站在我的身邊，又那能玷污到我呢？』所以受到柳下惠風範影響的人，就是胸襟狹隘的人，也會變得寬宏；性情刻薄的人，也會變得敦厚。

孔子離開齊國的時候用手撈起淘米水中的米，來不及炊煮就離開了；離開魯國的時候，孔子說：『我們慢慢走吧。』這是離開祖國的態度。從這兩件事看來，可以快去就快去，可以久留就久留，可以隱退就隱退，可以出仕就出仕，

速而速㉚，可以久㉛而久，可以處㉜而處，可以仕而仕，孔子也。」

孟子曰：「伯夷，聖之清者也；伊尹，聖之任者也；柳下惠，聖之和者也；孔子，聖之時者㉝也。孔子之謂集大成㉞。集大成也者，金聲而玉振之㉟也。金聲也者，始條理㊱也；玉振之也者，終條理也。始條理者，智之事也；終條理者，聖之事也。智，譬則巧也；聖，譬則力也。由射於百步之外也；其至，爾力也；其中，非爾力也。」

——〈萬章下・一〉

這就是孔子的為人。」

孟子說：「伯夷，是聖人中最清高的；伊尹，是聖人中最負責任的；柳下惠，是聖人中最和善的；孔子，是聖人中最適合時宜的。因此可以說孔子是集三聖的大成。這集大成的意思，好比奏樂集合眾音的小成而成為大成一樣。奏樂時先敲金鐘發聲，最後再擊起玉磬來收音。金鐘發聲，是啓發眾音的脈絡節奏；玉磬收音，是結束眾音的脈絡節奏。啓發脈絡節奏，就是智的工夫；結束脈絡節奏，就是聖的工夫。智，好比技巧；聖，好比力氣。就像在百步以外射箭，箭能射得到，是你天生的氣力；射中標的，就不光是靠你的氣力，而是要靠你的技巧了。」

注釋

①**【惡色】**：淫邪之色。

②【惡聲】：淫靡之聲。

③【非其君】：非理想中的仁德之君。

④【非其民】：非心目中的良善之民。

⑤【橫政之所出】：橫，音ㄏㄥˋ，不循法度。此句言暴政發生的國家。

⑥【橫民之所止】：亂民聚居的地方。

⑦【塗炭】：污泥黑炭，以喻污穢之處。

⑧【頑夫廉】：使頑貪無知的人知廉潔而有分辨。

⑨【懦夫有立志】：使懦弱的人知立志而向上。

⑩【何事非君】：即「何君非事」，言無不可侍奉之君。

⑪【何使非民】：即「何民非使」，言無不可使役之民。

⑫【先知覺後知】：覺，喚醒。言先知事理者喚醒後知事理者。

⑬【先覺覺後覺】：言先覺悟道理者，喚醒後覺悟道理者。

⑭【天民】：即人民。

⑮【內】：音ㄋㄚˋ，「納」的古字，入也。

⑯【自任以天下之重】：「以天下之重自任」的倒裝，謂以拯救天下的重任當做自己的職責。

⑰【**不羞汙君**】：汙君，指行穢之君。此句言不以侍奉昏君為羞恥。

⑱【**進不隱賢必以其道**】：出仕時不隱藏自己的才能，必依正道而行。

⑲【**遺佚**】：指被國君遺棄。

⑳【**阨窮而不憫**】：雖然困窮，但不憂愁。

㉑【**由由然**】：自得的樣子。

㉒【**袒裼裸裎**】：袒裼，音ㄊㄢˇ ㄒㄧˊ，露臂。裸裎，音ㄌㄨㄛˇ ㄔㄥˊ，赤體。

㉓【**浼**】：音ㄇㄟˇ，污也。

㉔【**鄙夫寬**】：使胸襟狹隘的人變得寬宏。

㉕【**薄夫敦**】：使性情刻薄的人變得敦厚。

㉖【**去齊**】：離開齊國。

㉗【**接淅而行**】：接，承也。淅，淘米水。此句言用手撈起淘米水中的米，來不及炊煮即離開；形容離去之急迫。

㉘【**遲遲吾行**】：即「吾行遲遲」，言其不忍離去。

㉙【**父母國**】：所生之國，即祖國。

㉚【**速**】：疾去。

㉛【久】：久留。

㉜【處】：猶「止」也，隱退之意。

㉝【聖之時者】：謂孔子之仕、止、久、速，皆能適合時宜。

㉞【集大成】：成，樂之一終，即樂章的一個段落。此句言孔子集三聖之事而為一大聖之事；猶作樂者，集眾音之小成而為一大成。

㉟【金聲而玉振之】：金，鐘屬。聲，宣也，指發聲。玉，磬也。振，收也，指收音。此句言奏樂時先敲金鐘以發其聲，後擊玉磬以收其音；用以比喻孔子之道有其始終條理。

㊱【條理】：猶言脈絡，指眾音的節奏。

實力大考驗6

多重選

1. 下列文句的解釋，正確的選項是：

(A)「斯七子者，於學無所遺，於辭無所假」；「於辭無所假」意謂文章真情流露。

(B)「君子不可小知，而可大受也」；「不可小知」意謂君子宜宏觀處事，不要拘泥小節。

(C)「繼絕世，舉廢國，治亂持危」；「治亂持危」意謂有亂事，為其平定；有危難，為之扶助。

(D)「手掌裡盛住無限，一剎那便是永劫」；「一剎那便是永劫」意謂稍有疏忽，便陷入萬劫不復之地。

(E)「唯天為大，唯堯則之。蕩蕩乎，民無能名焉」；「民無能名」意謂民眾無法以言語形容堯的功德。

【90年大學入學考】

2. 古代文句常因時空轉變而產生新意。有關下列名句的敘述，正確的選項是：

(A)現代常以「醉翁之意不在酒」喻人另有企圖，但歐陽修〈醉翁亭記〉原謂其所醉者乃在山水之間。

(B)現代常以「君子遠庖廚」表示男人不必下廚，但《孟子．梁惠王上》原是指君子不忍聞見殺生。

(C)現代常以「割雞焉用牛刀」喻人大材小用，但《論語．陽貨》中，孔子原是以此告誡弟子無須從政。

(D)現代常以「青出於藍」喻學生的成就高於老師，但《荀子．勸學》原是藉此說明學習有助於能力或層次的提升。

(E)現代常以「牛山濯濯」喻人禿頂無髮，但《孟子．告子上》原是以牛山無木係肇因於人為砍伐，比喻人之為惡乃放失良心所致。

【90年大學入學考】

3.價值的比較與取捨，是孔子在《論語》中經常關切的課題。下列文句，具有此種意涵的選項是：

(A)有殺身以成仁，無求生以害仁。

(B)不得中行而與之，必也狂狷乎。

(C)己欲立而立人，己欲達而達人。

(D)奢則不孫，儉則固；與其不孫也，寧固。

(E)生而知之者，上也；學而知之者，次也；困而學之，又其次也。

【93年大學指考】

4.孟子推崇孔子為「聖之時者」，下列《論語》的文句，可用來註解孟子此一看法的選項是：

(A)邦有道，危言危行；邦無道，危行言孫。
(B)君子之於天下，無適也，無莫也，義之與比。
(C)君子博學於文，約之以禮，亦可以弗畔矣夫。
(D)不怨天，不尤人，下學而上達。知我者，其天乎。
(E)其為人也，發憤忘食，樂以忘憂，不知老之將至。【93年大學指考】

5. 下列文句，與《論語》：「譬如為山，未成一簣，止，吾止也。譬如平地，雖覆一簣，進，吾往也。」意含相近的選項是：
(A)聞道有先後，術業有專攻。
(B)孔子登東山而小魯，登太山而小天下。
(C)鍥而舍之，朽木不折；鍥而不舍，金石可鏤。
(D)有為者，辟若掘井，掘井九軔而不及泉，猶為棄井也。
(E)求木之長者，必固其根本；欲流之遠者，必浚其泉源。【92年大學指考】

6. 「斗」是中國古代的一種量器，也常用來形容事物的大小程度。下列文句中的「斗」字，含有「小」或「少」義的選項是：
(A)事關重大，請恕我「斗」膽直言。

(B)人不可貌相，海水不可「斗」量。

(C)盛夏時節，「斗」室裡顯得酷熱難當。

(D)子貢問曰：今之從政者何如？子曰：噫！「斗」筲之人，何足算也。

(E)今欲致天下之士，民有上書求見者，輒使詣尚書問其所言，言可采取者，秩以升「斗」之祿，賜以一束之帛。【95年大學指考】

7.下列文句中的「行」字，有「實施」之意的選項是：

(A)阿宣「行」志學，而不愛文術。（陶淵明〈責子〉）

(B)「行」仁政而王，莫之能禦也。（《孟子．公孫丑》）

(C)說秦王書十上，而說不「行」。（《戰國策．秦策》）

(D)言之無文，「行」而不遠。（《左傳．襄公二五年》）

(E)子曰：二三子以我為隱乎？吾無隱乎爾。吾無「行」而不與二三子者。（《論語．述而》）【96年大學指考】

8.文學作品常使用比喻。所謂比喻，即作者以類似的聯想，選取另外的事物來描繪原有事物的特徵。例如「我的心情像土撥鼠在挖洞」，就是以「土撥鼠挖洞」的類似聯想來比喻「想找到出口」的心情。下列《神雕俠侶》的文句，使用比喻寫法的選項是：

(A)他順勢划上，過不多時，波的一響，衝出了水面，只覺陽光耀眼，花香撲鼻，竟是別有天地。

(B)轉過一個山峽，水聲震耳欲聾，只見山峰間一條大白龍似的瀑布奔瀉而下，衝入一條溪流，奔騰雷鳴，湍急異常。

(C)只見一個白衣女郎緩緩的正從廳外長廊上走過，淡淡陽光照在她蒼白的臉上，清清冷冷，陽光似乎也變成了月光。

(D)楊過日日在海潮之中練劍，日夕如是，寒暑不間。木劍擊刺之聲越練越響，到後來竟有轟轟之聲，響了數月，劍聲卻漸漸輕了，終於寂然無聲。

(E)朱子柳突然除下頭頂帽子，往地下一擲，長袖飛舞，狂奔疾走，出招全然不依章法。但見他如瘋如癲、如酒醉、如中邪，筆意淋漓，指走龍蛇。

【88年大學入學考】

參考答案：

1. CE　2. ABDE　3. ABD　4. AB　5. CD　6. BCDE　7. BC　8. BCE

◎詳解：

1. (A)「於辭無所假」：文章不抄襲人。曹丕《典論・論文》。

(B)「不可小知」：不以小才藝為人所識知欣賞。《論語．衛靈公》。
(C)《中庸》。
(D)「一剎那便是永劫」：正視時間的推移，把握時空，創造出不朽的價值。豐子愷〈漸〉。
(E)《論語．泰伯》。

2.(A)歐陽修〈醉翁亭記〉。
(B)《孟子．梁惠王上》。
(C)子游能以禮樂治武城，孔子滿意其所為，以開玩笑口吻說：「治小邑，何必用禮樂大道？」《論語．陽貨》。
(D)荀子〈勸學〉。
(E)《孟子．告子上》。

3.(A)有志的仁義之士，沒有為求生而傷害仁德的，只有犧牲自身來成就仁義的。**解析**：言有仁義的人在生命與仁義之間必以仁義為重，屬於價值的取捨。
(B)我找不到奉行中庸之道的人和他交往，只能與過於激進的人或過於保守的人相交往了。**解析**：孔子認為中道優於狂狷，屬於價值的比較。
(C)自己做好立身處世的修養，也讓別人能做好立身處世的修養；自己求得通達，也讓別人求得通達。**解析：**積極說明行仁的態度，沒有比較或選擇的意涵。

(D)奢侈了就會變得驕傲，節儉了就會流於固陋。與其驕傲自大，我寧可寒酸固陋。**解析：**孔子在「不遜」與「固」之中，寧可選擇「固」。

(E)生來就知道的是最上等的；透過學習才知道的是次一等的；遇到困難才去學習的又是次一等的。

4.

(A)國家政治清明時，說話要正直，做事也要正直；國家政治黑暗時，做事一樣要正直，但說話時卻要謹慎。**解析：**孔子提出有道、無道時的所應採取的不同態度，是「聖之時者」的表現。

(B)君子對於天下的事情，沒有絕對要怎樣做，也沒有絕對不怎樣做，一切都依從義理而行。**解析：**「無適也，無莫也」就是沒有必然如此，也沒有必然不能如此的客觀態度，這是「聖之時者」的行為。

(C)君子廣博地學習聖賢的典籍，並且以禮來規範自己的言行舉止和態度，也就可以不偏離正道或背道而行了。**解析：**說明君子應該廣泛的學習並以禮教約束自己，並無不同情況下的不同態度。

(D)我不抱怨天，也不怪罪人，我下學人事，上通天命，能知道我的，恐怕只有上天了吧！**解析：**孔子感嘆自己卓越的為人與學識，然不為世人所知曉。

(E)他這個人，發憤用功就忘記吃飯，內心快樂就把一切煩惱憂慮都忘了，連自己快要衰老了都不知道，如此而已。**解析**：自述研究學問之樂趣在「不知老之將至」，與「聖之時者」的行為無關。

5.《論語．子罕》
(A)唐韓愈〈師說〉
(B)《孟子．盡心上》
(C)戰國荀子〈勸學〉
(D)《孟子．盡心上》
(E)唐魏徵〈諫太宗十思疏〉

6.
(A)**解析**：斗膽即膽大如斗，此處「斗」有「大」之義。「斗膽」形容「膽量很大」，常有禮貌上的意義。
(B)**解析**：海水不可「斗量」，此處「斗」為容器，用小斗器來計算大海容量，故「斗」有「小」之義，此比喻不可小看別人。
(C)**解析**：「斗室」即用來形容「狹小的房間」，有「小」的含意。
(D)子貢問道：「現在那些從政者表現怎樣？」孔子回答：「唉！他們只是一群器量狹小、才疏學淺的人，哪裡算得上是士呢！」（《論語．子路》）。**解析**：「斗」、「筲」皆是小器皿，「斗筲之人」是比喻器量狹小、才疏學淺之人，故有「小」之義。

(E)現在打算招攬天下賢士，若有平民到官廳呈上議論國事的書信請求面見，往往會指派尚書令詢問他的建言，若有值得採納的意見，就授與他微薄的俸祿，賞賜給他一束縑帛。（《漢書》卷六十七〈梅福傳〉）。**解析**：「升斗」之祿的「斗」為容量單位，古代十升為一斗，此用以形容微薄的俸祿，含有「少」之義。

7.

(A)阿宣快要十五歲了，卻不愛文學藝術。**解析**：將要。「志學」：借代十五歲。案，子曰：「吾十有五，志於學。」

(B)實行仁政就能稱王於天下，這是沒有人能抵抗的。**解析**：施行實踐。

(C)勸說秦王的奏章上了十封，然而秦王對所提的諫言卻不實行。**解析**：施行實踐。

(D)語言沒文采，是沒有辦法傳達永遠的。**解析**：流動傳布。

(E)孔子說：「同學們認為我有所隱瞞嗎？我完全沒有隱瞞啊！我沒有任何的行為是不讓同學參與知曉的。」**解析**：行為。

8.金庸《神鵰俠侶》。

譬喻：即借彼喻此。（1.「喻體」：所要說明的事物主體。2.「喻依」：用來比方說明主體者。3.「喻詞」：聯接「喻體」和「喻依」的語詞。）

類別	表解			題例
	喻體	喻詞	喻依	
明喻	V	V	V	(B)「只見山峰間一條大白龍似的瀑布」 (C)「陽光似乎也變成了月光」 (D)「如瘋如癲、如酒醉、如中邪」
隱喻（暗喻）	V	是、為	V	▲吾師肺肝，「皆」鐵石所鑄造也。（〈左忠毅公軼事〉）
略喻	V	×	V	▲但以劉日薄西山，氣息奄奄。（〈陳情表〉）
借喻	×	×	V	▲瓶之罄矣，維罍之恥。（〈蓼莪〉） 〔子女不得終養父母也〕

出自《孟子》的成語典故．俚俗諺語

一、〈梁惠王〉上

1. **不遠千里**：不以千里為遠

2. **上下交征**：上下君臣互相爭奪私利。

3. **棄甲曳兵**：形容戰敗逃竄的狼狽狀。曳，音ㄧˋ，拖著。

4. **五十步笑百步**：比喻自己與別人有同樣的缺點或錯誤，卻以自己情況較輕而嘲笑別人。又用以比喻兩者的缺點、錯誤，雖有程度差別，而實質其實相同，也就是「半斤八兩」啦。

5. **不可勝用**：即用不完的意思。勝，音ㄕㄥ，盡。

6. **餓莩遍野**：餓死的人到處都是。多指災荒、暴政所造成之慘象。莩，通「殍」，音ㄆㄧㄠˇ，餓死的人。

7. **率獸食人**：帶著野獸殘害人。比喻為政者施行暴政。

8. **始作俑者**：首創惡例之人。俑，音ㄩㄥˇ，殉葬用的人偶。

9. **深耕易耨**：指勤於耕耘。耨，音ㄋㄡˋ，除草。

10. **妻離子散**：家庭不得團圓。

11. **仁者無敵**：施行仁政，獲得大眾擁戴，天下無人可以抗拒他。

12. **引領而望**：伸長脖子遠望。形容期待之殷切。

13. **以羊易牛**：比喻以小易大。

14. **仁心仁術**：實踐仁道。今多用來讚頌良醫之詞。

15. **君子遠庖廚**：君子遠離宰殺牲畜的廚房。本意指君子不忍心聽牛羊宰殺之哀嚎，即仁慈不忍。

16. **心有戚戚**：感同身受，心有同感。戚戚，心動的樣子。

17. **明察秋毫**：形容目光敏銳，能看清細小之物。亦作「洞察秋毫」。毫，動物秋天初生之細毛。

18. **秋毫之末**：比喻極細小的事物。秋毫，鳥獸於秋季時身上新生的細毛。

19. **挾泰山以超北海**：比喻困難或不可能辦到的事。

20. **老吾老，以及人之老；幼吾幼，以及人之幼**：尊奉自己的父兄，以同樣的事老之道，尊奉別人的父兄。慈愛自己的子弟，以同樣的慈幼之心，慈愛別人的子弟。

21. **權衡輕重**：度量分清楚主要的和次要的。

22. **緣木求魚**：爬上樹去找魚，比喻徒勞而無功。

23. **盡力而為**：竭盡全力去做。

24. **寡不敵眾**：人數少的抵擋不住人數多的。

25. **放辟邪侈**：形容任性作惡。辟，音ㄆㄧˋ，不正。

26. **仰事俯畜**：對上侍奉父母，對下養活妻子兒女。畜，同「蓄」。

二、〈梁惠王〉下

1. **疾首蹙頞**：形容痛苦樣子。疾首，頭痛。蹙頞，皺眉頭。頞，音ㄜˋ，額頭。

2. **與民同樂**：國君和百姓共享安樂。

3. **入境問禁**：入他人之境內，應先問有什麼禁令或禁忌，避免觸犯，以示尊重境內主人。

4. **以大事小**：拿自己的大國去事奉小國。

5. **以小事大**：以自己的小國去事奉大國。

6. **匹夫之勇**：一人之勇，獨夫之勇。

7. **衡行天下**：形容到處稱強，蠻橫不講理。衡，通「橫」。

8. **樂民之樂，憂民之憂**：國君愛民，將百姓的憂樂，當作自己的憂樂。

9. **樂以天下，憂以天下**：國君要與天下之人共憂樂。

10. **流連忘反**：貪戀遊樂而忘歸。亦作「流連忘返」。
11. **澤梁無禁**：設置魚梁捕魚，官府不加禁止。指為政之寬厚仁慈。
12. **罪人不孥**：罪人受刑，僅及本身，不牽連妻子兒女。孥，音ㄋㄨˇ，妻兒。
13. **鰥寡孤獨**：無依無靠的老弱人。老而無妻曰鰥（音ㄍㄨㄢ），老而無夫曰寡，老而無子曰獨，幼而無父曰孤。
14. **怨女曠夫**：舊指年長而未婚嫁的男女。
15. **顧而言他**：覺得不好答覆，就看看左右的人，故意說別的事情。
16. **國人皆曰可殺**：指某個人罪大惡極。
17. **不勝其任**：擔當不了那樣的任務。
18. **簞食壺漿**：人民踴躍歡迎，並以飲食慰勞軍隊。
19. **水深火熱**：比喻人民生活陷於極度痛苦之中。
20. **大旱望雲霓**：比喻盼望極為迫切。
21. **弔民伐罪**：撫慰人民，討伐有罪之君。
22. **見死不救**：坐視別人尋死、戰死，不加救援。
23. **出爾反爾**：原指怎樣對待別人，人家也會同樣對待你，猶言自食其果。後指一個人反覆無信，前後矛盾。

24. **創業垂統**：創立功業，傳之子孫。

三、〈公孫丑〉上

1. **艴然不悅**：憤怒而不愉快。艴，音ㄈㄨˊ。艴然，惱怒貌。
2. **反手可得**：翻轉手掌可得到。反，翻轉。比喻事情輕而易舉，得之極易。
3. **故家遺俗**：世家大族所遺留的習俗。
4. **雞鳴狗吠**：形容田舍之風光。
5. **飢者易為食，渴者易為飲**：言飢渴之時，不待甘美。比喻處於困乏狀態時，容易得到滿足。
6. **解民倒懸**：比喻拯救人民於水深火熱之中。倒懸，頭向下腳朝上倒掛，比喻處境極端困苦危急。
7. **事半功倍**：指用力少，收效大，工作效率高。
8. **膚橈目逃**：喻人膽小無勇。膚橈，肌膚被刺而撓屈。目逃，目遇刺而轉睛逃避。橈，音ㄋㄠˊ，屈。俗作「撓」。
9. **惡聲必反**：他人對我有無禮的舉動，我必反擊他人。

10. **四十不動心**：四十歲時就不再恐懼疑惑了。
11. **浩然之氣**：正大剛直的精神。
12. **揠苗助長**：比喻違反事物自然規律，強求速成。揠，音ㄧㄚˋ。
13. **具體而微**：指事物內容各部大體具備，不過規模較小。
14. **出類拔萃**：指卓越出眾的人。
15. **以力假仁**：拿仁義作幌子，其實是用武力壓迫。
16. **以德行仁**：用道德推行仁政。
17. **以力服人**：拿武力去降服他人。
18. **心悅誠服**：心裡喜歡，真誠信服。
19. **惡溼居下**：討厭潮溼，卻又居於低窪之地。比喻明知故犯。
20. **未雨綢繆**：趁著天還沒下雨，先修繕房屋門窗。比喻事先防備。綢繆，纏結、修補。繆，音ㄇㄡˊ。（語出《詩經．豳風．鴟鴞》）
21. **禍福由己**：人之禍福，皆由自己求得。
22. **自求多福**：自己去尋找、探索，得到更多的幸福。（語出《詩經．大雅．文王》）
23. **天作孽，猶可違；自作孽，不可活**：天災可避，自己惹來的災禍不可逃。（語出《書經．太甲》）

24. **無敵於天下**：形容無比強大。

25. **側隱之心**：對別人的不幸，所產生的憐憫、同情心。

26. **反求諸己**：凡事嚴格地要求自己，多從自身找原因。

27. **舍己從人**：拋棄己見而聽從他人。一作「捨己從人」。（語出《書經．大禹謨》，為孟子所暗用。）

28. **與人為善**：幫助別人做好事。與，贊助。

29. **袒裼裸裎**：音ㄊㄢˇ ㄒㄧˊ ㄌㄨㄛˇ ㄔㄥˊ。赤身露體，形容對人無禮貌。袒裼，露臂。裸裎，露身。

四、〈公孫丑〉下

1. **天時地利人和**：氣候、地形地物條件都很有利，人民也團結一致。

2. **得道多助，失道寡助**：符合道義者，必獲支持贊助；違背道義者，必然陷於孤立。

3. **采薪之憂**：自稱有病的婉拒之辭。亦作「採薪之憂」、「采薪之患」、「負薪之憂」。

4. **齒德俱尊**：即年高德劭。

5. **大有作為**：充分發揮作用，做出顯著成績。

6. **綽綽有餘**：極其寬裕。（孟子乃化用《詩經．小雅》「綽綽有裕」一詞。）

7. **私相授受**：私下裡互相授予和接受。

8. **有所矜式**：有一種可以尊敬的模範，亦作「用資矜式」；式，典範。

9. **龍（壟）斷**：操縱市場，攘奪眾人之利而獨占之。龍，通「壟」。

10. **窮日之力**：用盡一天的體力。

11. **彼一時，此一時**：表示時間不同，不可一概而論。

12. **舍我其誰**：除了我，還有誰？表示自視極高，自任重責。

五、〈滕文公〉上

1. **彼丈夫也，我丈夫也，吾何畏彼哉**：他是個男子漢大丈夫，我也是個男子漢大丈夫，我為什麼要怕他呢？亦即他人能做的，我亦能之。

2. **有為者亦若是**：只要立志去做，就會像他一樣。

3. **絕長補短**：本指計量國土縱廣。後常用為移多補少，截所長以補其短，亦作「截長補短」。

4. **大故遽遭**：表示遭遇重大變故，遭逢父母的喪事。

5. **馳馬試劍**：喜歡跑馬舞劍，即講習武術。

6. **上有好者，下必有甚焉者矣**：在上位的人有什麼愛好，下面的人一定愛好得更厲害；上行下效，且猶過之。
7. **有恆心**：具有經常向善的心志。
8. **為富不仁**：一心只想發財致富，卻不能仁愛他人。
9. **出入相友**：出門工作和回家休息，都互相陪伴。
10. **守望相助**：鄰居互相照顧，以防盜寇。
11. **饔飧而治**：一面早晚燒飯生活，一方面治理國事；饔，音ㄩㄥ，早餐；飧，音ㄙㄨㄣ，晚餐。
12. **勞心勞力**：知識分子勞心管理行政，基層分子勞力工作。
13. **三過家門不入**：禹治水奔走於外，三度經過自家門口，無暇進入；後世則比喻忙碌公務，無法回家休息。
14. **飽食煖衣**：衣食充足。煖，同「暖」。
15. **父子有親，君臣有義，夫婦有別，長幼有序，朋友有信**：父子要有親愛的感情，君臣要有相敬的禮義，夫妻要有內外的分別，長幼要有大小的次序，朋友要有誠信的交誼。
16. **南蠻鴃舌**：指說話帶著南方口音怪腔怪調。南蠻，舊時對南方人的蔑稱。鴃，音ㄐㄩㄝˊ，伯勞鳥。舌，舌頭，借指口音。

17.**下喬入幽**：良禽卻飛下高大喬木，進入低暗的地方；比喻從良好的處境進入劣境，或喻人捨棄光明，奔向黑暗。

18.**五尺之童**：指尚未成年的兒童。古尺較短，故稱五尺之童。

六、〈滕文公〉下

1.**枉尺直尋**：委屈一尺而能夠伸直八尺，指小有所屈而大有所獲；古制，一尋長八尺。

2.**志士不忘在溝壑，勇士不忘喪其元**：有志氣的人，不忘該安守窮困，而死在田溝山澗裡。有勇氣的人，抱必死之決心，不忘擲其大好頭顱、生命。

3.**妾婦之道**：比喻阿諛苟容，以竊取權勢者。

4.**富貴不能淫，貧賤不能移，威武不能屈**：財富尊貴無法動搖其心意，貧窮微賤無法改變其節操，威勢武力無法屈撓其志氣。

5.**媒妁之言**：舊式婚姻，必由媒人介紹。妁，音ㄕㄨㄛˋ，媒介。

6.**鑽穴踰牆**：男女越牆相隨，鑽穴相窺，比喻越禮之事。

7.**通功易事**：人各有業，互通有無。

8.**梓匠輪輿**：木匠和車匠。

9. **天下無敵**：天下沒有可以匹敵之人。

10. **我武惟揚**：謂國勢之發揚。（語出《書經．泰誓》，為孟子所引用。）

11. **一傅眾咻**：一個人教導，眾人卻在四周喧譁搗亂，比喻環境對學習的影響深鉅。又作「一齊眾楚」。

12. **脅肩諂笑**：縮斂肩膀，假裝笑臉。形容阿諛諂媚。脅，縮、收斂。

13. **以待來年**：等到明年。

14. **月攘一雞**：每月偷人家一隻雞。引伸為不合理的事，卻不願速求改正。攘，音ㄖㄤˊ，偷。

15. **世衰道微**：世運衰微，道德敗壞。

16. **知我者，其惟春秋乎**：真正了解我的，恐怕只有這部《春秋》吧。

17. **洪水猛獸**：比喻禍害極大的事物。

18. **亂臣賊子**：叛逆君父的人；今以泛指作亂社會的人。

19. **巨擘**：大姆指。比喻傑出的人物。擘，音ㄅㄛˋ。

20. **萬鍾之祿**：很高的俸祿。鍾，古代量器，容六斛四斗。

七、〈離婁〉上

1. **不以規矩，不能成方員**：指任何事物皆有根據的原則定律。員，同「圓」。

2. **五音六律**：泛指悅耳的音樂聲。五音也稱五聲，為古樂宮、商、角、徵、羽五聲音階階名。六律，為古時正樂律之器。

3. **仁心仁聞**：既有仁愛之心，又有仁愛的名譽。

4. **徒善不足以為政，徒法不能以自行**：只有善心而不行仁政，是不足以治理國家，只有善法而不施行，法度也不能獨自行。

5. **率由舊章**：一概遵照舊有的規章辦理。（語出《詩經．大雅．假樂》，為孟子所引用。）

6. **規矩準繩**：比喻一定的法度、規則、標準。亦作「規矩繩墨」。

7. **為高必因丘陵，為下必因川澤**：指順勢而為，則用力少而成功機率大。

8. **陳善閉邪**：向國君開陳仁政之大道，以禁閉他不正的邪心。

9. **孝子慈孫**：極能盡孝道之子孫。

10. **殷鑑不遠**：殷人滅夏，殷之子孫，宜以夏之覆亡為誡。後世比喻以前事為鑒戒。（語出《詩經．大雅．湯》，為孟子所引用。）

11. **惡醉強酒**：明明怕醉而偏偏暴飲酗酒，比喻明知故犯。

12. **順天者存，逆天者亡**：依順天理行事的才能存在，違反天理的就要滅亡。

13. **天命靡常**：天意沒有一定。靡，音ㄇㄧˇ，無。（語出《詩經．大雅．文王》，為孟子所引用）

14. **濯纓濯足**：「滄浪之水清，濯吾纓；滄浪之水濁，濯吾足。」纓，帽帶子；指人之尊貧或卑賤，皆由自取，乃榮辱自取也。

15. **人必自侮，然後人侮之；家必自毀，而後人毀之；國必自伐，而後人伐之**：一個人妄自菲薄，別人才敢輕慢他；一個卿大夫的家，必先自我毀壞，別人才敢毀壞他；一個諸侯國，必先造成招惹討伐的暴政，然後他人才敢討伐他。

16. **為淵驅魚，為叢驅爵**：把魚趕到深淵中，把鳥雀趕到茂林裡。比喻暴君不為善政，無異於把人民趕往敵國。爵，通「雀」。

17. **淵魚叢爵**：深池的魚和樹林裡的鳥雀。

18. **三年畜艾**：罹患七年之久的病，要先儲存三年的艾草。今以喻事先儲備。

19. **自暴自棄**：自己的言行背棄仁義道德，以致落到不可收拾的地步。

20. **居仁由義**：以仁德居心，行事合義理。

21. **殺人盈野**：指殺人無數，布滿原野。

22. **罪不容於死**：罪大惡極，死有餘辜。

23. **男女授受不親**：古時禮教嚴防，男女有內外之分，有所謂食不同器、坐不連席，不可直接接觸、言談或授受物件……等。（語出《禮記．坊記》，為孟子所引用。）

24. **易子而教**：彼此交換兒子來施教，在教導上，效果反而好。

25. **父子之間不責善**：父子之間不以善道互相責備，以免傷親倩。

26. **口體之養**：指奉養父母的口腹。

27. **不虞之譽**：非意料所及的稱譽。

28. **求全之毀**：為求得完美無缺反而受到詆毀。

29. **不孝有三，無後為大**：有三事為不孝，而不娶無子，絕先祖祀，為人子最大的不孝。

30. **不告而娶**：不稟告父母而私自娶妻。

31. **手舞足蹈**：手足亂舞亂跳，形容喜極之情狀。

32. **好為人師**：喜歡當別人的老師。

八、〈離婁〉下

1. **若合符節**：兩件事物完全相同或一致。

2. **視同手足**：看得特別親近，如同自己的手腳一樣。
3. **視同心腹**：特別看重，有如自己的心、腹一樣。
4. **視如犬馬**：表示不把人當人看待。
5. **視同路人**：彼此感情冷淡，對待如陌生之人。
6. **視如土芥**：把人看得如糞土、草芥一樣，形容極其輕視；芥，小草。
7. **視如寇讎**：像仇敵一樣仇恨他。讎，音ㄔㄡˊ，同「仇」。
8. **不為已甚**：不做太過分的事情。
9. **赤子之心**：純潔如嬰兒之心；赤子，初生之嬰兒。
10. **養生送死**：生時奉養，死時殯葬。指子女對父母的孝道。
11. **深造自得**：深入學問的境地，一旦融會貫通，自然領悟於心。
12. **居安資深**：居處安順，造詣高深。
13. **左右逢原**：喻學道有得。今用以稱辦事得手。原，同「源」。
14. **由博反約**：指做學問應該在廣博的知識基礎上，進一步走向專精。
15. **聲問過情**：聲望名氣超過實情。
16. **人之異於禽獸者幾希**：人類和禽獸的分別，只是人天性裡的仁義罷了，相差實在是很微少的。

17. **立賢無方**：舉用賢人並無常法，不問出身家世品類。
18. **視民如傷**：對百姓體恤深切，不敢動擾。
19. **夜以繼日**：日夜不停。
20. **坐以待旦**：指急於求治，不睡臥以待天明。（語出《書經．太甲》，為孟子所引用。）
21. **君子之澤**：好人一定有好的規範遺留給子孫。即祖蔭餘澤。
22. **五世而斬**：聖賢之德澤，經五世而斬截。
23. **私淑**：宗仰其學而未及從學者曰私淑弟子。
24. **取不傷廉**：取用之不損於廉潔。
25. **取友必端**：選擇朋友必定是品行端正的人。
26. **掩鼻而過**：形容對臭穢之物的厭惡。
27. **齋戒沐浴**：用以表示祀神的虔誠。齋戒，忌食葷辛。沐浴，洗淨汙垢。
28. **行所無事**：本指順著自然的水勢，使之暢行無阻而不為害。後指行事鎮靜，好像沒有事一樣。
29. **愛人者，人恆愛之；敬人者，人恆敬之**：能愛護別人、敬重別人的人，也能得到他人的愛護與敬重。
30. **終身之憂**：一生一世的憂患。

31. **一朝之患**：一朝橫來的憂患。

32. **己飢己溺**：別人飢餓，有如自己也飢餓；別人掉到水裡，有如自己也掉入水中；比喻關心、同情他人疾苦。

33. **易地皆然**：互換所居的地位，其行動也相同。

34. **被髮纓冠**：形容救急的迫切。被，音ㄆㄧ，通「披」，散。纓，帽帶。

35. **好勇鬥狠**：喜歡逞勇，愛與人爭鬥。

36. **齊人之福**：引申為有大、小老婆。又作「齊人之樂」。

37. **富貴利達**：指享有高官厚祿。

九、〈萬章〉上

1. **得其所哉**：得到適當的處所。（孟子述子產之言。）

2. **欺以其方**：用合理的方法欺騙他人。

3. **藏怒宿怨**：怨恨未消，積蓄胸中。

4. **源源而來**：謂其來如水流之滾滾不絕。

5. **南面之尊**：即天子之位。

6. **北面稱臣**：願以臣子或弟子之禮事之。
7. **岌岌可危**：瀕臨危殆之境地。（孟子述孔子之言）岌岌，高峻危險貌。
8. **齊東野語**：齊國東方邊陲之地，鄉野人說的話；代表落後地方的俗話方言。
9. **如喪考妣**：喻思念痛切，有如父母之喪。（語出《堯典》，為孟子所引用。）
10. **遏密八音**：停止奏樂。遏，止。密，靜。（語出《堯典》，為孟子所引用。）
11. **天無二日**：喻一國不能同時有兩位君王。一國之內，不可同時有兩個主權政府存在。（孟子述孔子之言。）
12. **普天率土**：全天下。普天，全天下。率土，四海之內。（語出《詩經．小雅．北山》，為孟子所引用。）
13. **以文害辭**：拘限於表面的文字，而誤解辭句的意思。
14. **以辭害志**：拘限於辭句的意思，而誤解了作者的本意。
15. **以意逆志**：以自己的意思，去推想作者的本意。
16. **天視自我民視，天聽自我民聽**：天的觀察，經由人民的眼睛來觀察，天的聽聞，經由人民的耳朵來聽聞。亦即天意即民意。（語出《書經．泰誓》，為孟子所引用。）
17. **傳賢傳子**：把天子之位傳給賢者，或傳給子孫。

18. **自怨自艾**：改過自新，自責其非。艾，音一ˋ，治。
19. **一介不取**：不應得之物，雖極細微，亦不取之。介，同「芥」，喻極細微之物。
20. **先知先覺**：覺悟於道或見事先於他人。
21. **枉己正人**：無法端正己身而欲端正他人，為不可能之事。
22. **潔身自好**：使自己身心聖潔，無汙行。
23. **好事者**：喜歡造謠生事的人。
24. **假塗滅虢**：喻禍及無辜。有引狼入室之意。假塗，借路。塗，通「途」。虢，音ㄍㄨㄛˊ，國名。

十、〈萬章〉下

1. **頑廉懦立**：頑貪無知的人也知廉潔而有分辨；懦弱的人也知立志向上。
2. **集大成**：匯集各家各派的長處，達到最完備的結果。
3. **金聲玉振**：奏樂時用金鐘的聲音來發端，用玉磬的聲音來收尾。
4. **附庸**：附屬於大諸侯的小國。
5. **挾長挾貴**：自恃年長或地位尊貴。
6. **卻之不恭**：他人有所餽贈，推辭不受，乃疑其所贈物有來路不明之嫌，故為不恭之甚。今用以表示接受餽贈。

7. **殺人越貨**：殺戮人且搶奪其財物。（語出《書經．周書．康誥》，為孟子所引用。）

8. **於今為烈**：過去就有，現在更為厲害。烈，厲。

9. **抱關擊柝**：守城門者和敲更鼓守夜者，指位卑祿薄者。柝，音ㄊㄨㄛˋ，巡夜人所敲的木梆子。

10. **位卑言高**：身處下位卻議論高官主管的政事。

11. **禮門義路**：禮義為人生必經之門路。

12. **勃然變色**：臉色突然改變。勃然，突然也。

十一、〈告子〉上

1. **食色性也**：愛好美食、聲樂和美色，乃人的本性。（按：此為孟子弟子告子所說的話。）

2. **有物有則**：凡事物都有它一定的規則。（語出《詩經．大雅．烝民》，為孟子所引用。）

3. **牛山濯濯**：本謂山無草木，今或用以喻人禿頂無髮。

4. **良心**：天所生之本性、善心。

5. **旦而伐之**：本指日日伐木，今引申為日日從事同一工作之意。

6. **平旦之氣**：天剛亮時人所產生的清明之氣。旦，太陽初升。

7. **出入無時**：心之操捨，若無定時，則無定向。

8. **一暴十寒**：晒一天，凍十天。比喻作事怠惰無常，缺乏恆心。

9. **專心致志**：一心一意，聚精會神。

10. **魚與熊掌**：比喻同時擁有兩樣好的東西。

11. **舍生取義**：輕生重義，為正義可以不惜犧牲生命。

12. **簞食豆羹**：形容飲食極簡單的食物。

13. **飲食之人**：只顧口腹之養，不知進德修業之人。

14. **趙孟所貴，趙孟能賤**：比喻一個人能使人富貴，也能使人貧賤。引申為任由別人擺弄。

15. **膏粱之味**：指肥肉精米的美味。

16. **杯水車薪**：比喻力量太小，無濟於事。

十二、〈告子〉下

1. **寸木岑樓**：比喻相差懸殊。岑樓，尖頂的高樓。

2. **願聞其詳**：欲聽其說出詳細的情形。

3. **有諸內必形諸外**：一個人內在有才學，必定會由外表現出來。

4. **歃血為盟**：古時盟者用牲血塗在嘴邊，以示守信不悔。歃血，以血塗口旁以盟誓。歃，音ㄕㄚˋ。

5. **敬老慈幼**：敬重老人，撫愛幼小。

6. **言歸于好**：彼此仍舊和好如初。

7. **逢君之惡**：故意迎合在上者作惡的意圖。

8. **以鄰為壑**：把水患移到鄰境去，比喻移嫁禍於別人。

9. **喜而不寐**：快樂得無法入睡。

10. **拒人於千里之外**：形容態度倨傲，不易接近。

11. **動心忍性**：激發心志，使之性格堅強。

12. **困心橫慮**：心意困苦，思慮阻塞。

13. **法家拂士**：守法度之世臣及輔弼國君之賢士。拂，通「弼」，音ㄅㄧˋ，輔佐。

14. **敵國外患**：表示外來的侵略。

15. **生於憂患，死於安樂**：生存是從憂患中奮鬥得來，而死亡則往往由於過度安樂、怠惰所造成。

16. **不屑教誨**：因瞧不起而不願教誨他，引申有瞧不起之意。

十三、〈盡心〉上

1. **習焉不察**：指對於某種事情習慣了，反而察不出其中的問題。

2. **獨善其身**：獨自修身養性。後多用以表示只圖自身完善，不顧他人。

3. **自視欿然**：用以對自己的成就或表現有所自責；自覺不滿意。欿然，空虛貌。欿，音ㄎㄢˇ。

4. **過化存神**：具有聖德的君子，所經之處，人人無不被感化，他的存心，更是神妙莫測。

5. **孩提之童**：提攜懷抱中的幼兒。

6. **莫之能禦**：無法抵抗。莫，無也。

7. **孤臣孽子**：不得君王所喜的孤立遠臣，不得親長所愛的微賤庶子。

8. **仰不愧於天，俯不怍於人**：心境坦然，秉心公直，而無愧疚也。怍，音ㄗㄨㄛˋ，羞愧。

9. **得天下英才而教育之**：得到天下才華傑出的人，來教導他們。

10. **廣土眾民**：土地廣大，人民眾多。

11. **睟面盎背**：形容有德者之儀態。睟然，潤澤貌。睟，音ㄙㄨㄟˋ。盎，音ㄤˋ，盛貌。

12. **不言而喻**：不待解釋，自然明白。

13. **盍歸乎來**：為什麼不歸服他呢？

14. **登太山而小天下**：登上太山感覺天下太小了。比喻見解擴大。

15. **觀海難為水**：比喻所見既大，則其小者不足觀。

16. **孳孳不息**：勤勉不倦。孳孳，通「孜孜」。

17. **一毛不拔**：譏諷人極端吝嗇。

18. **摩頂放踵**：從頭頂到腳跟都磨傷。放，音ㄈㄤˇ，至。踵，腳後跟。

19. **舉一廢百**：只知拘執於一點而不懂變通，舉用一樣而廢了百事。後亦用為處世偏狹，因小失大之意。

20. **久假不歸**：原本指借人之物久不歸還，後世則多用來作請假之日長久而未歸來報到。

21. **素餐**：徒享官祿不盡職責，或徒食不作事。（後人用「尸位素餐」，表示一個人徒居職官、徒領俸祿而不做事。）

22. **視如敝蹝**：把它看成破鞋子，比喻極為輕視。敝蹝，破鞋。蹝，同「屣」。

23. **豕交獸畜**：如與豬打交道，像對禽獸那樣畜養。比喻不以禮待之。

24. **春風化雨**：比喻完善的教育，有如春風時雨，使人潛移默化。亦作「時雨春風」。

25. **成德達財**：養成其德性，引導其才華，使之有所成就。財，通「才」。

26. **引而不發**：意指善於教射箭的人，拉滿弓不發箭，只作躍躍欲試的姿態，以便學者觀摩領會。後比喻善於引導，或作好準備，待機行事。

27. **以身殉道**：為真理和信仰而犧牲生命。

28. **進銳退速**：行動過急，實力不濟，失敗必然更快。

29. **仁民愛物**：仁愛人民，愛惜萬物。

30. **當務之急**：當前所有任務中，最緊要的任務。

31. **放飯流歠**：大吃大喝。放飯，大吃而四處飯粒狼藉。流歠，大口喝而湯水從嘴角流下來。歠，音ㄔㄨㄛˋ，飲。

十四、〈盡心〉下

1. **盡信書不如無書**：泛指不可一味相信或拘泥於書本文字。

2. **血流漂杵**：所流之血，足以浮起木杵。喻殺人眾多，通地屍體。

3. **飯糗茹草**：吃乾糧粗食，比喻生活艱苦。糗，音ㄑㄧㄡˇ，乾糧。

4. **民為貴，社稷次之，君為輕**：人民最重要，國家其次，君王則地位最輕。社，土神。稷，穀神。社稷引申為國家。

5. **百世之師**：百代的師表。

6. **親炙之者**：親身承蒙教誨的人。

7. **憂心悄悄**：內心憂慮，滿面愁容。悄悄，憂愁貌。（語出《詩經．邶風．柏舟》，為孟子所引用。）

8. **茅塞頓開**：喻人心有所蔽塞，經人指引而豁然開朗。亦作「頓開茅塞」。

9. **再作馮婦**：比喻又幹起舊行當來。

10. **大而化之**：本義為既已發揚光大，又能演化無窮。今作為為遇事掉以輕心，馬馬虎虎。

11. **來者不拒**：對於有所求而來的人，或送上門來之物，一概不拒絕。

12. **言近指遠**：語言淺近而含意深遠。指，通「旨」，意旨。

13. **守約施博**：所守者簡約，所用者廣博。

14. **舍己芸人**：比喻不知自修反而專務外事。

15. **食前方丈**：吃飯時，食物擺滿一丈見方那麼大的範圍，比喻飲食闊氣，生活奢侈。

16. **養心莫善於寡欲**：存養心性沒有比減少欲望更好。

17. **不屑不潔**：不為汙穢之行，即有所不為。

18. **閹然媚世**：遮遮掩掩，專做一味討好世人的事。

19. **同流合汙**：言行和不良的習俗、世道相契合。後用以指和壞人一起做壞事。

20. **自以為是**：形容主觀、不虛心，總認為自己才對。

21. **似是而非**：表面相像，實際不同；乍看是對，其實不對。

《孟子》中著名的珠璣佳言

1.「君子之於禽獸也，見其生，不忍見其死；聞其聲，不忍食其肉。是以君子遠庖廚也。」〈梁惠王上〉

◎「君子對於禽獸，看見牠活著，就不忍再看見牠死去；聽到牠臨死的哀鳴，就不忍再吃牠的肉了；所以君子住的地方，總要離廚房遠遠的。」「庖」廚：庖，音ㄆㄠˊ，廚房。庖丁，也就是廚師。

2. 孟子曰：「人皆有不忍人之心。先王有不忍人之心，斯有不忍人之政矣。以不忍人之心，行不忍人之政，治天下可運之掌上。」〈公孫丑上〉

◎孟子說：「凡是人都有不忍別人受害的心。古代的帝王有了不忍別人受害的心，於是就施行不忍別人受害的仁政。拿不忍別人受害的心，施行不忍別人受害的仁政，治理天下，就好像能把它放在手掌上運轉似的輕易。」

3. **「惻隱之心，仁之端也；羞惡之心，義之端也；辭讓之心，禮之端也；是非之心，智之端也。人之有是四端也，猶其有四體也。」〈公孫丑上〉**

◎「憐憫傷痛的心，是仁的善端；羞恥憎惡的心，是義的善端；辭謝退讓的心，是禮的善端；分辨是非的心，是智的善端。一個人心裡有這四個善端，就像人身上有手、足四肢一樣，都是生來便具備的。」

4. **「故君子莫大乎與人為善。」〈公孫丑上〉**

◎「所以君子的美德，沒有比幫助別人行善更大的了。與，當動詞，幫助也。」

5. **「富貴不能淫，貧賤不能移，威武不能屈；此之謂大丈夫。」〈滕文公下〉**

◎「財富和尊貴，不能動搖他的心意；貧窮和卑賤，不能改變他的節操；權勢和武力，不能屈撓他的志氣。這樣的人，才叫做大丈夫！」朱熹注：「淫，蕩其心也。移，變其節也。屈，挫其志也。」

6.

「仁者愛人，有禮者敬人。愛人者，人恆愛之；敬人者，人恆敬之。」〈離婁下〉

◎「仁德的人能愛護別人，有禮的人能敬重別人。能愛護別人的，別人也總是會想愛護他；能敬重別人的，別人也經常敬重他。」

7.

「聽其言也，觀其眸子，人焉廋哉？」〈離婁上〉

◎「既聽了他說的話，再觀察他的眼珠，這人的真正用心，又能藏到哪兒去呢？」眸子，音ㄇㄡˊ，目瞳子也。廋，音ㄙㄡ，隱藏。

8.

孟子曰：「不孝有三，無後為大。」〈離婁上〉

◎「不孝的罪狀有三項，沒有後嗣是最重的了。」

按：不孝有三，〈趙岐注〉：「於禮有不孝者三事：謂阿意曲從，陷親不義，一不孝也；家貧親老，不為祿仕，二不孝也；不娶無子，絕先祖祀，三不孝也。」

9. **孟子曰：「大人者，不失其赤子之心者也。」〈離婁下〉**

◎孟子說：「所謂成德的君子，就是能保持嬰兒純真無偽之心的人啊。」赤子，嬰兒也。

按：嬰兒初生時，身體肌膚呈赤色，故稱赤子。

10. **孟子曰：「人之患，在好為人師。」〈離婁上〉**

◎孟子說：「一個人的毛病，在於喜歡指導他人，愛當人家的老師。」

11. **孟子曰：「伯夷，聖之清者也；伊尹，聖之任者也；柳下惠，聖之和者也；孔子，聖之時者也。孔子之謂集大成。」〈萬章下〉**

◎孟子說：「伯夷，是聖人中最清高的；伊尹，是聖人中最負責任的；柳下惠，是聖人中最隨和的；孔子，是聖人中最合時宜的。孔子可以說是集聖人的大成了。」

按：伯夷：殷，孤竹國君之長子，其父將死，遺命立其弟叔齊。父卒，叔齊遜伯夷，伯夷曰：「父命也。」逐逃去。武王伐紂，曾叩馬而諫；及武王勝殷，二人遂隱於首陽山，不食周粟，不久即活活餓死。

12.

孟子曰：「魚，我所欲也；熊掌，亦我所欲也；二者不可得兼，舍魚而取熊掌者也。生，亦我所欲也；義，亦我所欲也；二者不可得兼，舍生而取義者也。」〈告子上〉

◎孟子說：「魚，是我喜歡吃的；熊掌，也是我喜歡吃的；如果兩樣不能同時得到，我就捨棄魚而取熊掌了。生命，也是我所喜歡的；大義，也是我所喜歡的；如果兩樣不能同時得到，我就捨棄生命而求取大義。」

13.

「學問之道無他，求其放心而已矣。」〈告子上〉

◎「讀書研究學問的途徑沒有別的，就是把放失在外的心找回來罷了。」

14.

「故天將降大任於是人也，必先苦其心志，勞其筋骨，餓其體膚，空乏其身，行拂亂其所為；所以動心忍性，曾益其所不能。」〈告子下〉

◎「所以上天要把重任交給這個人時，一定先困苦他的心志，勞累他的筋骨，飢餓他的軀體，困乏他的身心，擾亂他，使他的所作所為都不順遂；為的是要激發他的心志，堅忍他的性情，增加他所欠缺的能力。」

15.

孟子曰：「人不可以無恥；無恥之恥，無恥矣。」〈盡心上〉

◎孟子說：「一個人不可以沒有羞恥心；能夠知道沒有羞恥心的可恥，就不會有恥辱降在身上了。」

16.

孟子曰：「有為者，辟若掘井——掘井九軔而不及泉，猶為棄井也。」〈盡心上〉

◎孟子說：「有作為的人，譬如掘井一般——雖然掘到九仞深，如果因為還沒有見到泉水就罷手，那仍然是一口無用的廢井。」

按：辟，通「譬」。軔，通「仞」，八尺也。

17.

孟子曰：「君子有三樂，而王天下不與存焉。父母俱存，兄弟無故，一樂也；仰不愧於天，俯不怍於人，二樂也；得天下英才而教育之，三樂也。君子有三樂，而王天下不與存焉。」〈盡心上〉

◎孟子說：「君子有三種快樂，而統治天下卻不包括在內。父母都健在，兄弟相親好，是第一種快樂；上不愧對於天，下不愧對於人，是第二種快樂；得到天下才華出眾的人而教育他們，是第三種快樂。君子有這三種快樂，而統治天下卻不包括在內啊！」

按：不與存，與，音ㄩˋ，參與。不與存，不包括在內。無故，無他變故，謂相親安好也。

英才，才能過人者，傑出人材。

18. **孟子曰：「盡信書，則不如無書。」〈盡心下〉**

◎孟子說：「如果一味的完全相信書上所說的話，那倒不如沒有書。」

19. **孟子曰：「民為貴，社稷次之，君為輕。」〈盡心下〉**

◎孟子說：「人民是最貴重的，社稷土地為其次，國君則是最輕微的。」

按：社稷，社，土地之神。稷，五穀之神。引申有國家土地的意思。

20. **孟子謂高子曰：「出徑之蹊閒，介然用之而成路；為閒不用，則茅塞之矣。今茅塞子之心矣。」〈盡心下〉**

◎孟子對高子說：「在山嶺上人可通行處，選一條路線不斷使用，就會踩成大路；但是隔幾天沒有人走，茅草就又把它塞住了。現在茅草已經塞住您的心了。」

按：高子，〈趙岐注〉：「高子，齊人也。嘗學於孟子，鄉道而未明，去而學於他術。」山徑之蹊閒，〈趙注〉：「山徑，山之嶺。」〈朱注〉：「蹊，人行處也。」介然，專一。

21. **孟子曰：「說大人，則藐之，勿視其巍巍然。」〈盡心下〉**

◎孟子說：「想遊說達官貴人，就要先輕視他，不要把他看得高高在上。」

按：「說」大人，音ㄕㄨㄟˋ，遊說、說服。大人，〈趙注〉：「謂當時之尊貴者也。」藐之，輕之也。巍巍然，富貴高顯之貌。

22. **孟子曰：「養心莫善於寡欲。」〈盡心下〉**

◎孟子說：「一個人要修養心性沒有比減少慾念來得更好的了。」

《論語》、《孟子》精要分類總整理

志行

1.子曰：「吾道一以貫之。」即忠恕。
2.孔子之五德：溫良恭儉讓（子貢云）。
3.孔子之四憂：「德之不脩，學之不講，聞義不能徙，不善不能改。」
4.子曰：「默而識之，學而不厭，誨人不倦。」
5.孔子四教：文行忠信。
6.孔子戒絕者四：毋意、毋必、毋固、毋我。
7.孔子不語者四：怪力亂神。
8.孔子雅言者三：詩、書、執禮。
9.孔子認為「恕」字可以終身行之。
10.孔子以「中庸」為天下之至德。

11.孔子所惡：惡人稱之惡者，惡居下流而訕上者，惡勇而無禮者，惡果敢而窒者。
12.君子有三戒：少之時戒之在色，壯之時戒之在鬥，及其老也戒之在得。
13.益者三友：友直、友諒、友多聞。
14.損者三友：友便辟、友善柔、友便佞。
15.益者三樂：樂節禮樂，樂道人之善，樂多賢友。
16.損者三樂：樂驕樂，樂佚遊，樂宴樂。
17.見賢思齊，見不賢而內自省。
18.孔子反對以德報怨。
19.儀封人認為天將以夫子為木鐸。
20.生平的志願：老者安之，朋友信之，少者懷之。

政治

1.子曰：「為政以德。」
2.子貢問政，子曰：「足食、足兵、民信之矣。」
3.齊景公問政，孔子對曰：「君君、臣臣、父父、子子。」

4.子張問政，子曰：「居之無倦，行之以忠。」

5.子路問政，子曰：「先之，勞之。」請益，曰：「無倦。」

6.仲弓問政，子曰：「先有司，赦小過，舉賢人。」

7.孔子答葉公問政：「近者悅，遠者來。」

8.子夏問政，子曰：「無欲速，無見小利。」

9.子張問政，子曰：「尊五美，屏四惡。」（五美：惠而不費，勞而不怨，欲而不貪，泰而不驕，威而不猛。）（四惡：不教而殺謂之虐；不戒視成謂之暴；慢令致期謂之賊；猶之與人也，出納之吝，謂之有司。）

10.季康子問：「使民敬忠以勸，如之何？」子曰：「臨之以莊則敬，孝慈則忠，舉善而教不能則勸。」

教育

孔子的教育精神與方法：（首開私人講學之風）

1.教育宗旨：有教無類。與其進也，不與其退也。

2.教育精神：(1)不倦：為之不厭，誨人不倦。

(2)無隱：吾無行而不與二、三子者。
3.教育科系：德行、言語、政事、文學四科。
4.教育內容：詩、書、禮、樂、射、藝。
5.教育重點，文、行、忠、信。
6.教育的方法：(1)分別資格：中人以上，可以語上，中人以下，不可語上也。
(2)注重啟發：不憤、不啟、不悱、不發，舉一隅，不以三隅反則不復也。
(3)循循善誘：夫子循循然善誘人。
(4)因材施教：問仁、問孝，回答不一。

為學

1.孔子的好學與著述：
(1)十五而志於學，三十而立，四十而不惑，五十而知天命，六十而耳順，七十從心所欲而不踰距。
(2)其為人也，發憤忘食，樂以忘憂，不知老之將至。
(3)吾嘗終日不食，終夜不寢以思；無益。不如學也。

(4)我非生而知之者；好古，敏以求之者也。
(5)述而不作，信而好古，竊比於我老彭。
(6)孔子刪詩書，定禮樂，贊周易，修春秋，皆傳先王之舊。
2.子曰：「古之學者為己，今之學者為人。」
3.古之學者為己。為己的工夫是：
(1)人不知而不慍，不亦君子乎。
(2)不患人之不己知，患不知人也。
(3)不患無位，患所以立，不患莫己知，求為可知也。
(4)不患人之不己知。患己無能也。
(5)君子病無能焉，不病人之不己知也。
4.「不學好」之蔽（六言六蔽）：
(1)好「仁」不好學，其蔽也「愚」。
(2)好「知」不好學，其蔽也「蕩」。
(3)好「信」不好學，其蔽也「賊」。
(4)好「直」不好學，其蔽也「絞」。

(5)好「勇」不好學，其蔽也「亂」。
(6)好「剛」不好學，其蔽也「狂」。

孝道

1.子曰：「事父母，幾諫；見志不從，又敬不違，勞而不怨。」
2.子曰：「父母在，不遠遊，遊必有方。」
3.子曰：「父母之年，不可不知也；一則以喜，一則以懼。」當及時行孝。
4.子游問孝，子曰：「今之孝謂能養，不敬與養犬馬何別？」能養且能敬。
5.子夏問孝，子曰：「色難！」（有酒食，先生饌。非孝道）
6.孟懿子問孝，子曰：「無違（於禮）。」
7.孟武伯問孝，子曰：「父母唯其疾之憂！」
8.曾子有疾，召門弟子啟足、手——孝以保身為本。
9.有子曰：「其為人也孝弟，而好犯上者鮮矣！不好犯上，而好作亂，未之有也。君子務本，本立而道生。孝弟也者，其為仁之本與！」

論人

1. 堯——唯天為大，唯堯則之。
2. 舜——無為而治，恭己正南面而已矣。
3. 禹——吾無閒然矣。
4. 伯夷、叔齊——求仁得仁，不念舊惡。
5. 子產——有君子之道四焉：恭、敬、惠、義。
6. 齊桓公——正而不譎。
7. 晉文公——譎而不正。
8. 管仲——微管仲，吾其被髮左衽矣。
9. 孔文子——敏而好學，不恥下問，是以謂之文。
10. 史魚——邦有道，無道皆如矢。
11. 遽伯玉——邦有道則仕，邦無道則可卷而懷之。
12. 寧武子——其知可及也，其愚不可及也。
13. 原壤——夷俟無禮，孔子以杖叩其脛。

14.申棖——多欲，不能剛。

觀人

1.孔子認為觀人之術有三：視其所以，觀其所由，察其所安。

2.子曰：「始吾於人也，聽其言而信其行；今吾於人也，聽其言而觀其行，於（宰）予與，改是。」

3.子曰：「眾惡之，必察焉；眾好之，必察焉。」

成人

1.「若臧武仲之知、公綽之不欲、卞莊子之勇、冉求之藝，文之以禮樂，斯可以為成人。」

2.「見利思義，見危授命，久要不忘平生之言。」

論士（讀書人）

1.子曰：「士志於道，而恥惡衣惡食者，未足與議也。」

2.子曰：「士而懷居，不足以為士矣！」

3.子貢問：「何如斯可謂之士矣？」子曰：行己有恥；使於四方！不辱君命——第一等士。宗族稱孝，鄉黨稱弟——次等士。言必信，行必果；硜硜然小人哉——第三等士。今之從政者乃斗筲之人，不足列士林。

4.曾子：士不可不弘毅，任重（以仁為己任）而道遠（死而後已）。

5.子張問：「士何如斯可謂之達矣？」孔子答：達——質直而好義，察言觀色，慮以下人。聞——色取仁而行違，居之不疑。

6.子張曰：「士，見危致命，見得思義，祭思敬，喪思哀，其可已矣。」

論君子與小人

1.子曰：「君子周而不比；小人比而不周。」

2.子曰：「君子懷德，小人懷土；君子懷刑，小人懷惠。」

3.子曰：「君子喻於義，小人喻於利。」

4.子曰：「君子坦蕩蕩，小人長戚戚。」

5.子曰：「君子有成人之美，不成人之惡；小人反是。」

6.司馬牛問君子，子曰：「不憂不懼。」

7.子曰：「君子和而不同；小人同而不和。」

8.子曰：「君子泰而不驕；小人驕而不泰。」

9.子曰：「君子上達；小人下達。」

10.子曰：「君子不可小知，而可大受也；小人不可大受，而可小知也。」

11.子曰：「君子有三變：望之儼然，即之也溫，聽其言也厲。」

12.子曰：「可以託六尺之孤，可以寄百里之命，臨大節而不可奪也。君子人與？君子人也。」

13.子曰：「君子易事而難說，小人難事而易說。」

14.子曰：「君子道者三，我無能焉！仁者不憂，知者不惑，勇者不懼。」子貢曰：「夫子自道也。」

15.子曰：「君子固窮，小人窮斯濫矣。」

16.子曰：「君子求諸己，小人求諸人。」

17.子曰：「君子義以為質，禮以行之，孫以出之，信以成之。」

18.君子無終食之間違仁，造次必於是，顛沛必於是。

19.君子矜而不爭，群而不黨。

20.君子貞而不諒。

討厭鄉愿

1.孔子曰：「過我門而不入我室，我不憾焉者，其惟鄉原乎！鄉原，德之賊也。」
2.孔子曰：「惡似而非者：惡莠，恐其亂苗也；惡佞，恐其亂義者；惡利口，恐其亂信也；惡鄭聲，恐其亂樂也；惡紫，恐其亂朱也；惡鄉愿，恐其亂德也。」

談詩

1.子曰：「興於詩，立於禮，成於樂。」
2.子曰：「不學詩，無以言；不學禮，無以立。」
3.子曰：「人而不仁，如禮何？如樂何？——禮樂根本在仁。」
4.子曰：「詩可以興，可以觀，可以群，可以怨，邇之事父，遠之事君，多識鳥獸草木之名。」

說禮

1.子曰：「非其鬼而祭之，諂也。」
2.子曰：「君子無所爭；必也射乎！揖讓而升，下而飲，其爭也君子。」——射禮有君子謙讓之風。

3. 子曰：「夏禮、殷禮吾能言之，杞、宋不足徵，文獻不足之故。」

4. 子入太廟每事問，是欲正魯太嗣之僭禮也。

5. 無禮之蔽：(1)「恭」而無禮則「勞」。

(2)「愼」而無禮則「葸」。

(3)「勇」而無禮則「亂」。

(4)「直」而無禮則「絞」。

6. 告訴子貢不應廢大禮——子貢欲去告朔之餼羊，子曰；「賜也！爾愛其羊，我愛其禮。」

7. 禮制因革有一定規律可循——子張問：「十世，可知也？」子曰：「殷因於夏禮，周因於殷禮，所損益可知也；繼周者，雖百世亦可如。」

8. 禮重質不重文——林放問禮之本，子曰：「禮，與其奢也寧儉；喪，與其易也寧戚。」

9. 禮以敬為本，喪以哀為本——子曰：「居上不寬，為禮不敬，臨喪不哀，吾何以觀之哉？」

10. 定公問君使臣、臣事君，子曰：「君使臣以禮，臣事君以忠。」

論仁

1.子曰：「里仁為美。擇不處仁，焉得知。」

2.子曰：「不仁者，不可以久處約，不可以長處樂。仁者安仁，知者利仁。」

3.子曰：「唯仁者，能好仁，能惡仁。」

4.子曰：「仁者必有勇；勇者，不必有仁。」

5.子曰：「好仁者，無以尚之；惡不仁者，其為仁矣，不使不仁者，加乎其身。」

6.子曰：「人之過也，各於其黨，觀過，斯知仁矣。」

7.子曰：「夫人者，己欲立而立人，己欲達而達人。能近取譬，可謂仁之方也已。」

8.子曰：「仁遠乎哉？我欲仁，斯仁至矣。」

9.子曰：「仁者不憂。」

10.仲弓問仁，子曰：「出門如見大賓，使民如承大祭。」

11.顏淵問仁，子曰：「克己復禮為仁。」

12.司馬牛問仁，子曰：「仁者，其言也訒。」

13.樊遲問仁、問智，子曰：「仁者愛人，知者如人。」

14. 樊遲問仁，子曰：「居處恭，執事敬，與人忠。」
15. 子曰：「剛毅木訥，近仁。」
16. 子貢問為仁，子曰：「工欲善其事，必先利其器。居是邦也，事其大夫之賢者，友其士之仁者。」
17. 子曰：「志士仁人，無求生以害仁，有殺身以成仁。」
18. 子曰：「當仁，不讓於師。。」
19. 子曰：「民之於仁，甚於水火。」
20. 子張問仁，子曰：「能行五者於天下，為仁矣。」即恭、寬、信、敏、惠。

論樂

1. 子語魯太師樂：樂、始作翕如，從之純如皦如繹如，以成。
2. 子謂韶（舜樂）盡美盡善，謂武樂盡美未盡善。
3. 在齊聞韶，三月不知肉味。
4. 惡鄭聲之亂雅築樂也。
5. 孔子儆人好樂之當慎：(1)益者三樂——樂節禮樂，樂道人善，樂多賢友——益矣。
   (2)損者三樂——樂驕樂，樂佚遊，樂宴樂——損矣。

志行

1.孟子見梁惠王，告以亦有仁義而已，何必曰利。
2.孟子曰：「我知言，我善養吾浩然之氣。」
3.孟子曰：「乃所願，則學孔子也。」
4.孟子曰：「君子莫大乎與人為善。」
5.孟子見梁襄王，出語人曰：「望之不似人君。」
6.孟子曰：「得民心有道，所欲，與之聚之，所惡，勿施爾也。」
7.孟子曰：「善戰者服上刑，連諸侯者次之，辟草萊任土地者次之。」
8.孟子所謂大丈夫乃以仁存心，以禮立身，依義行事，即富貴不能淫，貧賤不能移，威武不能屈。
9.孟子曰：「善政，民畏之；善教，民愛之。善政，得民財；善教，得民心。」

10.孟子曰：「君子深造之以道，欲其自得之也。」
11.孟子以為學應務本。
12.孟子曰：「責善，朋友之道也。父子責善，賊恩之大者。」
13.孟子曰：「學問之道無他，求其放心而已。」
14.孟子曰：「人皆可以為堯舜。」
15.孟子曰：「子不屑之教誨也者，是亦教誨之而矣。」
16.孟子以為士貴尚志。
17.孟子曰：「無恆產而有恆心者，惟士為能。」
18.孟子曰：「親親而仁民，仁民而愛物。」
19.孟子觀人之術在觀其眸子。
20.孟子曰：「養心莫善於寡欲。」

政治

1.孟子的政治思想：(1)民本思想——民貴君輕。(2)仁政王道。(3)法治尚賢。(4)保民養民。(5)勵產厚生。(6)省刑薄稅重敬。(7)與民同好惡。(8)國防外交。(9)力黜霸暴。

2.孟子告訴齊宣王與百姓同樂，則王矣。

3.孟子曰：「天時不如地利，地利不如人和。」

4.孟子曰：「桀紂，殘賊之人，是為一夫，聞誅一夫紂矣，未聞弒君也。」民主思想漸次萌芽。

5.孟子曰：「民為貴，社稷次之，君為輕。」

6.孟子曰：「不嗜殺人者，天下之民，皆引領而望之。」

7.楊氏為我，是無君；墨氏兼愛是無父。

8.王道以德服人，所以王不待大，霸道以力假仁，所以必有大國。

9.孟子認為：堯舜之道，不以仁政，不能平治天下。徒善不足以為政，徒法不能以自行。君行仁政，斯民親其上，死其長矣。

10.孟子認為天時不如地利，地利不如人和。城民不以封疆之界，固國不以山谿之險，威天下不以兵革之利。

教育

1.孟子的教育思想：

(1)重視教學環境——設庠序以教。

(2)啟發自動精神。

(3)施教標準——法先王。

(4)施教目的——人倫明於上，以異於禽獸。

2.君子所以教者五：

(1)有如時雨化之者——如顏淵、曾參。

(2)有成德者——如冉伯牛、閔子騫。

(3)有達財者——如仲由、端木賜。

(4)有答問者——如孔子之於樊遲；孟子之於萬章。

(5)有私淑艾者——如孔子之於孟子。

3.孟子曰：「教亦多術矣！予不屑之教誨也者，是亦教誨之而已矣。」（唯非君子教人之法）

4.「揠苗助長」意喻躁急妄為，欲益反損，事見孟子告子篇。

1. 來

以來	將來
1.別「來」春半，觸目愁腸斷。 • 自從離別後，不知不覺已春深了，眼前的景色，無一不引人傷愁，令人柔腸寸斷。（李煜〈清平樂〉） 2.古「來」聖賢皆寂寞，唯有飲者留其名。 • 從古至今許多偉人，寂寞的空抱滿腹理論，寄情美酒者卻千載留名。（李白〈將進酒〉） 3.爾「來」四萬八千歲，不與秦塞通人煙。 • 從那時以來的四萬八千年，秦蜀兩地無路可通，不相往來。（李白〈蜀道難〉）	1.年皆過半百，「來」日苦無多。 • 人生已過大半，剩下的日子不多。（韓愈〈除官赴闕至江州寄鄂岳李大夫〉） 2.往者不可諫，「來」者猶可追。 • 過去的事不可挽回，將來的事還來得及改正。（《論語・微子》）

回來	歸「來」彷彿三更，家僕鼻息已雷鳴。 • 回來時，彷彿已是夜半三更，家人早已入睡，連家僮都發出雷聲般的鼾聲了。（蘇軾〈臨江仙〉）
到來	1.微雨從東「來」，好風與之俱。 • 細雨紛紛從東而來，陣陣輕風伴著，使人怠受到清新的涼意。（陶淵明〈讀山海經詩〉） 2.無邊落木蕭蕭下，不盡長江滾滾「來」。 • 無盡的葉被秋風吹落，發出蕭蕭的聲響，望不到盡頭的長江水，滾滾奔流而來。（杜甫〈登高〉）

2.氣

指因作者的才性所顯現的語文氣勢	文以「氣」為主，「氣」之清濁有體，不可力強而致。……雖在父兄，不能以移子弟。 • 文章以個人的才情、氣質為主，而才氣表現在文章上，則有輕快俊爽、凝重沉鬱等不同風格，不是勉強就可以求得。……即使是父兄，也無法將它傳授給自己的兒子或弟弟。（曹丕《典論．論文》）
指人應具有的正直道義	其為「氣」也，至大至剛，以直養而無害，則塞於天地之間。 • 這種氣，最為廣大，最為剛強，如果用正道加以培養，不要傷害它，就能充塞在天地間。 （《孟子．公孫丑上》／〈論涵養〉九）

指人展現於外的性格或態度	故深折其少年剛銳之「氣」，使之忍小忿而就大謀。 • 所以深深地挫折他少年剛強好勝的銳氣，使他能忍受小忿恨來成就遠大的謀略。（蘇軾〈留侯論〉）
大氣、大自然	悠悠乎與灝「氣」俱，而莫得其涯。 • 廣遠安詳得和天地之氣並存，沒有邊際。（柳宗元〈始得西山宴遊記〉）。
指人的身體或精神狀態	及其老也，血「氣」既衰，戒之在得。 • 等到老年時，血氣已經衰退，應該戒慎的是在貪得上。（《論語．季氏》〈論君子〉六

3. 行

施行實踐	1.王「行」仁政而王，莫之能禦也。 • 施行仁政，就能天下稱王，無人可抵抗。（《孟子．公孫丑上》） 2.說秦王書十上，而說不「行」。 • 以十封奏章勸說秦王，然而他的主張仍無法被施行。（《戰國策．秦策》）
將要	阿宣「行」志學，而不愛文術。 • 阿宣將要十五歲了，卻不愛念書。（陶淵明〈責子〉）
流傳	言之無文，「行」而不遠。 • 行文沒有文采，就無法廣傳。（《左傳》襄公二五年）

行為	
	子曰：二三子以我為隱乎？吾無隱乎爾！吾無「行」而不與二三子者。 • 同學們認為我有所隱瞞嗎？我完全沒隱瞞！我沒有任何行為是不能讓你們知道的。（《論語・述而》）

4. 流行

盛行	傳布漫衍
1.又作二十一詩以詠其事，「流行」京師，文士爭和之。 • 又作二十一首詩來歌詠治理有方這件事，詩文在京師盛傳，文士爭相唱和。（韓愈〈奉和虢州劉給事使君三堂新題二十一詩序〉） 2.時世「流行」無遠近，顋不施朱面無粉。 • 當代盛行的妝扮是不因遠近而有差異的，每個人臉頰都不上腮紅胭脂，臉上不上粉。（白居易〈時事妝〉）	1.天災「流行」，國家代有。救災、恤鄰，道也。 • 天災的傳播在所難免，每個時代、每個國家都可能會發生。發生災荒時相互救助或賑濟，這是正道，是有福的表現。（《左傳》僖公十三年） 2.德之「流行」，速於置郵而傳命。當今之時，萬乘之國行仁政，民之悅之，猶解倒懸也。 • 德政的散布，比驛馬車傳送命令還快。在此困苦的時代，大國若實行仁政，人民的喜悅與感激，就像解除被倒吊者的痛苦一般。（《孟子・公孫丑上》）

5. 比

讀音	義項	例句
ㄅㄧˋ	親附、依從	君之之於天下也，無適也，無莫也。義與之「比」。 • 君子對於天下事，不預設絕對的立場，也不預存一個絕對的成見。只是依從正義去做。（《論語．里仁》〈論君子〉）
	將近、等到	「比」及三年，可使有勇，且知方也。 • 只要將近三年，就能使百姓勇武善戰，並知道向義。（《論語．先進》〈孔子的風範〉五）
	最近	「比」得軟腳病。 • 最近得到軟腳病。（韓愈〈祭十二郎文〉）
	偏私阿黨	君子周而不「比」。 • 君子與人相處公正不偏，不會結黨營私。（《論語．為政》）
ㄅㄧˇ	比照	食之，「比」門下之客。 • 讓他吃魚，比照門下食客一樣待遇。（《戰國策．馮諼客孟嘗君》）
	比較	試使山東之國，與陳涉度長絜大，「比」權量力，則不可同年而語矣。 • 假使把殽山以東的六國，和陳涉的實力來衡量長短優劣，比較輕重大小，是不能相提並論的。（賈誼〈過秦論〉）

6. 與

讀音	意義	例句
ㄩˇ	給	憶昔封書「與」君夜，金鑾殿後欲明天。 • 回想從前寫信給您時，是在京城皇宮金鑾殿後天快亮的時候。（白居易〈與元微之書〉）
	有從、跟、同之意	微斯人，吾誰「與」歸。 • 唉！如果沒有古代先憂後樂的仁人志士，我將歸從誰呢？（范仲淹〈岳陽樓記〉）
	等待	日月逝矣，歲不我「與」。 • 感嘆時光易逝和一去不返，歲月不會等待。（《論語‧陽貨》）
	贊同、讚許	吾「與」點也。 • 我贊同曾點的觀點。（《論語‧先進》〈孔子的風範〉五）
	助、許	取諸人以為善，是「與」人為善者也。 • 擇取別人長處，用於行善，也就是幫助他人行善。（《孟子‧公孫丑上》）
	親附	齊人未嘗賂秦，終繼五國遷滅，何哉？「與」嬴而不助五國也。 • 齊國未曾賄賂秦國，可是最終還是隨著五國滅亡，為什麼呢？因為它依附秦國而不幫助其他五國啊！（蘇洵〈六國論〉）
	對待	居處恭，執事敬，「與」人忠。 • 日常生活態度要恭謹，行事要謹慎，待人要忠誠。（《論語‧子路》）
ㄩˋ	參與	巍巍乎，舜、禹之有天下也，而不「與」焉。 • 多偉大呀！舜、禹坐擁天下，但卻不將它當作私有。（《論語‧泰伯》）

7. 而

卻	吾年未四十，「而」視茫茫。 • 我未滿四十歲，卻眼睛矇花、看不清楚。（韓愈〈祭十二郎文〉）
如果	人「而」無信，不知其可也。 • 如果一個人失去信用，就不知道他該如何立身處世了。（《論語．為政》）
而且	學「而」時習之，不亦說乎？ • 學得新知，能常常溫習，反覆思考，不是很令人欣喜嗎？（《論語．學而》〈論學〉二）
代詞，通「爾」	某所，「而」母立於茲。 • 這地方是您母親曾站過之處。（歸有光〈項脊軒志〉）
像	左手之拇有瘮焉，隆起「而」粟。 • 左手大拇指長了一個瘮子，腫起來像米粒一般大。（方孝孺〈指喻〉）
就	文人相輕，自古「而」然。 • 文人彼此輕視，從古代就是如此。（曹丕《典論．論文》）

8. 說

ㄕㄨㄟˋ	建議	鯫生「說」我曰：距關，毋內諸侯，秦地可盡王也。 • 有小人建議我：閉關據守，不要讓諸侯進來，就能占據關中稱王了。（《史記．鴻門宴》）

ㄕㄨㄛ	言，講說	道聽而塗「說」，德之棄也。 • 傳講未經證實之言，是自己棄守應盡的道德。（《論語．陽貨》）
ㄩㄝˋ	欣喜、高興，通「悅」	學而時習之，不亦「說」乎？ • 學得新知，能常常溫習，反覆思考，不是很令人欣喜嗎？（《論語．學而》〈論學〉二）

9. 放

ㄈㄤˋ	至、到達	原泉混混，不舍晝夜，盈科而後進，「放」乎四海。 • 泉水自源頭不斷湧出，日夜奔流不息，一定要流滿坑洞後才又前進，一直流至大海。（《孟子．離婁下》）
	亡失	舍其路而弗由，「放」其心而不知求，哀哉！ • 拋棄正道而不走其上，亡失本心而不知尋求，真是悲哀啊！（《孟子．告子上》〈道性善〉三）
	驅趣	距詖行，「放」淫辭。 • 抵拒偏邪不正的行徑，驅趣邪僻的學說。（《孟子．滕文公下》〈孟子之抱負〉一）
ㄈㄤˇ	依據	「放」於利而行，多怨。 • 行事依據自身利益而做，必定多招怨恨。（《論語．里仁》）

10. 反

反省	愛人不親，「反」其仁。 • 若我愛別人，但別人卻不親近我，就要反省自己是否盡到仁道。（《孟子．離婁上》）
還以相證，有類推之意	舉一隅不以三隅「反」，則不復也。 • 譬如四方形的東西，已經提示一角，如果不能類推出其餘三個角，就不必再告訴他了。（《論語．述而》〈論教育〉三）
通「返」、返回	良人出，則必饜酒肉而後「反」。 • 丈夫每次外出，必定酒足飯飽後才會返家。（《孟子．離婁下》〈論涵養〉三）
反而	「反」覺得這三日不絕，這三日二字下得太少。 • 反而覺得三日繞樑，餘音不絕，這三日還太少了（意指歌聲好聽，多日音猶在耳，十分懷念）。（劉鶚〈明湖居聽書〉）

11. 惡

ㄜˋ	
過錯	惡（ㄨˋ，討厭）稱人之「惡」者。 • 討厭愛說別人過錯的人。（《論語．陽貨》）
粗劣的、不好的	士志於道，而恥「惡」衣惡食者，未足與議也。 • 讀書人立志於人生正道，卻以自己衣食粗劣為恥，這樣的人，不值得和他談論正道。（《論語．里仁》〈論士〉二）

ㄜˋ	罪惡	想讒邪，則思正身以黜「惡」。 • 擔心讒邪的人會在身邊影響自己，就應正直己身，斥退邪惡的人。（魏徵〈諫太宗十思疏〉）
ㄨˋ	憎惡、討厭	無羞「惡」之心，非人也。 • 沒有羞恥與憎惡不善的心，是不能算為人的。（《孟子．公孫丑》〈道性善〉一）

12. 文

ㄨㄣˊ	
指禮樂、制度、教化之跡；即文化道統	文王既沒，「文」不在茲乎？ • 文王去世，文化道統就不在這嗎？（《論語．子罕》〈孔子的風範〉六）
典籍史料	博學於「文」，約之以禮。 • 廣泛地研習聖賢的典籍，又用各種禮節來約束自己的言行。（《論語．雍也》）
文采，指外在的儀態、禮節	「文」質彬彬，然後君子。 • 文采與本質相配，這樣才稱得上是君子。（《論語．雍也》）
詩、書、禮、樂之文	君子以「文」會友，以友輔仁。 • 君子拿講論《詩》、《書》、《禮》、《樂》等文章來結交朋友，藉朋友相互輔助來培養仁德。（《論語．顏淵》〈論道德修養〉六）

ㄨㄣˋ	**掩飾；掩過自欺**	小人之過也必「文」。 • 小人如果犯錯，必定加以掩飾。（《論語．子張》）

13. 曾

ㄗㄥ	**增加，通「增」**	所以動心忍性，「曾」益其所不能。 • 這些遭遇都是用來激勵他的心志，堅忍他的性情，使能奮發而不屈。（《孟子．告子下》〈論涵養〉四）
ㄗㄥ	**竟然，猶「乃」**	色難！有事，弟子服其勞；有酒食，先生饌。「曾」是以為孝乎。 • 侍奉父母，最難的是和顏悅色！如果只在有事情時，子弟代替他來操勞；有酒肉美食，先請父兄享用。竟然這樣就認為是盡孝道了嗎？（《論語．為政》〈論孝〉二）
ㄘㄥˊ	**嘗、曾經**	同是天涯淪落人，相逢何必「曾」相識。 • 想到彼此一樣是流落天涯的人，就算是初次相逢，又何必要曾經相識才能體會對方心情呢？（白居易〈琵琶行并序〉）

14. 固

字義	例句
固執成見	毋意，毋必，毋「固」，毋我。 • 不要臆測，不要武斷，不要固執成見，不要自私自利。（《論語．子罕》〈孔子的風範〉九）
堅守	君子「固」窮；小人窮斯濫矣！ • 君子處窮困時仍可堅守節操；但小人窮困時，就會為非作歹了。（《論語．衛靈公》〈論君子〉五）
堅實、牢固	君子不重則不威，學則不「固」。 • 君子不莊重就沒有威信，學養也會不堅實。（《論語．學而》〈論君子〉一）
簡陋、寒傖	與其不孫也，寧「固」。 • 與其因奢侈而不謙遜，寧願固陋些。（《論語．述而》）
地勢堅固	城郭溝池以為「固」，禮義以為紀。 • 各自築起城郭、壕溝，來保衛領土，按照禮義法度，去確立各自的名分。（〈大同與小康〉）
堅決	梁使三反，孟嘗君「固」辭不往也。 • 魏國的使者往返三次，孟嘗君都堅決辭謝不去。（《戰國策．馮諼客孟嘗君》）
本來	且夫天子「固」有意外之患也。 • 況且天下本來就會有意想不到的災禍啊！（蘇軾〈教戰守策〉）

14. 下流

地形卑下之處，眾流之所歸。喻人有不善、品格低劣，則惡名歸之矣	君子惡居「下流」，天下之惡歸焉。 • 君子討厭品格低劣的人，因此所有的過錯都集中在他身上了。（《論語．子張》）
下位	惡居「下流」而訕上者。 • 討厭在下位毀謗在上位的人。（《論語．陽貨》）
河川下游	於呂梁「下流」，斷大軍歸路。 • 在呂梁的下游，斷去敵軍的歸路。（《陳書．列傳》）

《大學》概述

朱熹稱它是「大人之學」，認為是古代大學教育學者成為大人的重要經典。

1.北宋程頤（伊川先生）認為《大學》乃初學入德之門，將它獨立成書。

2.南宋朱熹作大學章句集注將它與《中庸》、《論語》、《孟子》合稱四書。

3.作者：

(A)東漢及清學者，均認為是孔子的孫子（孔伋，字子思，曾子門生）所著。

(B)朱熹將《大學》分為「經」一章、「傳」十章。

認為「經」是曾經記述孔子思想而作，「傳」則是為曾子門人記述曾子學說而作（此說較為可取）

4.主要提論：三綱領：明明德、親民、止於至善。

八條目：格物、致知、誠意、正心、修身、齊家、治國、平天下。

壹步驟：止、定、靜、安、慮、得。

深度認識《大學》

內容	注釋
1. 經一章、傳十章。 2. 三綱領、八條目、壹步驟。	禮記有鄭玄注，另有朱熹四書集注的大學章句。

《大學》選文

大學①之道，在明明德②，在親民③，在止於至善④。知止而后有定⑤，定而后能靜⑥，靜而后能安⑦，安而后能慮⑧，慮而后能得⑨。物

大學的道理，在使自己本來的德性靈明清淨，不被私欲蒙蔽；其次在擴充自己這種清明的德性，使別人也都能革新；這兩件事都要做到最圓滿、最美好的境界。知道要達到最美好的境

有本末，事有終始，知所先後，則近道矣⑩。

古之欲明明德於天下⑪者，先治其國；欲治其國者，先齊其家⑫；欲齊其家者，先修其身；欲修其身者，先正其心⑬；欲正其心者，先誠其意⑭；欲誠其意者，先致其知⑮；致知在格物⑯。物格而后知至，知至而后意誠，意誠而后心正，心正而后身修，身修而后家齊，家齊而后國治，國治而后天下平。

自天子以自於庶人，壹是⑰皆以修身為本。其本亂而末⑱治者否矣；其所厚者薄⑲，而其所薄者厚⑳，未之有也。——〈經一章〉

界，然後心志才有定向；心志有了定向，然後才能不妄動；心能不妄動，然後才能安於所處的環境；能安於所處的環境，然後才能治事精詳；能治事精詳，然後才能達到善美的境界。凡是一件事，都有個結局和開端，能夠明白事物本末先後的次序，就已經接近這大學所闡述的修己治人的道理了。

古人要想發揚自己的明德到天下，使全天下達到太平，先要治理好自己的邦國；要治理好自己的邦國，先要整頓自己的家庭；要整頓好自己的家庭，先要修養好自己的身體言行；要修養好自己的身體言行，先要端正自己的心；要想端正自己的心，先要自己的意念真實無妄；要使自己的意念真實無妄，先要致力運用自己的聰明知識；要致力運用自己的聰明知識，先要窮究事物的原理。事物的原理能夠被窮究，自我的聰明知識就能運用周到；自我的聰明知識運用周到，意念就能真實無妄；意念真實無妄，心理就能正常不偏；心理正常不偏，身體言行就能修治；身體言行能修治，家庭就能整飭和睦；家庭整飭和睦，邦國就能治理完善；邦國治理完善，天下就能太平。

上自天子，下至百姓，一切都要以修身為根本。連對己身的修治都錯亂而不能做到，卻想使邦國富裕、天下太平，是不可能的。對較為切近的修身齊家看得不要緊，卻將遙遠的治國、平天下反而首先著重起來，這是從來所沒有的道理。

注釋

①**【大學】**：大人之學，即培養人格完美，能修己治人者的學問。

②**【明明德】**上「明」字為動詞，修明也。明德，人天生靈明的德性。明明德，謂修明自己本有的靈明德性。

③**【親民】**：按：親，程頤解作「新」；王陽明則解為「親」，親民愛眾兼施教養也，兩解皆可取。當作「新」，革新。親（新）民，謂自己明明德後，又當推己及人，使得人人都能祛除壞習性，恢復本有的靈明德性，且日新又新，進步不已。

④**【止於至善】**：達到最完善的地步，並且堅守不移。言明明德、親（新）民，皆應求達到此境

地。

按：明明德、親（新）民、止於至善，為《大學》的三大綱領。

⑤【**知止而后有定**】：止，謂所當止之地，即達到至善而不遷的境地。后，通「後」。定，謂志有定向，指志在於「止」的目標。

⑥【**靜**】：謂心不妄動，指心能保持寧靜，不受任何干擾。

⑦【**安**】：謂所處而安，即不論處於任何環境，皆能心安理得。

⑧【**慮**】：謂慮事精詳。

⑨【**得**】：謂得其所止，即達到至善而不遷的境地。按：以上五句，言「知止」的程序及功效，為「定、靜、安、慮、得」五個層次。

⑩【**物有本末……近道矣**】：本，指明明德。末，指親（新）民。始，指知止。終，指能得。所先，指本與始；所後，指末與終。此處四句言：能明瞭事物的本末終始，如道其先後，循序而行，自能漸進而達到至善而不遷之境地，也就近於大學之道了。

⑪【**明明德於天下**】：使天下之人皆能修明其靈明的德性。

⑫【**齊其家**】：整治其家。

⑬【**正其心**】：端正一身所主的心。

⑭【誠其意】：誠，實也。意，心之所發。誠其意，謂心意誠實，對自己不欺騙。

⑮【致其知】：致，推極也。知，知識。致其知，推展自己的知識到極致，使己之所知無不盡。

⑯【格物】：格，至也，指窮究其精微。物，事物。格物，窮至事物之理，使能極處無不到。

按：格物、致知、誠意、正心、修身、貴家、治國、平天下，為《大學》的八項條目。

⑰【壹是】：一切。

⑱【末】：這裡指齊家、治國、平天下。

⑲【所厚者薄】：所厚，指身。薄，在此作動詞用，有忽視之意。

⑳【所薄者厚】：所薄，指家、國、天下。厚，在此作動詞用，有重視之意。

所謂「修身在正其心」者，身①有所忿懥(ㄈㄣˋ ㄓˋ)②，則不得其正；有所恐懼，則不得其正，有所好(ㄏㄠˋ)樂(ㄧㄠˋ)③，則不得其正；有所憂患，則不得其正。心不在焉，視而不見，聽而不聞，食而不知其味。此謂「修身在正其心」。　——〈傳之七章〉

所謂「修身在正其心」，就是說內心裡有了忿怒，就不能平衡、正常；有了恐懼，也不能平衡、正常；有了貪圖嗜好，也不能平衡、正常；有了憂愁顧慮，也不能平衡、正常。一個人的心不能專注，就是睜著眼睛，好像也看不見事物；張開著耳朵，也好像聽不到聲音；嘴裡吃著東西，也好像不知道是什麼滋味。所以說，修身一定要先正心。

注釋

①【身】：當作「心」。
②【忿懥】：懥，音ㄓˋ，怒也。忿懥，忿怒。
③【好樂】：音ㄏㄠˋ ㄧㄠˋ，愛好喜歡。

所謂「齊其家在修其身」者，人之①其所親愛而辟（ㄆㄧˋ）②焉，之其所賤惡③而辟焉，之其所畏敬而辟焉，之其所哀矜（ㄐㄧㄣ）④而辟焉，之其所敖惰⑤而辟焉。故好⑥而知其惡，惡而知其美者，天下鮮（ㄒㄧㄢˇ）矣。故諺（ㄧㄢˋ）有之曰：「人莫知其子之惡，莫知其苗之碩⑦。」此謂身不修，不可以齊其家。

——〈傳之八章〉

所謂「齊其家在修其身」，是說不能修身的人，對於自己所親近愛護的人，便存著偏見，一味地親近愛護他；對於自己所輕視厭惡的人，便存著偏見，一味地輕視厭惡他；對於自己所畏服尊敬的人，便存著偏見，一味地畏服尊敬；對於自己所同情哀憐的人，便存著偏見，一味地同情哀憐；對於自己所傲視怠慢的人，便存著偏見，一味地傲視怠慢。所以喜愛一個人，卻能夠知道他的缺點；厭惡一個人，卻能夠知道他的優點，具有這種修養的人，天下真是太少了。所以有句俗語說，「人都不知道自己兒子的壞處；不知道自己禾苗的碩大。」這就是說自身不能修養的人，便不能整治他自己的家。

注釋

①【之】：猶「於」也。

②【辟】：音ㄆㄧˋ，偏也，謂偏袒或有偏見。

③【惡】：音ㄨˋ，厭惡。

④【哀矜】：同情憐憫。

⑤【敖惰】：敖，通「傲」。敖惰，傲慢不敬。

⑥【好】：音ㄏㄠˋ，喜歡。

⑦【人莫知其子之惡，莫知其苗之碩】：一般人因溺愛不明而不知道自己兒子的缺失，因貪得不滿足而不覺得自家禾苗的肥美茂盛。

所謂「治國必先齊其家」者，其家不可教，而能教人者無之。故君子不出家，而成教於國。孝者，所以事君也；弟者，所以事長

所謂「治國必先齊其家」，是說自己家人尚且教不好，卻能教導好別人，這是沒有的事。所以君子能夠不走出家門，就將他的教化推行到全國。能孝順父母，就能夠事奉國君。能尊敬兄長，就能夠事奉長輩。能慈愛幼小，就能夠以愛

也；慈者，所以使眾也。〈康誥〉①曰：「如保赤子②。」心誠求之，雖不中③，不遠矣。未有學養子，而后嫁者也。

一家仁，一國興仁；一家讓，一國興讓；一人④貪戾⑤，一國作亂；其機⑥如此。此謂一言僨事⑦，一人定國。堯、舜帥⑧天下以仁，而民從之；桀、紂帥天下以暴，而民從之。其所令，反其所好，而民不從。是故君子有諸己，而后求諸人；無諸己，而后非諸人⑨。所藏乎身不恕⑩，而能喻⑪諸人者，未之有也。故「治國在齊其家」。

詩云：「桃之夭夭，其葉蓁蓁，之子于

心指使民眾。《尚書．康誥》篇說：「愛護人民要像保護自己的孩子一般。」只要心裡是真正愛民，雖然未能事事達到鵠的，距離理想的境地也不會太遠了。就像女人從來沒有先學會養育孩子，然後才出嫁一般。

當君王的人，如果能使一家的人都行仁德，那麼一國的人也都能實行仁德；一家的人能夠禮讓，一國的人受到感動，也能興起禮讓的風尚；如果自己貪婪暴戾，那一國的人也會學樣而為非作亂了。君王和國家之間的關係就是這樣的微妙。這就是說一句話講錯了，能將事情弄壞，一個人公正善良，就能將國家治好。堯和舜以仁愛領導天下，老百姓就跟著行仁；桀和紂以殘暴治理天下，老百姓也跟著殘暴起來。領導者所頒佈的政令和他本身的愛好相反，老百姓就不會順從。所以當君王的人，自己先要具備美德善行，然後才可以要求別人有美德善行；自己沒有缺點過失，然後才可以指責別人的缺點過失。本身就不懷有恕道的人，卻能夠教導別人實行恕道，這

歸，宜其家人⑫。」宜其家人，而后可以教國人。詩云：「宜兄宜弟。」宜兄宜弟，而后可以教國人。詩⑬云：「其儀不忒，正是四國⑭。」其為父子兄弟足法，而后民法之也。此謂治國在齊其家。

——〈傳之九章〉

是從來沒有的事情。所以治理邦國，在於從整飭自己的家庭作起。

《詩經》說：「桃樹那樣的柔嫩鮮豔，它的葉子繁茂濃密；這一位女子出嫁以後，一定能和她的家人相處得很和睦。」能和家裡的人相處得很和睦，然後才可以教導全國的人。《詩經》說：「兄弟之間要和睦相處。」兄弟之間能夠和睦相處，然後才可以教導全國的人。《詩經》說：「他的行為沒有差錯，所以可以匡正四方的邦國。」他的輩分無論是為父、為子、為兄、為弟都足以讓人效法，然後老百姓都會效法他。這叫做治理邦國，在於從整飭自己的家庭作起。

注釋

①**【康誥】**：《書經．周書》篇名。

②**【赤子】**：嬰兒。嬰兒初生，體呈赤色，故言赤子。

③**【中】**：音ㄓㄨㄥˋ，合也。

④**【一人】**：在此指國君。

⑤【貪戾】：戾，音ㄌㄧˋ，乖悖暴虐。貪戾，貪婪暴虐。

⑥【機】：發動的機關，猶今之開關、扳機；引申指事物發生變化的關鍵。

⑦【僨事】：僨，音ㄈㄣˋ。僨事，敗事。

⑧【帥】：通「率」，領導也。

⑨【君子有諸己……而后非諸人】：言君子自己有善行，然後才可以要求別人行善；自己沒有過錯，然後才可以指摘別人的過錯。

⑩【所藏乎身不恕】：藏，懷藏，引申為具有。此句言自身不具有恕道。

⑪【喻】：曉喻教導。

⑫【詩云……宜其家人】：《詩經・周南・桃夭》之句。夭夭，嬌嫩美好的樣子。蓁，音ㄓㄣ。蓁蓁，美麗茂盛的樣子。之子，猶言此子，指這位要出嫁的女子。于，往也；歸，古代婦人以夫家為家，故謂嫁為歸。于歸，猶今言出嫁。宜，和善親睦。

⑬【詩】：《詩經・小雅・蓼蕭》之句。

⑭【詩云……正是四國】：《詩經・曹風・鳲鳩》之句。儀，行為的法則。忒，音ㄊㄜˋ，差錯。正，匡正。四國，四方之國。此句言自己為人的法則無差錯，然後能匡正四方之國。

出自《大學》的成語典故・俚俗諺語

一、心不在焉

・**語源出處**：「心不在焉，視而不見，聽而不聞，食而不知其味。」

・**白話語譯**：「如果心神不專注在這裡，就會看也看不見，聽也聽不到，吃了也會不知其中滋味。

・**同義相似詞**：心有旁鶩／魂不守舍。

・**反義用詞**：聚精會神／專心致志。

・**今古申論衍義**：用以形容人在此而心在彼，精神不專注集中。

二、一言僨事

・**語源出處**：「一言僨事，一人定國。」

- **白話語譯**：「說錯一句話，可能敗壞大事；用對一個人，可能治好國家。」
- **同義相似詞**：禍從口出。
- **反義用詞**：一言興邦。
- **今古申論衍義**：用以形容出口不當，破壞大事；一言之誤失，足以敗壞大事。僨，音ㄈㄣˋ，敗壞。

三、生財有道

- **語源出處**：「生財有大道。」
- **白話語譯**：「發財致富有一定的道理。」
- **同義相似詞**：多財善賈。
- **反義用詞**：捉襟見肘／寅吃卯糧。
- **今古申論衍義**：形容一個人擅長發財致富。多用於祝賀人商店開業。

《大學》中著名的珠璣佳言

1.「**大學之道，在明明德，在親民，在止於至善。**」〈經一章〉

◎「大學乃大人之學，即培養人格完美。修明自己本有的清明德性，自己明明德後，又當推己及人，使得人人都能日新又新，進步不已，以達到最完善的地步。」明明德，上「明」字為動詞，修明也。明德，人天生靈明的德性。親民，親，當作「新」，革新。

2.「**知止而后有定，定而后能靜，靜而后能安，安而后能慮，慮而后能得。**」〈經一章〉

◎「知道要達到至善的境界，然後才能志有定向；志有定向，然後才能心不妄動；心不妄動，然後才能安於目前的處境；安於目前的處境，然後才能慮事精詳；慮事精詳，然後才能達到至善的境界。」后，通「後」。

定，志有定向。

靜，心能保持寧靜，不受任何干擾。

安，不論處於任何環境，皆能心安理得。

慮，謂慮事精詳。

得，達到至善而不變遷的境地。

3.「致知在格物。」〈經一章〉

◎致，推極也。知，知識。致其知，推展自己的知識到極致，使己之所知無不盡。

格，至也，指窮究其精微。物，事物。格物，窮至事物之理，使能極處無不到。

按：格物、致知、誠意、正心、修身、齊家、治國、平天下，為《大學》的八項條目。

4.「心正而后身修，身修而后家齊，家齊而后國治，國治而后天下平。」〈經一章〉

◎「心情能平正，本身也就端正了；本身能端正，家庭也就親睦了；家庭能親睦，國家也就安和了；國家能安和，天下也就可以太平了。」

5.故諺有之曰：「人莫知其子之惡，莫知其苗之碩。」此謂身不修，無法齊其家。〈傳之八章〉

◎所以俗話說：「一般人因溺愛不明而不知道自己兒子的缺失，因貪得不滿足而不覺得自家禾苗的肥美茂盛。」

碩，音ㄕㄨㄛˋ，肥美。

6.「此謂一言僨事，一人定國。」〈經一章〉

◎這叫做一句話能把事情弄僵敗壞，一個人能把國家治好。

僨，音ㄈㄣˋ。僨事，敗事。

7.「心不在焉，視而不見，聽而不聞，食而不知其味。」〈傳之七章〉

◎「如果一個人的心不專注，另想別的：縱使張開著眼在看，卻沒看見東西；豎著耳朵在聽，卻沒聽到聲音；張著口在吃，卻不知道其中滋味。」

8.「**苟日新，日日新，又日新。**」〈**傳之二章**〉

◎「言誠能一日，有以滌其舊染之污而自新，則當日日新之，又日新之，不可略有間斷也。」

苟，誠也。

9. **曾子曰：「十目所視，十手所指，其嚴乎！」**〈**傳之六章**〉

◎曾子說：「十隻眼睛在注視著你，十隻手在指著你，這是多麼可畏的呀！」

10.「**富潤屋，德潤身，心廣體胖。**」〈**傳之六章**〉

◎「財富可以把房子裝飾得漂亮，美德可以潤澤己身，內心坦然，身體自然安泰。」心廣體胖，言心無愧怍，則廣大寬平，而體常舒泰矣。胖，安舒也。

案：後人則將此四字多用來形容一個人體態肥胖。

實力大考驗7

多重選

1.「君子」一詞在古代或用以指「在上位者」，或用以指「有德者」；儒家較偏向後一義。下列敘述，合於儒家所說「君子」條件的選項是：

(A)慎獨。 (B)聲聞過情。

(C)頑夫廉，懦夫有立志。 (D)行己也恭，事上也敬。

(E)名之必可言，言之必可行。 【98年大學指考】

2.古代思想家為了說明君臣之間是彼此合作、相互依存的關係，便以「人的身體」為喻，透過人體各器官相依共存的必然性，揭示國家中君主、臣民互信合作的必要性。下列文句，表達此一思想的選項是：

(A)《禮記．緇衣》：「民以君為心，君以民為體。」

(B)《孟子．離婁下》：「君之視臣如手足，則臣視君如腹心。」

(C)《論語．子路》：「茍正其身，於從政乎何有？不能正其身，如正人何？」
(D)《孟子．離婁上》：「諸侯不仁，不保社稷；卿大夫不仁，不保宗廟；士庶人不仁，不保四體。」
(E)《荀子．議兵》：「臣之於君也，下之於上也，若子之事父，弟之事兄，若手臂之扞頭目而覆胸腹也。」

【91年大學指考】

3. 下列關於儒家思想的敘述，正確的選項是：
(A)儒家認為個人的言談必受其內在修養所影響，故孔子說：「有德者必有言。」孟子也認為：「淫辭知其所陷，邪辭知其所離。」
(B)儒家認為執政者應體恤百姓，故孔子說：「因民之所利而利之，斯不亦惠而不費乎？」孟子也同意「賢者與民並耕而食，饔飧而治」的主張。
(C)儒家認為憂患的環境可使人淬礪奮發，故《論語》曰：「不患人之不己知，患不知人也。」《孟子》亦云：「人之有德慧術知者，恆存乎疢疾。」
(D)儒家認為知錯能改是一種美德，故《論語》曰：「過也，人皆見之；更也，人皆仰之。」《孟子》亦云：「雖有惡人，齋戒沐浴，則可以祀上帝。」
(E)儒家主張教育應注意個別差異，故《論語》曰：「中人以上，可以語上也；中人以下，不可以語上也。」《孟子》亦云：「中也養不中，才也養不才，故人樂有賢父兄也。」

【91年大學指考】

4.根據被說服對象的身分或特質，調整勸說的態度與內容，是想要說服他人的重要原則。下列文句，與此一原則相關的選項是：

(A)君子不以言舉人，不以人廢言。　(B)說大人則藐之，勿視其巍巍然。

(C)與富者言，依於高；與貧者言，依於利。　(D)君子易事而難說也，說之不以道，不說也。

(E)困於心，衡於慮，而後作；徵於色，發於聲，而後喻。

【92年大學指考】

5.以下每個選項皆含前後兩段引文，後文與前文觀點、意涵截然不同的選項是：

(A)《孟子》：民為貴，社稷次之，君為輕。／黃宗羲〈原君〉：古者以天下為主，君為客，凡君之所畢世而經營者，為天下也。

(B)《莊子》：天下莫大於秋毫之末，而大山為小；莫壽於殤子，而彭祖為夭。／王羲之〈蘭亭集序〉：固知一死生為虛誕，齊彭殤為妄作。

(C)《老子》：天道無親，常與善人。／司馬遷〈伯夷列傳〉：或擇地而蹈之，時然後出言，行不由徑，非公正不發憤，而遇禍災者，不可勝數也。

(D)《論語》：君子博學於文，約之以禮，亦可以弗畔矣夫。／《荀子》：木受繩則直，金就礪則利；君子博學而日參省乎己，則知明而行無過矣。

(E)《韓非子》：明主之國，無書簡之文，以法為教；無先王之語，以吏為師。／劉歆〈移書讓太常博士〉：至于暴秦，焚經書，殺儒士，設挾書之法，行是古之罪。【100年大學指考】

6.下列文句「　」內的敘述，涉及天文星象的選項是：

(A)〈古詩十九首〉：「玉衡指孟冬」，眾星何歷歷。

(B)杜甫〈贈衛八處士〉：人生不相見，「動如參與商」。

(C)蘇軾〈赤壁賦〉：月出於東山之上，「徘徊於斗牛之間」。

(D)《論語．為政》：為政以德，「譬如北辰」，居其所而眾星共之。

(E)《三國演義．六十九回》：六街三市，競放花燈，真個金吾不禁，「玉漏無催」。

【99年大學指考】

7.下列文句「　」內，屬於名詞做動詞用的選項是：

(A)位卑則「足」羞，官盛則近諛。

(B)獨「樂」樂，與人樂樂，孰樂。

(C)孟嘗君怪其疾也，「衣冠」而見之。

(D)不衫不履，「裼裘」而來，神氣揚揚，貌與常異。

(E)是君臣、父子、兄弟去利懷仁義以相接也，然而不「王」者，未之有也。【97年大學指考】

8.關於下引文字，敘述正確的選項是：

公明宣學於曾子，三年不讀書。曾子曰：「宣，而居參之門，三年不學，何也？」公明宣曰：「安敢不學。宣見夫子居宮庭，親在，叱吒之聲未嘗至於犬馬，宣說之，學而未能；宣見夫子之應賓客，恭儉而不懈惰，宣說之，學而未能；宣見夫子之居朝廷，嚴臨下而不毀傷，宣說之，學而未能。宣說此三者，學而未能，宣安敢不學而居夫子之門乎？」曾子避席謝之曰：「參不及宣，其學而已。」（《說苑．反質》）

(A)就公明宣所答可知：對於「學習」範圍的認知，公明宣比曾子更開闊。

(B)公明宣「三年不讀書」，實際上他所讀的是「為人處世」這部書。

(C)曾子「避席謝之」，是因為他自認忝為公明宣的老師，卻未能鞭策他讀書，深感慚愧。

(D)平心而論，曾子自身言行莊重，無意中產生了不言而教的效果，又時時關注學生的學習，固無負於老師之職分。

(E)子夏曾說「賢賢易色，事父母能竭其力，事君能致其身，與朋友交，言而有信。雖曰未學，吾必謂之學矣」（《論語．學而》），與公明宣對「學」的看法相近。【96年大學指考】

9.「喝酒不開車，開車不喝酒」這句標語的結構，是以上句相同的文字改換次序而形成下句。下列文句中同樣具有此種結構的選項是：

【98年大學指考】

(A)詩中有畫，畫中有詩。
(B)信言不美，美言不信。
(C)我泥中有你，你泥中有我。
(D)群子周而不比，小人比而不周。
(E)月光戀愛著海洋，海洋戀愛著月光。

參考答案：

1. ADE 2. ABE 3. AD 4. BC 5. BCE
6. ABCD 7. BCDE 8. ABDE 9. ABCE

◎詳解：

1. (A)慎獨：謹慎自己在獨處時的思慮作為。「君子慎其獨也」。《中庸》第一章。
(B)聲聞過情：聲譽和名聞超過實情，這不是君子人的作為。「聲聞過情，君子恥之」。《孟子．離婁下》〈論教學〉。
(C)頑夫廉，懦夫有立志：是聞伯夷之風者，非「君子」之條件。《孟子．萬章下》〈尚論古人〉。

(D)行己也恭，事上也敬：這是子產的行事風格。「子產有君子之道四焉：其行己也恭，其事上也敬，其養民也惠，其使民也義。」《論語．公治長》〈論古今人物〉。

(E)名之必言也，言之必可行也：有德者的君子人行事的風範。「君子名之必言也，言之必可行也」。《論語．子路》〈論政治〉。

2.(1)從譬喻修辭的角度來看，(A)是「以……為……」的隱喻；(B)句中有「如」、(E)句中有「若」，都是很清楚的明喻修辭。

(2)(C)強調為政之道在先端正己身，即以身作則的重要，其中的「身」是指「自己」；(D)孟子強調諸侯、卿大夫、士庶人行仁之要，並詳舉不仁的害處，警戒天下人。其中「社稷、宗廟」不是人體，「四體」也是借代為「自己」。

3.本題是《論語》及《孟子》的文意比較題，同學只要大略嘗握其正確的章旨，即可作正確的判斷。

(B)「賢者與民並耕而食」為許行的農家思想，孟子反對，並以「社會分工」的道理來駁斥。

(C)「不患之不己知，患不知人也」乃孔子言「人不當強求人知，而當力求知人」。只是客觀的敘述，沒有憂患的環境可使人淬礪奮發的意思。患，憂愁。

(E)《孟子》此語言人樂有賢父兄，以其能教養自己。主旨在說明家庭教育的重要性，與因材施教無關。

4.

(A)君子不以其言得當而貿然舉用；不可因其人無德而廢其善言。在說明用人納言的原則。《論語・衛靈公》。

(B)向尊貴者進言，就要藐視他，不要把他看得高高在上。「說大人」的「說」是「勸說」、有「說服」之意。《孟子・盡心下》。

(C)和富有的人談事情，要以使對方地位崇高的條件為依據；和貧窮的人談事情，要以使對方地位獲利的條件為依據。「與富者言」、「與貧者言」分別意謂「勸說富者」、「勸說貧者」。雜家書《鬼谷子》。

(D)君子容易侍奉他，卻很難取悅他；如果不以正道取悅他，他就不被取悅。指說服君子須言之有物，合乎情理，合乎道義。《論語・子路》。

(E)等到心志困頓不通、思慮阻塞不順時，才知奮起；等到為人所忿嫉、為人所譏責時，才會明白。《孟子・告子下》。

5.

(A)百姓最為重要，其次是代表國家的土神穀神，國君的地位是最輕的。／古代的君主，把天下百姓當做主人，把君主當做客人，君主一輩子所經營的，都是為了天下人。

(B)天下沒有什麼比秋毫的末端更大，而泰山算是最小的；世上沒有什麼人比夭折的孩子更長壽，而傳說中年壽最長的彭祖卻是短命的。／我本來就認為把死生看作一樣是錯誤的，把長壽和短命等量齊觀也是荒謬的。

(C)天道公正，不會特別親近哪些人，只是會降福給好人。／有些謹慎的人，講究出處進退，該說話的時候才說話，連走路都不走捷徑小路，不是公正的事就不做，可是他受到的災害，簡直無法計算。

(D)君子廣泛地學習古代的文化典籍，又以禮來約束自己，也就可以不離經叛道了。／所以木材受墨線的矯正就變直，刀劍放在磨刀石上磨過後就銳利；君子廣博地學習，每天以三件事反省自己，智慧就會清明，行為沒有過失了。

(E)所以在明主當政之國，沒有書簡經典（指諸子著作）為指導，是用法令來教化百姓；沒有先王遺訓（指儒家著作），而是以執法官為師長。／至於殘暴的秦國，焚燒經書，殺害儒士，設挾書令，凡史書非秦記皆燒之，非博士官而私藏詩、書、百家語者悉燒之的法令，施行以古為是之罪罰。

6.
(A)北斗橫轉，由那玉衡、開陽、搖光三星組成的斗柄，正指向天象十二方位中的孟冬，閃爍的星辰把夜空輝映得何等璀璨！**解析**：「玉衡」，北斗七星的第五顆，即斗柄之首。

(B)人生中往往彼此睽違不能見面，經常如參商兩星此出彼沒一般。**解析**：「參與商」是兩星名，此出彼沒，後用以形容睽違很久不得見面。

(C)月亮從東邊山上昇起，徘徊在北斗星和牽牛星之間。**解析**：「斗」指北斗星；「牛」指牽牛星。

(D)為政依德而治，國君就好像北極星一般，安居在天的中樞，而眾星環繞著歸向它。**解析**：「北辰」：指北極星，在北方，眾星環繞它而運行。

(E)大街小巷之中，爭相張燈結彩，熱鬧非凡，已無宵禁，時光似乎也停止了。**解析**：「玉漏」指水漏（計時器）。

按：金吾本為皇家衛士所執儀仗，代指衛士。因衛士掌管首都宵禁工作，又代指為宵禁。

7.(A)以地位低的人為老師，就感到可恥；以官職高的人為老師，就覺得近乎諂媚。韓愈〈師說〉。**解析**：「足」，音ㄐㄩˋ，為過分、很的意思。由名詞轉副詞使用。

(B)獨自一人享受音樂的快樂，和與眾人共享音樂的快樂，哪種情況比較快樂？《孟子·梁惠王下》。**解析**：獨「樂」樂：第一個「樂」音ㄩㄝˋ，享受音樂，名詞轉動詞。第二個「樂」音ㄌㄜˋ，快樂之意。

(C)孟嘗君對於他為何這麼快就回來感到奇怪，慎重地穿著禮服禮冠接見。〈馮諼客孟嘗君〉。

解析：「衣冠」，穿戴好衣帽，名詞轉動詞。

(D)未穿正式衣鞋，只穿著便服便鞋，皮衣加件袍衣，就瀟灑地前來。意氣風發揚揚自得，容貌不同於常人。《太平廣記．虬髯客傳》。**解析**：「裼裘」，穿著皮裘，名詞轉動詞。「不衫不屨」，衣鞋不整的樣子。形容人灑脫而不事修飾，不拘小節。

(E)如此一來，君臣之間、父子之間、兄弟之間都捨棄利益，心懷仁義以相互對待，這樣還不能稱王，是不可能的。《孟子．告子下》。**解析**：「王」：統馭天下，名詞轉動詞。

8. 公明宣在曾子門下求學，三年都不曾讀書。曾子問他：「為何你在我的門下三年都不學習呢？」公明宣回答：「我怎麼敢不學習呢？我見老師在家裡，只要父母親在，即使是對狗對馬也不會大聲叱喝，見到老師這樣我感到很歡喜，要學習這樣做卻還未能做到；我見老師應賓客，恭敬謙遜而不懈怠，見到老師這樣我感到很歡喜，要學習這樣做卻還未能做到；我見老師當官，對下要求很嚴格而不毀傷他們，見到老師這樣我感到很歡喜，要學習這樣做卻還未能做到。我喜歡的這三件，正學還學不來，我怎麼敢當了先生的學生而不學習呢？」曾子聽了公明宣的話，離開位子向公明宣說：「我真是不如你，我以為學問只在書本之中而已。」

(E)子夏說：「用尊重賢人的心，去替代愛好美色的心；侍奉父母能盡心竭力；侍奉君王能獻身職守；與朋友交往說話守信用。這種人，雖說自稱沒有學習過什麼，我也一定要說他是學習過的了。」

(C)曾子自慚只知鞭策公明宣念書，卻不了解學習之道就在生活中。

9.「喝酒不開車，開車不喝酒」乃回文技巧。(A)(B)(C)(E)選項皆為此種結構。(D)映襯中的對襯。

(A)王維〈輞川閒居贈裴秀才迪〉

(B)劉勰〈情采〉

(C)流行歌〈你儂我儂〉歌詞

(D)《論語．為政》〈論君子〉

(E)抒情歌〈教我如何不想她〉歌詞

《中庸》概述

深度認識《中庸》

《中庸》選文

出自《中庸》的成語典故・俚俗諺語

《中庸》中著名的珠璣佳言

實力大考驗8

《中庸》概述

始於〈天命〉終於〈衣錦〉，凡三十三章。

中庸乃孔門最高之人生哲學，程頤認為此乃為孔門傳授之心法的書。

1. 儒家以中庸為道德之最高標準。
2. 以「天命之謂性，率性之謂道，修道之謂教」為綱領。
3. 以「致中和」為最高境界。
4. 以「誠」為貫通天人之道。

考證源由：

1. 《漢書．藝文志》有〈中庸說〉二篇，《隋書．經籍志》有〈中庸傳〉二卷、梁武帝〈中庸講疏〉一卷，可知《中庸》之別出單行，當在《大學》之前。
2. 宋、朱熹作《中庸章句》乃與《大學》、《論語》、《孟子》並列為四書。

作者：

1.《史記．孔子世家》：「子思作中庸」。

2.宋、程朱、謂子思得自曾子所傳孔子之言，作《中庸》實授《孟子》。

3.程頤：「不偏之謂中，不易之謂庸。中者，天下之正道；庸者，天下之定理。」朱熹：「中庸者，不偏不倚，無過不及，而平常之理。」

深度認識《中庸》

內容	儒者以為：大學是中庸的門戶，中庸是大學的閫奧。
作者	相傳為孔子之孫子思（孔伋）所作。
注釋	禮記的鄭玄注，朱熹中庸章句。

《中庸》選文

天命之謂性①，率性之謂道②，修道之謂教③。道也者，不可須臾④離也；可離非道也。是故君子戒慎乎其所不睹，恐懼乎其所不聞。莫見乎隱，莫顯乎微⑤。故君子慎其獨⑥也。

喜怒哀樂之未發，謂之中⑦；發而皆中節⑧，謂之和⑨。中也者，天下之大本⑩也；和也者，天下之達道⑪也。致中和，天地位⑫焉，萬物育⑬焉。

——〈第一章〉

上天給予人的氣質叫做性，依照本性去做事叫做道，修明道的方法就是教化。這個道，不能片刻離開我的身心；如果可以離開，那就不是正道了。

所以，知道中庸的君子，時常警戒謹慎，只怕有過錯自己看不到，又恐懼聽不到。愈是隱暗的處所，愈容易發現，愈是細微的事越容易明顯，所以君子非常謹慎獨處的時候。

喜悅、憤怒、悲哀、快樂等情感，還沒有發出之前，這叫做適中；以上情感發出之後，都合乎節奏，這叫做和氣。適中，是天下事物自然的本體；和氣，是天下事物共行的道路。能做到適中與和氣，天地便可安居正位，萬物也可以遂其生長了。

注釋

①【**天命之謂性**】：天命，上天所賦予者，即自然而有的。性，理也。此句言人的本性乃上天所賦予者，為天性中自然之理，此即是天理。

②【**率性之謂道**】：率，循也。道，路也。此句言遵循天賦的性，也就是合乎天理，為人生所當行之路。

③【**修道之謂教**】：修，修正、節制之意。教，如禮樂法律政令等教化。此句言人所當行之道，雖然相同，但各人的稟賦或有差異，難免會有過與不及的行為；因此聖人施行教化，就是要修正節制這些過與不及的行為，使之合於當行之道。

④【**須臾**】：片刻。

⑤【**莫見乎隱，莫顯乎微**】：見，音ㄒㄧㄢˋ，通「現」。隱，暗處。微，細事。此句言最隱暗之處所，常是最容易被發現者；最微細之事物，常是最為顯著者。意指人在本心自覺之下，表面上雖「隱」「微」，其實最為「見」「顯」。

⑥【**慎其獨**】：獨，人所不知而己所獨知之地；意指人在獨處時，所作所為，他人雖不知，但自己的本心則能自覺而如之甚明。慎其獨，於獨處時特別戒慎。

⑦**【喜怒哀樂迄未發，謂之中】**：喜怒哀樂，情也，為性分中本有者。當其尚未發動時，本性猶存，能無所偏倚，故謂之中。

⑧**【中節】**：中，音ㄓㄨㄥˋ。中節，合乎節度，無過與不及之意。

⑨**【和】**：發而皆中節，得其正，無所乖戾，故謂之和。

⑩**【大本】**：即天命之性；天下之理皆由此出，為道的本體，故曰大本。

⑪**【達道】**：即率性之道；天下古今之所共由，為道的作用，故曰達道。

⑫**【位】**：安其所。

⑬**【育】**：遂其生。

子曰：「道不遠人，人之為道而遠人，不可以為道。詩云：『伐(ㄈㄚˊ)柯(ㄎㄜ)伐(ㄈㄚˊ)柯(ㄎㄜ)，其則不遠①。』執柯以伐柯，睨(ㄋㄧˋ)②而視之，猶以為遠。故君子以人治人，改而止。忠恕違道不遠，施諸己而不願，亦勿施於

孔子說：「中庸的道理，離人並不遠：人要修道卻遠離開人，這不算是修道。《詩經》上說：『削個斧柄，削個斧柄，比那舊柄的樣子並不遠。』拿著舊柄削新柄，斜著眼睛看著，還是覺得相去很遠。所以君子是以人的道理治人，改過遷善就停止了。盡己的心叫做忠，推己及人叫做恕，人能做到這樣就離中庸之道不遠了。施加

人。

君子之道四，丘未能一焉：所求③乎子，以事父，未能也；所求乎臣，以事君，未能也；所求乎弟，以事兄，未能也；所求乎朋友，先施之，未能也。庸德之行④，庸言之謹⑤；有所不足，不敢不勉⑥；有餘不敢盡⑦。言顧行，行顧言，君子胡不慥慥爾⑧！」

——〈第十三章〉

在我身上的事，我心中不願意，也就不要再施於別人身上了。君子的道有四項，我孔丘還沒有做到一件。一、要求做兒子該怎樣去孝順事奉我的父親，我沒有做到。二、要求做臣子的怎樣去事奉君上，我也沒有做到。三、要求做弟弟的如何去事奉兄長的道理，我又沒有做到。四、要求對待朋友如何以信義相待的道理，我更沒有做到。平常道德的實行，平常言語的謹慎；有不到的地方，我不敢不勉力去做；就是我能勝任的事，也不敢有自滿心理。說話時要顧慮到我能否做到，做事要考慮到我有否違背自己的言論，講中庸之道的人，怎麼不趕快去實行呢！」

注釋

①**【詩云……其則不遠】**：《詩經．豳風．伐柯》之句。柯，斧柄。則，法則、榜樣。此句言拿斧頭砍伐樹木做斧柄，榜樣即在手執的斧柄上，相去並不遠。

②**【睨】**：音ㄋㄧˋ，斜視。

③【求】：猶「責」也。
④【庸德之行】：庸，平常。行，實踐。此句言雖平常的道德，仍應努力實踐。
⑤【庸言之謹】：雖平常的言論，仍應謹慎講說。
⑥【有所不足不敢不勉】：言在行為實踐上猶有欠缺，不敢不盡力而為。此就庸德之行而言。
⑦【有餘不敢盡言】：言多餘的話語不敢完全說出，有謹言之意。此就庸言之謹而言。
⑧【慥慥爾】：慥，音ㄗㄠˋ。爾，猶「然」，形容詞語尾。慥慥爾，篤實的樣子。

哀公①問政。子曰：「文、武之政，布在方策②。其人存，則其政舉；其人亡，則其政息③。人道敏政，地道敏樹。夫政也者，蒲ㄆㄨˊ盧ㄌㄨˊ④也。故為政在人⑤，取人以身⑥，修身以道，修道以仁。仁者，人也；親親⑧為大。義者，宜也⑨；尊賢為大。親親之殺ㄕㄞˋ⑩，尊賢之

魯哀公問治國的道理。孔子說：「文王、武王的德政，都記載在典籍上。只是他們在位的時候，這種政治才在施行，等他們去世了，這良好的政治就息滅了。做人君的法則，就是趕快修明政治；利用土地的法則，就是趕快種植。政治就像蒲葦一樣，得了地氣，很快就長大。所以治理國政主要是能得賢臣，要選拔賢臣那麼君主就應先修養本身，修身就要以道為本，修道主要離不開仁。所謂仁，就是推己及人的愛人，其中以親愛自己的親人最為重要。所謂義，就是做事

等，禮所生也。在下位，不獲乎上，民不可得而治矣⑪。故君子不可以不修身；思修身，不可以不事親；思事親，不可以不知人；思知人，不可以不知天⑫。

天下之達道五，所以行之者三：曰君臣也，父子也，夫婦也，昆弟⑬也，朋友之交也，五者天下之達道也。知、仁、勇，三者天下之達德⑭也。所以行之者一也。或生而知之，或學而知之，或困而知之⑯，及其知之一也。或安而行之⑰，或利而行之⑱，或勉強而行之，及其成功一也。」

子曰⑲：「好學近乎知（ㄓˋ），力行近乎仁，知

合宜，其中以尊重賢人最為重要。親愛親族有等差，尊重賢人也有等差，禮就是由此產生的。所以君子不可以不修身，要想修身，不可以不先事奉雙親；要想孝順雙親，不可以不知道賢人；要想知道賢人，不可以不知道天理。

天下所通行的人道有五種，用來實踐的有三項。如說：君臣、父子、夫婦、兄弟、朋友的交往，這五種就是天下所通行的人道；智、仁、勇，這三項就是天下所通行的德行。所用來實行的，只是一個「誠」字。有的人生下來就知道許多，有的人經過學習才知道，有的人下苦功之後才能知道；可是到知道的時候，卻都是一樣的。有的人安然自得的去實行，有的人為名聲利益去實行，有的人必須費很大氣力才能實行；可是到成功的時候，卻都是一樣的。」

孔子說：「喜歡研究學問便接近智，努力行善便接近仁，知道有羞恥便接近勇。知道這三點，就知道怎麼修身了；知道怎麼修身，就知道怎樣管理眾人；知道怎樣管理眾人，就知道怎樣

恥近乎勇。知斯三者，則知所以修身；知所以修身，則知所以治人；知所以治人，則知所以治天下國家矣。

凡事豫(ㄩˋ)⑳則立，不豫則廢；言前定，則不跲(ㄐㄧㄚˊ)㉑；事前定則不困；行前定則不疚(ㄐㄧㄡˋ)；道前定則不窮。在下位，不獲乎上，民不可得而治矣。獲乎上有道；不信乎朋友，不獲乎上矣。信乎朋友有道；不順乎親，不信乎朋友矣；順乎親有道；反諸身不誠㉒，不順乎親矣。誠身有道；不明乎善㉓，不誠乎身矣。

——〈第二十章〉

治理天下國家了。」

凡是做任何事情，預先有準備就能成功，沒有準備就會失敗。說話事先有準備，就不會詞窮理屈；做事在事先有準備，就不會發生困難；行動前先計畫定妥，事後就不會愧恨；追求真理的法則，能預先妥善規畫，就不至於行不通。處在低下職位，不能獲得上級的信任，就難以治理百姓了；獲得上級的信任有方法，不被朋友信任，便得不到上級的信任了；取信於朋友也有方法，不能孝順雙親，便得不到朋友的信任了；孝順雙親也有方法，如果反省自己沒有誠意，便不能孝順雙親了；要能做到誠實也有一方法，倘如不明白本性的善，就不能使自己誠實了。

注釋

①【哀公】：春秋時魯國國君，姓姬，名蔣，哀為諡號。

②【布在方策】：布，通「佈」。方，木板；策，竹簡，紙未發明之前，以木板或竹簡為冊籍。布在方策，猶今言散記在各種典籍上。

③【息】：通「熄」，滅也。

④【人道敏政……蒲盧也】：敏，快速。在此作動詞用，加速、促進之意。蒲盧，蒲葦，一種容易滋長的植物。此句言施政良好，則百姓將很快受影響而向善，猶如種植妥善，則樹木必能快速成長；施政，猶如種植蒲葦一樣，極容易見到成效。按此說明人存政舉，成效易見。

⑤【為政在人】：人，在此指賢臣。此句言為政之道，在於得賢人。

⑥【取人以身】：身，在此指君王之身。此句言取人之道，又在於人君能修身。

⑦【仁者人也】：仁乃是人與人和諧相處，人際關係所賴以建立的法則。

⑧【親親】：親愛自己的親人。

⑨【義者宜也】：義乃是使事務獲得適當處理，所應遵循的法則。

⑩【親親之殺】：殺，音ㄕㄞˋ，等差、等級。此句言親愛親人有親疏遠近的等差，即先由最親，推之於次親，再推之於遠親。

⑪【在下位……治矣】：此三句下文重見，誤出於此。

⑫【君子……不可以不知天】：「為政在人，取人以身」，故不可以不修身；「修身以道，修道以仁」，而仁以「親親為大」，故思修身不可以不事親；事親應得其宜以合乎義，而義以「尊賢為大」，故欲盡親親之仁，必由尊賢之義，所以又當知人。「親親之殺，尊賢之等」，皆人性，而人性即天理，故又當知天。

⑬【昆弟】：兄弟。

⑭【達德】：天下古今所同得之理，即人人應有的德性。

⑮【一】：指「誠」而言。

⑯【困而知之】：勤勉苦學而後知曉正道。

⑰【安而行之】：安然自在，毫不勉強地去做。

⑱【利而行之】：如其有利才去做。

⑲【子曰】：此二字為衍文。

⑳【豫】：通「預」，事先準備。

㉑【跲】：音ㄐㄧㄚˊ，躓也；指詞窮理屈，站不穩，說不通。

㉒【反諸身不誠】：謂反求之於己身，而所存所發，未能真實而無妄。

㉓【不明乎善】：謂未能察於人心天命之本然，而真知至善之所在。

誠者，自成也①；而道，自道也②。誠者，物之始終；不誠，無物。是故君子誠之為貴。誠者非自誠己而已也，所以成物也。成己，仁也；成物，知③也；性之德也；合外內之道也，故時措之宜④也。

——〈第二十五章〉

誠是自己完成人格的根本工夫，道是自己所當行的路徑。誠是天下萬物的起因和結果，如果沒有誠，一切都不能存在。所以，君子能做到誠，是最為可貴的。誠的施行，並不是自己完成人格就算了，還要能夠完成其他萬物，給予自然的性格。完成自己的人格，就是仁；完成其他萬物的自然性格，就是智；都是天生的德性，綜合有外成於物，內成於己的法則，所以要時時施行，使各得其宜啊！

注釋

①【**自成**】：完成自己之人格。

②【**自道**】：道，通「導」。自道，導引自己行其所當行之路。

③【**知**】：通「智」。

④【**時措之宜**】：措，施行。此句言能切合時代施行之而皆能合宜。

出自《中庸》的成語典故．俚俗諺語

一、既稟稱事

- **語源出處**：日省月試，既稟稱事，所以勸百工也。
- **白話語譯**：每日查驗，按月考核，給予和工作相當的報酬，這是勸勉百工的方法。
- **同義相似詞**：同酬相侔。
- **反義用詞**：尸位素餐。
- **今古申論衍義**：視工作成績給予相當之俸祿也。既，音ㄒㄧˋ，通「餼」，禾米也。稟，同「廩」，賜穀也。稱，恰合，相當也。

二、明哲保身

- **語源出處**：第二十章，詩曰：「既明且哲，以保其身。」其此之謂與？
- **白話語譯**：《詩經》上說：「既明理，又睿智，可以安保自身。」就是這個意思吧？

- **同義相似詞**：識時務為俊傑。
- **反義用詞**：奮不顧身。
- **今古申論衍義**：聰明懂得機變的人，就知道如何在動亂中保有自己的生命。

三、衣錦尚絅

- **語源出處**：第廿三章，詩曰：「衣錦尚絅。」惡其文之著也。故君子之道，闇然而日章。
- **白話語譯**：《詩經》上說：「穿了花彩的綢衣，外面還要加上一件罩袍。」這是因為擔心那綢衣的文彩太顯著招搖了。所以君子為人之道，是美在其中，不顯露於外，日子久了，卻一天比一天彰明。
- **同義相似詞**：鋒芒內斂。
- **反義用詞**：光芒外露。
- **今古申論衍義**：用來表示一個人內蘊豐富卻不願光芒外露。衣，動詞，音ㄧˋ，穿也。錦，彩色之綢衣。尚，加也。絅，音ㄐㄩㄥˇ，通「褧」，即單層之披風罩袍。

四、擇善固執

- **語源出處**：「誠之者，擇善而固執之者也。」
- **白話語譯**：「勉力做到誠的人，是要選擇善道而堅守不移。」
- **同義相似詞**：守正不阿。
- **反義用詞**：見異思遷／見風轉舵。
- **今古申論衍義**：選擇善道而堅守不懈。多用以形容一個人守正不阿的個性與執著。

五、拳拳服膺

- **語源出處**：「得一善則拳拳服膺，而弗失之矣。」朱熹注：「拳拳，奉持之貌；服，猶著也；膺，胸也；奉持而著之心胸之間，言能守也。」
- **白話語譯**：「他（顏回）得到了一個好的道理，就很謹慎地記放在心裡，不敢把它忘掉。」
- **同義相似詞**：入耳著心。
- **反義用詞**：秋風過耳。
- **今古申論衍義**：多用以形容對人言行之懇切銘記。

六、繼志述事

• **語源出處**：〈第十九章〉：「武王、周公，其達孝矣乎！夫孝者，善繼人之志，善述人之事者也。」

• **白話語譯**：「武王、周公，他們可以算達到了孝的最高標準了吧！孝的標準，就是善於繼承先人的意志，善於完成先人的事業。」

• **同義相似詞**：肯堂肯構、繩其祖業。

• **反義用詞**：敗家辱門。

• **今古申論衍義**：繼承遵循前人的志向與事業。

1. **「莫見乎隱，莫顯乎微，故君子慎其獨也。」〈第一章〉**

◎「沒有比隱暗處更容易暴露、被發現的，也沒有比細微的物事更容易引人注意的，所以君子在獨處時更要特別謹慎。」

見，音ㄒㄧㄢˋ，通「現」。隱，暗處。微，細事。此句言最隱暗之處所，卻往往是最容易被發現者；最微細之事物，常是最為引人顯著者。意指人在本心自覺之下，表面上雖「隱」「微」，其實最為「見」「顯」。

按：慎其獨：獨，人所不知而己所獨知之地；意指人在獨處時，所作所為，他人雖不知，但自己的本心則能自覺而知之甚明。慎其獨，君子在於個人獨處時要特別戒慎。

2.**「言顧行，行顧言，君子胡不慥慥爾！」**〈第十三章〉

◎「說話時要顧到所做的事，做事時要顧到所說的話。這些君子哪一樣沒有努力去實行的呢？」

慥，音ㄗㄠˋ。爾，猶「然」，形容詞語尾。慥慥爾，篤實的樣子。

3.**「君子之道，辟如行遠必自邇，辟如登高必自卑。」**〈第十五章〉

◎「君子的道，譬如走遠路，必定由近處開始；又譬如登高山，必定從低處開始。」「辟」如，通「譬」。

4.**「凡事豫則立，不豫則廢；言前定，則不跲；事前定，則不困；行前定，則不疚；道前定，則不窮。」**〈第二十章〉

◎「任何事情，預先有了準備就能成功，沒有準備就要失敗。說話事先有準備，就不至於詞窮理屈；做事事先有準備，就不會發生困難；行動的步驟，能預先計畫定妥，事後就不會愧恨；追求真理的法則，能預先妥善規畫，則不至於行不通。」

豫，通「預」。事先準備。跲，音ㄐㄧㄚˊ，朱熹注：「躓也。」跌倒之意。

5.「人一能之，己百之；人十能之，己千之。果能此道矣，雖愚必明，雖柔必強。」〈第二十章〉

◎「別人學一遍就會了的，我學他一百遍；別人學十回就會了的，我學他一千回，果真能夠這樣做，縱使是個再笨的人，也會變聰明；雖然原本是柔弱的人，也會變剛強。」

6.「國家將興，必有禎祥；國家將亡，必有妖孽。」

◎「國家將要興盛時，一定會出現吉祥的預兆；國家將要滅亡時，一定會有妖魔鬼怪出現。」妖孽，即妖怪也。朱注：「妖孽者，禍之萌。」

實力大考驗8（非選題）

一、簡答（18%）【95大學指考】

閱讀下列文字後作答：

孟子曰：「君子有三樂，而王天下不與存焉。父母俱存，兄弟無故，一樂也；仰不愧於天，俯不怍於人，二樂也；得天下英才而教育之，三樂也。君子有三樂，而王天下不與存焉。」

（《孟子．盡心上》）

1.孟子為何以「父母俱存，兄弟無故」、「仰不愧於天，俯不怍於人」、「得天下英才而教育之」為「君子三樂」？試分別簡述其意涵，文長以一百五十字為度。（占12分）

2.孟子為何一再強調「王天下」不在「君子三樂」之中？試說明之，文長以一百字為度。（占6分）

請注意：(一)第1題不得直接翻譯，否則扣分。
(二)第2題不必重複「君子三樂」的內容。

二、問答（18%）【91大學指考】

孟子曾說「古之人，得志，澤加於民；不得志，脩身見於世。窮則獨善其身，達則兼善天下。」（〈盡心上〉），標舉了知識份子在窮達之際的理想作為，但面臨生命的重要轉折，每個人的作法會因其性格、際遇與修養而有所不同。所以，無論是憂讒畏譏、忿懟沉江的屈原，或是不為五斗米折腰、守拙歸園田的陶潛，或是曠達自適、無處而不自得的蘇軾，都為後世立下了不同的典範，而他們的任事態度與生命情懷，也都反應在其作品中。以上三人，你最欣賞哪一位對於出處進退的態度及其作品？為什麼？試結合其生命情懷與作品加以說明，文不必分段，以三百字為度。

三、簡答（9%）【94大學指考】

閱讀下列文字後作答：

子之武城，聞弦歌之聲，夫子莞爾而笑曰：「割雞焉用牛刀？」子游對曰：「昔者，偃也聞諸夫子曰：『君子學道則愛人，小人學道則易使也。』」子曰：「二三子！偃之言是也，前言戲之耳。」（《論語．陽貨》）

1. 根據上文語境，「君子」、「小人」、「道」三個名詞所指的對象、內容為何？（3分）

2. 孔子起初「莞爾而笑」說：「割雞焉用牛刀。」後來又說：「前言戲之耳。」請扼要說明孔子前後反應不同的原因，以及子游回答的意涵所在。文長以一百五十字為度。（6分）

四、文章擴寫（15%）【84大學學測】

說明：1.請撰寫一則二百至三百字的白話短文（含標點，可不分段），以闡發下列引文的旨趣。

2.本題非翻譯題，切勿僅將原文譯成白話。

3.務必寫在答案卷「壹、文章擴寫」部分，違者不予計分。

「山徑之蹊間，介然用之而成路，為間不用，則茅塞之矣。」（《孟子．盡心下》）

國家圖書館出版品預行編目資料

少年四書 / 陳美儒著.-- 初版. -- 臺北市 : 麥田出版 : 家庭傳媒城邦分公司發行, 2011.12
面； 公分. -- (滿分學習 ; 4)

ISBN 978-986-173-710-2(平裝)

1. 四書 2.國文科 3. 中等教育

524.31 100024349

滿分學習 4

少年四書

作　　者　陳美儒
責任編輯　鍾平　洪禎璐　林俶萍

副總編輯　林秀梅
編輯總監　劉麗真
總 經 理　陳逸瑛
發 行 人　涂玉雲

出　　版　麥田出版
104台北市中山區民生東路二段141號5樓
電話：（886）2-2500-7696 傳真：（886）2-2500-1966、2500-1967
E-mail：bwps.service@cite.com.tw
發　　行　英屬蓋曼群島商家庭傳媒股份有限公司城邦分公司
104台北市中山區民生東路二段141號2樓
書虫客服服務專線：(886)2-2500-7718；2500-7719
24小時傳真服務：(886)2-2500-1990；2500-1991
服務時間：週一至週五09:30-12:00；13:30-17:00
郵撥帳號：19863813　戶名：書虫股份有限公司
讀者服務信箱E-mail：service@readingclub.com.tw
歡迎光臨城邦讀書花園　網址：www.cite.com.tw

香港發行所　城邦（香港）出版集團有限公司
香港灣仔駱克道193號東超商業中心1樓
電話：(852)2508-6231　傳真：(852)2578-9337
E-mail：hkcite@biznetvigator.com

馬新發行所　城邦（馬新）出版集團【Cite (M) Sdn. Bhd. (458372U)】
11, Jalan 30D / 146, Desa Tasik, Sungai Besi,
57000 Kuala Lumpur, Malaysia.
電話：(603)9056-3833　傳真：(603)9056-2833

封面設計　黃起祥
印　　刷　鴻友印前數位整合股份有限公司

初版一刷　2011年12月

特價／399元
ISBN：978-986-173-710-2

城邦讀書花園
www.cite.com.tw